'부패와 범죄'를 풍자의 주제로 삼고 창녀와 도박꾼 등을 주로 그렸으며, 그림을 통해 자본주의 사회의 붕괴를 예시하기 위해 애썼다. 그림은 1919년 작품으로 <미, 너를 찬미하노라> (Beauty, thee I praise)이다.

성애를 다룬 페르시아의 전통적인 세밀화. 1750년 작품으로, 후에 <테라스에서 사랑을 나누는 연인> (A couple making love on a terrace)이란 표제가 붙었다.

<가비 돔브루즈의 미친 하루> (La folle journée de Gaby d'Ombreuse). 이 그림은 28장의 시리즈 칼라 석판화 중 하나로, 이 시리즈 석판화는 갤러리 <황금 시대의 친구들> (Les Compagnons de la Belle Epoque)에서 350질의 한정판으로 은밀하게 인쇄되었다.

17세기 루벤스의 <아담과 이브> (Adam and Eve). 가을 무렵 선악과를 따먹은 아담과 이브가 나체에 대해 수치심을 느끼는 장면을 묘사하고 있다.

인류의 성, 일만 년의 역사

알아두면 잘난 척하기 딱 좋은
인류의 성, 일만 년의 역사

초판 1쇄 인쇄 2025년 09월 05일
초판 1쇄 발행 2025년 09월 10일

지은이	이상화
펴낸이	이춘원
펴낸곳	노마드
기 획	강영길
편 집	이서정
디자인	Do'soo
마케팅	강영길

주 소	경기도 고양시 일산동구 무궁화로120번길 40-14 (정발산동)
전 화	(031) 911-8017
팩 스	(031) 911-8018
이메일	bookvillagekr@hanmail.net
등록일	2005년 4월 20일
등록번호	제2005-29호

ISBN 979-11-86288-92-4 (03030)

책값은 책표지 뒤에 있습니다.
이 책은 노마드가 저작권자와의 계약에 따라 발행한 것이므로 저작권법에 따라 무단 전재와 복제를 금합니다.

알아두면 잘난 척하기 딱 좋은

인류의 성, 일만 년의 역사

이상화 지음

노마드

머리말

　모든 생명체에는 성본능이 있다. 동물들은 암컷과 수컷의 짝짓기를 통해 대를 이어갈 후손들을 번식시킨다. 인류도 예외가 아니다. 성본능을 통해 자기 유전자를 퍼뜨려 오늘날 세계인구 약 80억 명으로 번성했다. 바꿔 말하면 인류의 본질적인 역사는 성의 역사라고 해도 과언이 아니다. 그러나 성행위는 본질적으로 은밀한 개인 행위이며 겉으로 드러내기에는 어찌 보면 부끄러운 행위여서 그것이 감춰지고 성에 대한 논의조차 피해 온 것도 사실이다.

　그리하여 주류 사학자들도 성의 연구에 소극적이거나 의식적으로 피해 온 것 같다. 우리나라에서는 한층 더 그러하다. 물론 우리나라에도 성의 역사와 관련된 서적들이 적은 것은 아니지만 대부분 에피소드 위주의 파편적인 내용들을 다루었을 뿐이다.

　그럼에도 외국에서는 많은 학자가 성의 본질을 연구해서 억압과 진보적 변화로 이어진 성의 역사를 기록해 온 역사서들이 있으며 각 나라, 각 민족의 독특한 성 풍속이나 그들 성의 정체성과 특성을 다룬 서적들이 적지 않다.

 성은 생명체들이 자기 유전자를 퍼뜨리려는 생식본능이 본질이지만 오직 인류만은 그렇지 않다. 생식본능은 두 번째이고 성을 통한 극치의 쾌감을 얻으려는 쾌락 추구가 우선이다. 이러한 인류의 성적 특성은 이미 고대에 인지돼 역사적으로 점점 활발하게 추구돼 왔기 때문에 그때마다 위정자들의 통제와 억압을 받아왔고 그럴수록 다른 형태로 변화하고 진보했다.

 시대에 따라 진보하고 진화하는 성의 역사는 반드시 발전적이고 긍정적인 것은 아니었다. 갈수록 성이 문란해지고 난잡해져서

사회를 혼란스럽게 만들었다. 특히 현대에 이르러 성개방 풍조가 만연하는 것은 앞으로 인류의 성이 어떻게 변화할지 짐작조차 어렵게 한다.

    그렇더라도 결코 성은 통제할 수 없는 본능이다. 18세기 프랑스 사상가였던 장 자크 루소는 "본능을 규제하는 일은 그 본능을 죽이는 일보다 더 어렵다."고 했다. 역사는 되풀이되는 속성이 있어서 과거의 역사를 알면 미래를 예측할 수 있지만, 인류의 1만 년 성의 역사를 되짚어보는 작업은 쉬운 일이 아니었다. 참고자료와 관련서적들을 탐독하는 데 집필시간보다 더 긴 시간이 걸렸다.

    그나마 필자는 일찍부터 인간의 성행동 탐구에 천착해서 그러한 성적 관념, 태도, 행동의 변화하는 역사를 꾸준히 추적해 왔다. 하지만 그것을 외부에 알릴 수 있는 기회를 얻지 못했다. 이번 기회에 되도록 쉽고 흥미롭게 쓰려고 노력했다.

  물론 많이 부족하다는 것을 필자도 잘 알고 있다. 그러나 어쩌면 국내에서 성의 역사를 본격적으로 탐구했다는 것에 자부심을 느끼고 있다. 앞으로 필자보다 실력 있는 사학자나 작가가 더욱 충실하게 보완해 주기를 기대한다.

이 상 화

차례

Part 1.
선사시대 – 인류의 출현과 놀라운 성적 변화

독특한 별종, 인류의 출현 ___16
호모 에렉투스 - 인류를 향한 눈부신 진화 ___19
   온몸에 털이 사라지다
   신체의 큰 변화
   불을 발명하다
   말(言語)을 통해 소통하기 시작했다
성적 쾌감을 인식하다 ___30
호모 에렉투스 - 아프리카를 떠나다 ___40
동양의 성 ___44
   중국 창세신화
   일본 창세신화
   한국 창세신화
호모 사피엔스, 현생인류의 이동과 성 ___57
모계사회 ___65

농업혁명과 도시화 ___71
여성숭배 ___77

Part 2.
고대 – 성이 삶을 이끌다

문화의 보편성 ___86
신화와 성 ___91
사라지는 신화 속의 여신들 ___105
민족과 국가 - 인류, 뿔뿔이 갈라서다 ___109
'매춘'의 탄생 ___115
문명의 창조 ___125
   힌두교
   도교
고대국가의 성문화 ___136
   동성애
   근친혼과 근친상간
   수간
체위의 역사 ___150
춘화와 성물(性物) ___159
결혼제도 ___168
   일부일처제
   일부다처제
   일처다부제
한민족의 성 ___178

Part 3.
중세 - 신과 인간이 맞선 격동시대

종교가 성생활을 통제하다 ___190
종교전쟁과 전염병 ___195
 종교전쟁
 흑사병
마녀사냥 ___202
1,000일의 앤, 개신교의 탄생 ___208
매춘부와 종군위안부 ___215
영주의 초야권(初夜權) ___219
여왕의 남성편력 ___222
 측천무후
 예카데리나 2세
중세 동양의 성적 관념 ___230
 일본의 성 풍조
성을 강조한 패션 ___238
기독교의 세속화 ___245
르네상스 시대 화가들의 음란한 그림 ___252
죄악으로 규정됐던 동성애 ___258
카사노바와 사드 백작 ___262
 카사노바
 사드 백작과 새디즘

Part 4.
근대 – 성의 타락과 대중문화

플라토닉 러브 ___274
성도착증의 확산 ___280
제1차 세계대전과 여성의 사회진출 ___285
성은 피할 수 없는 본능이다 ___290
타락하는 성 ___296
미국의 경제대공황과 대중문화의 태동 ___301
제2차 세계대전과 여성의 상품화 ___305
나폴레옹과 성기 ___314
오르가슴의 비밀 ___318
성생활을 연구한 킨제이 보고서 ___323

Part 5.

현대 - 여성과 섹스의 상관성

대중문화, 꽃이 피다 ___328
성행동의 사회적 쿠데타, 성혁명 ___334
젊은세대의 히피 문화 ___342
외도와 불륜의 자리 ___348
부부 아닌 남녀가 함께 살기, 동거 ___354
기간과 의무를 정해놓은, 계약결혼 ___360
에이즈와 비아그라 ___366
여성폭력의 전형, 여성 할례 ___373
넘쳐나는 성폭력 ___381
성산업은 멈추지 않는다 ___386

참고문헌

Part 1.
선사시대(先史時代)

인류의 출현과 놀라운 성적 변화

독특한 별종, 인류의 출현

인류는 약 600만 년 전 침팬지에서 분화됐다는 것이 정설이다. 이 별종은 훗날 '사람(Homo)'이라는 새로운 종(種)으로 진화하기까지 수백만 년 동안 다른 영장류, 유인원들과 큰 차이가 없었다. 유인원들처럼 무리를 지어 살며 주로 나무 위에서 살았다. 다만 낮에는 나무 아래로 내려와 두 손으로 땅을 짚고 걷는 너클 보행을 했다. 특징은 간단한 도구를 다룰 줄 알았다는 것이다.

뇌 용량이 침팬지보다 조금 높아 약 600cc 정도가 됐지만 평균수명은 30세쯤으로 그들과 비슷했다. 후손 번식도 동물들의 짝짓기 본능에 충실했을 뿐이다. 아직 여자라고 부를 수 없었던 암컷은 고등동물처럼 발정기가 있었고 생식기 색깔이 변하거나 부풀어 오르는 성적 신호도 있었다.

암컷과 수컷의 짝짓기는 대부분 같은 무리 안에서 이루어지는 근친관계였으며 공개적이었고 낮과 밤, 때와 장소를 가리지 않았다. 짝짓기 형태는 당연히 암컷이 엎드리고 수컷이 뒤에서 성기를 삽입하는 교미, 즉 후배위뿐이었다. 또한 상대방을 가리지 않는 난교(亂交)였다. 유인원 가운데 고릴라는 우두머리 수컷이 같은 무리의 모든 암컷과 짝짓기를 독점하지만, 침팬지는 모든 수컷과 암컷이 짝짓기하는 난교를 했는데 새로운 별종도 침팬지를 닮아 난교를 하였다.

　침팬지 임신기간은 약 8개월이었지만 새로운 별종은 그보다 훨씬 길어서 약 16~18개월이었다. 말하자면 태아의 머리통이 거의 자라서 출산했다. 그 때문에 태아가 어미의 산도(産道)를 빠져나오기가 힘들어 유아사망률이 매우 높았으며 어미까지 숨지는 경우가 많았다. 그래서 새로운 별종은 임신기간을 줄이는 쪽으로 진화하였다.

> **계통수(系統樹)**
> 　약 600만 년 전 침팬지에서 분화해서 '사람'이라는 새로운 종이 출현한 이래 아프리카에는 수많은 호미니드가 출몰했다. 호미니드(Hominid)란 아직 사람이 되기 전, 유인원에서 진화한 새로운 종

(種)들을 말한다.

따라서 '사람'으로 진화한 종이 어느 종인지 다양한 주장들이 있지만 일반적으로 오스트랄로피테쿠스→호모 하빌리스→호모 에렉투스→호모 사피엔스(현생인류)로 이어지며 진화했다는 것이 가장 설득력 있는 견해다. 이러한 진화 과정의 계통을 계통수(Phylogenetic Tree)라고 한다.

호모 에렉투스 –
인류를 향한 눈부신 진화

침팬지에서 분화한 인류 조상은 수백만 년 동안 진화를 멈추지 않았지만, 지능이 조금 높고 도구를 다룰 줄 알았다는 것 이외에는 유인원에서 크게 달라진 것은 없었다. 그러다가 비약적인 진화가 일어난 것은 약 200만 년 전, 호모 에렉투스(Homo erectus)에 이르러서였다. 그야말로 '사람'이 되기 위한 놀랍고 획기적인 진화가 이루어진 것이다.

이들은 맹수들을 피해 나무 위에서의 삶을 접고 비로소 초원으로 내려왔다. 맹수들이 없는지 널리 살펴보기 위해 몸을 일으켜 두 발로 서다가 마침내 두 발로 똑바로 걷기를 시도했다. '에렉투스'는 두발로 똑바로 걷는 사람을 뜻한다. 뇌 용량도 침팬지가 약 400cc인 데 비해, 호모 에렉투스는 무려 800~1,000cc로 많이 늘어났다.

식성은 잡식성으로 사바나(Savanna, 초원)에서 살아가면서 여자들은 열매, 견과류 등 식물 먹잇감들을 채집했으며 남자들은 도구를 이용하고 서로 힘을 합쳐 동물 먹잇감을 사냥했다. 마침내 사람다운 모습을 갖춘 호모 에렉투스의 사람으로서 비약적인 변화와 진화는 헤아릴 수 없이 많다.

온몸에 털이 사라지다

가장 눈에 띄는 겉모습의 변화는 호모 에렉투스의 몸에서 털이 사라졌다는 것이다. 침팬지나 고릴라처럼 온몸을 뒤덮던 털은 언제 사라졌을까? 이것에 대한 견해는 다양하지만 호모 에렉투스에서 대부분 털이 사라졌다는 것이 설득력이 있다. 이들은 수렵채집을 하면서 남자들은 여럿이 함께 사냥을 했다. 동물 대부분이 사람들보다 빨라서 아무리 작은 짐승이라도 도망치는 그를 잡으려면 끊임없이 뒤쫓아야 했다. 그 때문에 인류의 지구력이 크게 향상됐다는 것이다. 멀리까지 뒤쫓는 과정에서 땀이 비가 오듯 흘렀고 이 땀을 배출하기 위해 땀샘이 발달했다.

피부에 땀샘이 있는 동물은 인간뿐이라고 한다. 아무튼 땀샘이 발달하면서 땀을 효과적으로 배출하기 위해 온몸의 털이 사라지기 시작했다는 것이다. 그리하여 호모 에렉투스는 사람다운 모습으로, 영국의 생태학자 데스몬드 모리스(Desmond Morris)가 지적했듯이 유인원으로 '털 없는 원숭이(Naked Ape)'가 됐다.

그런데 이와 같은 견해에서 한 가지 모순은 인류의 몸에서 사냥꾼이었던 남자보다 오히려 여자에게서 먼저 털이 사라졌다는 점이다. 오늘날의 현생인류도 여자가 남자보다 훨씬 털이 적다. 남자들은 수염, 가슴털, 등 털, 팔다리 털 등 훨씬 더 많이 남아있다. 이에 대해서는 이해할 만한 확실한 견해를 내놓지 못하고 있다.

남자든 여자든 머리, 겨드랑이, 음부에 여전히 털이 남은 것은 그 기능이 남았기 때문이었다. 머리칼은 햇빛을 차단해 주고, 겨드랑이털은 성호르몬인 페르몬을 오래 남게 하고 음부의 털은 성행위를 할 때 피부나 뼈가 서로 부딪치는 것을 완화해 준다는 것이다.

호모 에렉투스의 몸에서 털이 사라지면서 시각적인 효과와 함께 그들의 성적 행동에도 큰 영향을 주었다. 무엇보다 남녀가 상대방의 맨몸을 빤히 마주 보게 됐다는 것이 성적으로 큰 자극이 됐다. 상대방의 성기를 똑바로 바라볼 수 있게 된 것이다.

신체의 큰 변화

호모 에렉투스는 똑바로 서서 두 발로 걷지 않는가? 그 때문에 진화한 그들의 신체는 그야말로 지구상의 어떤 동물에게도 없었던 유일하고 독특한 혁명적인 변화를 불러왔다. 더없이 매력적인 몸매가 된 것이다. 여자가 더욱 그러했다.

 두 발로 선 온몸을 지탱하기 위해 척추를 받쳐주는 엉치뼈와 엉덩이가 커졌다. 그렇지 않아도 남녀가 동물들처럼 뒤에서 후배위로 성행위를 할 때 남자는 여자의 엉덩이를 보면서 그 밑에 있는 음부를 떠올리며 흥분했었다.

 그런데 직립 보행으로 엉덩이가 시야에서 벗어나자, 여자는 남자를 유혹할 수 있는 다른 신체 부위로 유방을 강조하게 되었다. 그것이 여자의 유방이다. 인류, 여자의 유방은 동물 가운데서 가장 크고 탐스럽다. 큰 유방은 얼핏 엉덩이의 모양과 같아 보인다. 여자의 유방이 엉덩이의 매력적인 대용물이 되었다.

 여자의 유방이 남자들에게 돋보였지만, 여자에게는 남자의 큰 성기가 돋보였다. 남자의 음경은 몸집에 비례해 모든 동물 가운데 가장 크다. 찰스 다윈의 진화론에서 성선택(性選擇)은 '수컷은 과시하고 암컷은 선택한다.'라는 것이다. 여자들이 남자의 큰 성기를 선호하게 되자 더욱더 커지는 방향으로 진화했다.

 호모 에렉투스의 신체변화는 그뿐이 아니다. 똑바로 서서 걸으면서 신체의 상위에 있던 장기들이 밑으로 내려앉았다. 그 때문에 여자의 산도(産道)가 좁아져 아이를 낳기가 어려워졌다. 신생아의 머리통 크기를 줄이는 방향으로 진화하면서 약 16개월이던 임신기간이 약 10개월로 줄어들었다. 그 대신 머리통이 제대로 크지 못한 미숙아를 출산해만 했다.

미숙아인 신생아는 꼼짝없이 누워서 울기만 할 뿐 아무것도 할 수 없었다. 침팬지를 비롯한 다른 유인원들은 털이 있어서 갓 태어난 새끼도 약 6개월만 지나면 어미의 털을 붙잡고 등에 올라타거나 배 밑에 매달려 어미도 큰 불편 없이 마음대로 이동하고 행동할 수 있다.

하지만 호모 에렉투스의 갓난아이는 털도 없었고 무력하기만 했다. 어미는 수년 동안 젖을 먹이며 아이를 돌봐야 한다. 그동안 어미는 아기를 안고 다녀야 해서 먹거리를 위한 채집활동을 제대로 할 수가 없었다. 먹거리를 구하지 못하면 생존에 위협을 받는다. 그리하여 여자는 사냥으로 영양가 있는 고기를 구하는 남자를 붙잡아 항상 곁에 있도록 유혹할 수밖에 없었다.

남자를 붙잡는 방법은 서로 맞물리는 짝짓기다. 난교하는 짝짓기에서 특정한 남자를 곁에 붙잡아두려면 지속적으로 짝짓기를 할 수 있어야만 했다. 그런데 호모 에렉투스도 여자는 발정기가 있고 성적 신호가 있어서 남자는 다른 동물들처럼 그 기간에만 짝짓기 하려고 덤벼들었다.

마침내 호모 에렉투스의 여자는 생식기 색깔이나 냄새 등 성적 신호를 없애고 배란기를 감춰 언제든지 남자가 짝짓기할 수 있도록 진화함으로써 먹거리를 가져다주는 특정한 남자를 곁에 붙잡아둘 수 있었다. 여성들의 배란기가 은밀해져 오늘날의 여성들 가운데도 자신의 배란기를 짐작조차 못 하는 경우도 적지 않다.

불을 발명하다

호모 에렉투스는 때때로 일어나는 천둥과 번개를 무서워했다. 더욱이 번개가 나무나 나뭇잎에 떨어져 산불이 일어나는 것을 보고 매우 놀랐다. 그런데 오랜 경험을 통해 불을 관찰하면서 불이 어두운 밤을 밝혀줄 뿐 아니라 맹수를 비롯한 동물들이 불을 무서워하는 것을 알게 됐다.

약 100만 년 전이었다. 그들은 불타는 나뭇가지를 자기들의 동굴로 가져와 계속해서 불이 꺼지지 않게 하자 놀라운 일들이 벌어졌다. 어떠한 동물도 동굴에 가까이 오지 않아 맹수들로부터 안전할 수 있었다. 날이 어두워지면 잠을 잘 수밖에 없었는데 불이 있으면 깜깜한 밤에도 잠을 자지 않고 동굴 안에서 활동할 수 있었다. 그만큼 시간이 길어진 셈이다.

불로 말미암아 밤에도 남녀가 짝짓기할 수 있었다. 남들의 눈에 띄지 않게 은밀히 성행위를 할 수 있었으며 애무도 할 수 있었다. 인류에게 성행위는 밤을 이용한 은밀한 행위가 된 것도 이때부터였을 것이다.

불의 놀라운 효력을 알게 된 호모 에렉투스는 마침내 스스로 불을 만들 수 있었다. 번개로 불붙은 나뭇가지를 가져와 지속적으로 꺼트리지 않은 것이 아니라 스스로 불을 붙이는 방법을 발명한 것이다. 인류의 삶을 완전히 바꾼 획기적인 발명이었다.

더욱이 호모 에렉투스가 크게 기뻐한 것은 우연히 고기를 불에 익혀서 먹었더니 질기지 않고 부드러웠다. 그들은 환호성을 질렀다. 이때부터 먹거리를 불에 익혀 먹어 더 많은 영양분을 섭취하면서 신체에도 큰 변화가 일어났다.

　불을 이용할 줄 알기 전까지 날고기를 비롯한 모든 먹거리를 날것으로 먹었다. 거칠고 질긴 날고기를 먹으면서 고기를 찢고 오랫동안 씹느라고 입이 커지고 송곳니와 이빨이 커졌다. 하지만 고기를 익혀 먹으면서 입과 턱 그리고 이빨이 작아졌다. 그 때문에 호모 에렉투스의 얼굴을 옆에서 보면 이마에서 입, 턱까지 거의 일직선이 됐다. 하지만 콧구멍이 아래쪽으로 향하게 되며 후각 기능이 약화했지만 생존에는 지장이 없었다.

　더욱 놀라운 변화는 소화기관인 창자의 길이가 짧아진 것이다. 불에 익힌 먹거리를 먹으면서 소화가 빠르게 잘되니까 창자가 길어야 할 이유가 없어졌다. 불을 이용하기 전까지 인류의 몸매는 마름모꼴에 가까웠다. 똑바로 서서 걸으면서 침팬지와 비슷했던 몸매가 차츰 줄어들고 위아래로 길어지기는 했지만, 여전히 허리가 없는 항아리 모양에 가까웠다. 특히 날고기 등 날것 먹이를 소화하기 위해 장(腸)의 길이가 무척 길어서 배가 불룩할 수밖에 없었다.

　그러나 고기를 불에 익혔더니 더없이 부드러워졌고 맛있었으며 소화가 잘됐다. 그에 따라 뱃속을 차지했던 장의 길이가 짧아져 불룩했던 배가 줄어들었다. 그리고 오랜 진화 과정을 통해 마침내 인간다운 신체가 되어가기 시작했다.

　더욱이 여자의 몸매가 놀랄 만큼 변화했다. 배가 들어가고 허리가 생기며 큰 가슴과 엉덩이가 한층 더 돋보였다. 원시 남자들은 그러한 글래머형 여자에게 큰 매력을 느꼈으며 짝짓기 상대로 선호했다.

젊은 여성일수록 가슴과 엉덩이는 더 크고 탄력 있어 보였다. 그것은 건강과 가임성의 상징이 됐으며 그러한 젊은 여성 선호는 남자의 DNA가 되어 오늘날까지 이어지고 있다.

현대의 어느 인종, 어느 문화권, 심지어 아프리카 오지의 미개 부족들까지도 여성 몸매의 선호도는 똑같다. 허리와 엉덩이의 비율이 0.7:1인 젊은 여성을 가장 선호하고 매력을 느낀다. 역시 남자의 유전자가 그런 여자를 건강하고 가임성이 높은 여자로 인식하기 때문이다.

말(言語)을 통해 소통하기 시작했다

말은 기록이 있을 수 없기에 인류의 조상이 언제부터 말할 수 있었는지는 정확히 알 수 없다. 하지만 많은 학자가 호모 에렉투스가 처음으로 말을 하기 시작했다고 입을 모은다. 약 10만 년 전 호모 사피엔스가 처음으로 말을 하기 시작했다는 견해도 있다.

아무튼 짐승의 울부짖는 소리, 몸동작, 손동작 등으로 의사 표현을 하던 호모 에렉투스는 다급한 상황에서 처음으로 단음절의 말을 소리쳤다. 마음에 들지 않는 남자가 짝짓기하려고 추근거릴 때 '싫어(no)!' 또는 '안 돼!'가 첫말이었을 것으로 여러 학자가 말하고 있다. 따라서 남자보다 여자가 먼저 말을 시작했다는 것이다.

지금도 성적 행위를 할 때, 여자들은 본능적으로 '안 돼!' 하고 신음처럼 뇌까리기도 한다. 동물들은 물론이고 심지어 곤충들도 암컷은 짝짓기하려는 수컷이 마음에 들지 않으면 거부한다. 암컷의 짝짓기할 수컷 선택에서 본능적인 신중성 때문이다.

뛰어난 지능, 성대발달 등이 모든 생명체 가운데서 유일하게 인류만 말을 가능케 한 경이적이고 위대한 혁명이라고 할 수 있다. 말을 함으로써 인류는 만물의 영장이 됐으며 세상을 지배할 수 있게 됐다고 해도 과언이 아니다.

에렉투스에 이르러 뇌 용량이 크게 증가하면서 훨씬 다양하고 세밀한 소통 수단이 자연스럽게 필요해졌을 것이다. 더구나 그들은 본격적으로 사냥을 시작했으며 고기는 가장 중요한 먹거리가 됐다. 그전에는 작은 설치류 따위를 잡거나 포식동물들이 먹다 남긴 찌꺼기, 죽은 동물의 사체 등에서 육류를 섭취했지만 그것으로는 부족했다. 사냥은 획기적이고 필연적인 생업이었다.

사냥감들은 몸집이 작아도 인류보다 훨씬 빠르고 후각, 청각이 예민했다. 몸집이 큰 동물은 빠르고 힘이 셌다. 혼자서 사냥한다는 것은 불가능했고 사냥감이 작든 크든 협동이 필요했다. 서로 의논해서 포획 작전을 세워야 했으며 역할을 나누고 일사불란하게 움직여야 했다. 그러기 위해서는 정교한 의사소통과 합의가 무엇보다 중요했다. 소리나 손짓, 몸짓 신호만으로는 어김없이 부족했다.

동물의 종류나 움직임 따위의 표현은 가능했겠지만, 동물의 숫자, 포획이나 협동 방법을 논의하는 데는 무엇인가 말이 필요했다. 처음에는 단순한 상징이나 기호를 누군가 말로 표현했고, 그것이 차츰 무리 사이에서 약속이 되어 서로 소통됨으로써 하나의 낱말이 됐을 것이다. 그다음 낱말과 낱말을 어설프게 연결해서 간단한 음절을 만들었고 그것이 통용됐을 것이다.

어린아이가 처음 말을 배우는 과정을 보면 에렉투스의 언어생활을 대략 짐작할 수 있다. 어린아이는 엄마에게 간단한 낱말을 반복해 들으면서 하나씩 낱말을 익혀 나간다. 그다음 몇 개의 낱말을 연결하거나 소리와 손짓, 몸짓을 섞어 자신의 단순한 의사를 표현한다. 명사와 명사, 두 개의 낱말만 연결해도 간단한 의사를 전달할 수 있고, 하나의 낱말에 하나의 동사만 붙이면 더욱 확실한 말이 된다. 어린아이를 보면 그다음에는 탄력이 붙어 빠르게 말을 배우고 표현력이 많이 늘어난다.

에렉투스의 성대구조가 현생인류처럼 완벽했는지는 정확히 알 수 없지만, 그런 식으로 낱말을 늘려 나갔고 초보적인 말을 할 수 있었으며 그 말이 무리에서 통용됐을 것이다. 그뿐만 아니라 당시 그들의 생활은 아주 단순했으며 마주하는 사물도 극히 제한적이었기 때문에 말의 다양성은 그다지 필요하지 않았을 것이다.

언어의 사용은 에렉투스의 성, 남녀관계에도 큰 영향을 미쳤을 것이다. 동물의 짝짓기를 보면 힘센 수컷의 강압적인 접근이 기본이다. 암컷은 나름의 판단으로 수컷의 강압적이고 일방적인 접근을 거부하기도 하고 수컷이 집요하게 따라다니면 못 이기는 척, 허락을 하기도 한다. 에렉투스도 처음에는 그랬을 것이다. 원시 여성은 자기에게 성적으로 접근하는 남성이 어떤 이유로든 마음에 들지 않으면 손으로 밀치며 저항하거나 도망쳤을 것이다.

말이 생겨나면서 그와 같은 동물적인 접근방식에서 벗어나 간단한 성적 표현을 했을 것이다. 성적 요구와 거부, 합의 등의 확실한 표현이 있었을 것이고, 남녀의 성기와 유방, 엉덩이 등의 표현, '빨리' '좋다' '나쁘다' '싫다' 등의 단순한 감정표현이 가능했을 것이다. 그와 같은 성적 표현은 성적 관심과 호기심 그리고 성행위에 큰 변화를 불러왔을 것이다.

더욱이 에렉투스는 뛰어난 지능으로 약 40~50만 년 전, 기다란 막대기 끝에 날카롭고 뾰족한 돌멩이를 엮어 창(槍)을 만들었다. 그 전까지는 크고 작은 동물을 잡으려면 가까이 접근해서 돌멩이를 던지거나 몸싸움을 벌여야 했지만, 창을 만들면서 떨어진 거리에서도 효율적으로 사냥할 수 있어 위험이 크게 줄어들었고 평균수명도 길어질 수 있었다.

성적 쾌감을 인식하다

♂♀ **호모 에렉투스**에서 인류의 성적 행동에 놀라운 변화가 일어났다. 똑바로 서서 걸었으며 온몸의 털이 사라졌기에 남녀가 서로 벌거벗은 몸을 바라볼 수 있었고, 불의 발명으로 어두운 밤에도 남들의 눈에 띄지 않게 은밀한 성적 행동을 할 수 있었음이 성변화의 원동력이라고 할 수 있다.

먼저 짝짓기할 때 동물들처럼 후배위 교미에서 여자가 눕고 남자가 그 위에서 성행위를 하는 정상위로 바뀌었다. 서로 가까이서 얼굴을 마주 보며 유대감과 친밀감이 생겼고 어두운 밤, 다른 사람들이 듣지 못하게 상대방의 귀에 대고 속삭이며 더욱 친밀감을 쌓았다. 상대방의 몸을 애무하는 피부접촉도 이때 생겼다.

그렇다면 호모 에렉투스의 여자들은 어떤 기준으로 지속적으로 짝짓기할 특정한 남자를 선택했을까? 그렇지 않아도 여자는 짝짓기 상대의 선택에 신중한 본능을 지니고 있다. 남자는 한 번의 사정(射精)에도 수억 개의 정자를 배출하고 언제든지 섹스를 할 수 있지만, 여자는 한 달에 한 개의 난자밖에 생산하지 못한다. 그것도 평생 약 400개쯤으로 제한적이다.

그런데 자신에게 먹이, 특히 영양가가 풍부한 고기를 구해다 줄 만한 힘세고 사냥 능력이 뛰어난 남자를 선택해야 하니까 더욱 신중해질 수밖에 없었다. 아무래도 힘세고 사냥 능력이 있는 남자가 일반적으로 우량한 정자를 지녔다고 볼 수 있다. 지금까지도 사냥꾼 형의 다부진 얼굴, 강인한 인상을 주는 남자를 배우자감으로 선호하는 것이 여자의 본능이다.

몸집이 크고 다부지고 강인한 인상의 남자를 선호하는 것 이외에 원시 여성들의 눈길을 사로잡은 또 하나의 남성 매력은 성기였다. 인류가 똑바로 서서 마주 보게 되며 엉덩이 밑으로 돋보이던 여자의 성기는 아래로 내려와 가랑이 사이에 감춰졌지만, 남자의 성기는 오히려 전면 돌출로 더욱 돋보였다.

원시 여성의 눈에 남자의 돌출된 성기가 단연 돋보였다. 그것도 음모가 있어서 더욱 돋보였다. 무엇이든 남자의 큰 것을 선호하던 원시 여성들은 남자의 작은 성기보다 큰 성기에 더 호감을 보였다. 그리하여 큰 성기를 가진 남자들이 훨씬 많은 짝짓기 기회를 얻었고 큰 성기의 유전자를 지닌 후손들이 퍼지며 남자의 성기는 점점 크게 진화했다.

인류의 남성은 몸집 크기와 비교해서 동물들 가운데 가장 큰 성기를 가졌으며 큰 성기에 집착하는 DNA가 여전히 남아있어 오늘날의 남성들도 남보다 큰 성기를 갖고 싶어 한다. 우생학적으로도 남자의 큰 성기가 수태에도 유리하고 우월한 것으로 조사된다.

 어떠한 매력에 의해서든 원시인류 남녀가 암묵적으로 합의를 이루고 짝짓기를 했지만, 그들은 임신의 메커니즘을 전혀 몰랐을 뿐 아니라 다른 동물들처럼 남자는 짝짓기를 성취하고 나면 그만이었다. 아무런 책임도 없었고 얼마든지 다른 여자들과도 짝짓기할 수 있었다.

 그런데 특정한 남녀가 지속적으로 피부접촉과 성행위를 하면서 차츰 묘한 느낌을 감지했다. 말하자면 성행위에서 오는 기막힌 '쾌감(快感)'을 인지한 것이다. '쾌감'에는 여러 종류가 있겠지만 섹스를 통해서 얻는 만족감, 절정감 등은 오직 인류만이 느끼는 최고의 감각이다.

 고등동물일지라도 짝짓기를 통해 쾌감을 얻는다는 징후를 찾아내지 못하고 있다. 어떤 연구에서는 침팬지 같은 유인원도 성적 쾌감을 얻는다지만 확증된 것은 아니다. 쾌감은 뇌의 작용이기 때문에 지적 능력이 뛰어난 인류만이 가능하다고 보는 것이 일반적인 견해다.

 고등동물들은 배란기의 암컷이 발산하는 성적 신호에 충동을 느끼고 본능적으로 짝짓기를 함으로써 성적 욕구를 해소하고 편안해지는 것으로 봐야 한다. 우리가 배고플 때 식사를 한다고 쾌감을 얻는 것은 아니다. 다만 허기를 해소함으로써 만족감, 편안한 마음을 가질 뿐이다. 동물들의 성행동은 그와 비슷하다고 보면 된다.

성행위의 쾌감이야말로 오직 인류만 경험하는 놀라운 절정감과 만족감으로 인류의 성적 행동을 송두리째 바꿔놓았다. 지금까지 후손 생산을 위해 자기 유전자를 퍼뜨리려는 짝짓기가 쾌감을 얻으려는 쾌락 추구로 완전히 바뀌어버린 것이다.

특정한 남녀의 지속적인 성관계는 오늘날 결혼한 부부관계나 다름없다. 그러나 그 당시는 결혼이라는 개념이 없었다. 특정한 남녀의 지속적인 성관계가 가능했음이 오로지 쾌감 때문이었을까? 난교하던 시대, 남자들은 특정한 여자가 아니라 많은 여자와 짝짓기를 하면 다양한 쾌감을 얻을 수 있을 것 아닌가?

그런데 특정한 여자하고만 지속적으로 짝짓기하는 것이 가능할까? 당연히 의문이 생긴다. 여기서 충분히 생각해 볼 수 있는 것이 현대적 관념이라고 하는 '사랑'이다. 과연 남녀 사이에 쾌감의 추구가 먼저인가, 사랑이라는 감정이 먼저인가는 생각해 볼 여지가 있지만, 그것은 인류에게 문화가 등장한 이후의 문제이며 당시로서는 '쾌감'이 필연적으로 우선했을 것이다.

여자들은 자기가 붙잡아 놓은 특정한 남자가 곁을 떠나지 않도록 나름대로 온갖 성적 기교를 동원했을 것이다. 그들에게 성적인 기교가 있었을까? 당연히 동물들과 달랐다. 역시 직립보행이 가져다 준 혜택이다. 물론 속성으로 후배위가 주된 체위였겠지만, 마주 보게 돼 풍부한 표정의 교감, 남녀의 포옹과 정상위 체위가 가능했다.

정상위 체위는 후배위보다 한결 친밀감을 더해 준다. 그뿐만 아니라 입을 맞추고 가슴을 만지는 스킨십이 가능했으며 서로 성기를 볼 수 있어서 상대의 성기를 만지고 오랄 행위도 가능했다.

다만 입맞춤, 즉 인사하는 방식으로 입맞춤이 아니라 남녀의 애무행위로서의 입맞춤은 훨씬 늦게 고대에 와서 약 4,500년 전, 메소포타미아에서 처음 시작된 것으로 알려졌다. 물론 오늘날의 프렌치 키스는 아니었다. 애무행위로서 남녀가 입맞춤을 하면서 성적 만족감은 더욱 높아졌으나 그 때문에 갖가지 전염병이 유발했다는 것이다.

아무튼 이러한 에렉투스의 성적 행동들이 지나친 상상이 아니냐고 고개를 흔들지 모르지만 그렇지 않다. 중국의 성문화 연구가인 상하이 대학 류달림(劉達臨) 교수는 그의 저서 <중국의 성문화>에서 원시시대의 성행동을 이렇게 표현하고 있다.

"뒤에서 삽입하는 체위가 마주 보고 하는 성교로 바뀜으로써 성교 과정 중에 상대방의 풍부한 감정을 관찰하게 되었고, 이러한 시각적 형상이 대뇌에 작용해서 성 심리를 불러일으켰다. 손과 발의 기능 분화로 인해 인류의 성행동 가운데 애무행위가 등장하여 남녀가 서로 효과적으로 성감정을 교류하고 전희와 후희를 통해 성교 효과를 증진했다. 또한 손과 발의 기능 분화로 말미암아 여성은 자기 의지에 어긋나는 성교에 대해 손을 이용해서 반항 또는 저지할 수 있었고, 이때부터 성교는 자각적이고 자발적인 기초 위에서 이루어졌다."

또 다른 증거도 있다. 보노보(bonobo) 침팬지의 성생활이다. 보노보는 침팬지보다 몸집이 한결 작은 침팬지의 아종(亞種)으로 여겨져 오랫동안 관찰과 연구에 소홀했다.

그러나 20세기 중반을 넘어서 아프리카 내륙지방 콩고, 오직 한 곳에서만 서식하는 보노보를 다각적 연구를 통해 독자적인 종으로 분류했다. 그와 함께 본격적인 연구가 이루어졌는데 비상한 관심을 끈 것은 보노보의 성생활이었다. 다른 동물들과는 물론이고 침팬지와도 전혀 다른 성생활이 인간의 성생활과 비슷해서 매우 놀란 것이다.

독일의 '막스 플랑크 진화인류학 연구소(Max Planck Institute for Evolutionary Anthropology)'는 보노보의 게놈을 완전히 분석했다. 침팬지와는 유전자가 99.6%가 같았으며, 인류와 비교하면 98.7%가 같았다. 침팬지와 인류도 그와 똑같이 98.7%가 같은 것을 보면 인류보다 약간 늦게 침팬지에서 분화된 것으로 보인다고 밝혔다.

침팬지가 극단적으로 공격적이며 포악하고 이기적인 것과 비교하면 보노보는 거의 반대에 가깝다. 지극히 평화적이며 온건하고 무리의 유대가 강하다. 인류는 침팬지와 보노보의 성질을 합쳐 놓은 것 같다고 말한다. 보노보는 아비와 자식보다 어미와 자식 관계가 더 강한 암컷 중심의 모계사회다. 약자나 병자를 보호하는 이타

심도 있다고 한다.

놀라운 것은 이들의 충격적인 성생활이다. 보노보는 성행동에서 후배위는 물론, 인간처럼 다른 동물들에서는 전혀 볼 수 없는 마주 보고 하는 정상위 섹스를 하고, 성기 애무, 오럴, 자위행위, 동성애에 이르기까지 인간의 성행동과 비슷하다.

그뿐만 아니라 암컷과 수컷이 모두 프리섹스로 개방적인 성생활을 하며, 때를 가리지 않고 빈번한 섹스로 무리의 평화유지, 유대강화, 사교 등을 강화해 나간다. 섹스를 지배나 욕구 해소 차원을 넘어서 상호적이며 서로의 유대강화에 적극 활용하고 있어야 한다. 다른 무리의 보노보가 영역에 들어와도 적대시하지 않고 섹스를 통해 교류한다. 다른 동물들에서는 결코 볼 수 없는 성행동이며 인간과 비슷해도 매우 비슷하다.

보노보 : 현존하는 동물 중 침팬지와 함께 인간과 가장 가까운 동물 중 하나이다.

그 때문에 진화생물학자들은, 인류가 침팬지와 분화하는 과정에서 보노보와 똑같은 분화 요인을 지녔으며 인류가 먼저 분화하고 조금 뒤에 보노보가 분화한 것이 아닌가 추측하면서 보노보 연구에 더욱 박차를 가하고 있다. 그렇지 않고서야 다른 동물들에게는 전혀 없는 보노보와 인류의 성행동이 똑같을 수가 없다.

 그것은 인류가 이미 원시시대부터 오늘날과 비슷한 성행동을 해왔다는 것을 말해 준다고 할 수 있다. 인류도 발전사로 보자면 극히 최근의 봉건주의 남성지배가 되기 전까지 수백만 년 동안 모계사회였으며 보노보의 암컷처럼 여자가 성행위를 주도했다.

 그러한 성적 특성을 고려한다면 에렉투스의 여자는 짝짓기 상대의 선택에 무척 신중했으며 일단 자기와 성관계를 맺은 남자를 곁에 붙잡아 놓기 위해서 적극적이고 주도적으로 성적 감정과 기교를 총동원했을 것이다.

 그리하여 성적 효과가 더욱 커져 남자는 발달한 인지력으로 성적 쾌감을 얻었을 것이다. 아울러 남자는 강한 성적 쾌감을 준 여자와 지속적으로 성관계를 갖고 싶어 했으며 그 때문에 부지런히 고기를 비롯한 먹거리를 구해 와서 여성과 그녀의 아이에게 제공했다.

 더욱이 그러한 남녀의 개별적이고 지속적인 성적 관계와 친밀감은 서로의 독점 욕구로 이어졌고 자기 여자에 대한 다른 남성의 성적 접근을 완력으로 막았으며 때에 따라 질투심을 유발했다. 이러한 성적 행동에서 비롯된 독점의식이 오늘날의 관념으로 볼 때 '사랑'으로 발전했다. 요점은 호모 에렉투스는 신비스러운 쾌감이라는 뇌의 느낌과 막연하지만 사랑이라는 감정을 인지했을 것이라는 얘기다.

여기서 또 한 가지 짚고 넘어갈 것이 있다. 찰스 다윈의 진화론이 말하는 '자연선택'이다. 즉 수컷은 자기 정자를 되도록 많이 퍼뜨려 후손을 남기려는 자연선택에서 오는 본능이 있다. 동물들은 몸집이 크고 힘이 센 수컷이 무리의 우두머리가 된다. 흔히 '알파 수컷'이라고 하는 강한 수컷이 무리를 지배하고 암컷들을 독점하거나 짝짓기에서 우선권을 갖는다.

일반적으로 수컷과 암컷의 몸집 차이가 클수록 수컷이 더 많은 암컷을 거느리며 더 많은 후손을 남긴다. 수컷의 암컷을 차지하는 비율은 수컷과 암컷의 몸집 차이에 비례한다. 이것은 동물인 인류도 예외가 아니다.

인류를 같은 부류의 유인원과 비교하면 고릴라가 암수의 몸집 차이가 가장 크다. 고릴라는 우두머리 수컷이 할렘을 구성하고 모든 암컷을 독점한다. 침팬지는 암수의 몸집 차이가 거의 없다. 따라서 침팬지는 거의 모든 수컷과 암컷들이 제멋대로 짝짓기를 한다. 우두머리 수컷은 힘으로 우선권을 가질 뿐이다. 인류는 그 중간이다. 정자를 생산하는 남성의 고환 크기도 고릴라와 침팬지의 중간 크기다. 키는 남자가 여자보다 평균적으로 15~20% 정도 더 크다.

이것은 먼 훗날의 문화적 제도에 의한 일부일처제가 인류에게 적합지 않다는 것을 말해 준다. 남자에게는 본능적으로 약간의 외도성이 있다. 전 세계의 어느 인종이나 민족, 문화권을 불문하고 오랫동안 일부다처였다.

오늘날 아내가 있는 기혼 남성들까지 나이와 상관없이 되도록 젊은 여성을 상대로 외도하고 싶어 하는 까닭이 거기에 있다. 젊은 여성일수록 가임성이 높아서 자기 유전자를 더 많이 퍼뜨리려는 타고난 외도성 본능이 작용하는 것이다.

어느 자료에 따르면 오늘날 지구상에서는 하루에 약 1억 회의 성행위가 벌어지는데 그 가운데 임신을 위한 성행위는 불과 1%도 안 되고, 99% 이상이 쾌감을 얻으려는 쾌락 추구라는 것이다.

인류의 성적 쾌감과 성을 통한 쾌락 추구는 호모 에렉투스 이래 오늘날까지 변함없이 이어지고 관통하는 인간들이 행하는 모든 성 행동의 키워드라고 할 수 있다. 역사가 흐르면서 인류는 갈수록 성적 쾌락 추구에 더욱더 집요한 관심과 집착, 탐닉을 보이고 있다.

호모 에렉투스, 아프리카를 떠나다

 약 180만 년 전, 호모 에렉투스가 그들의 발상지 아프리카를 떠나 이동하기 시작했다. 약 100만 년 전에 이동을 시작했다는 견해도 있다. 이처럼 편차가 큰 것은 그들이 마치 군대가 이동하듯 집단적으로 한꺼번에 이동한 것이 아니라 무리가 저마다 시간의 차이를 두고 독자적으로 이동했기 때문이다.

그들의 한 무리(집단)는 보편적으로 10~30여 명의 가족 단위다. 이 무리를 '밴드(band)'라고 한다. 밴드끼리 서로 소통하거나 협력하는 경우는 별로 없었고 만나는 경우조차 드물었다. 따라서 뿔뿔이 독자적으로 움직일 수밖에 없었다.

밴드는 혈육들로 이루어진 가족 집단이라고 할 수 있다. 그들의 성적 행동도 가족 사이에서 이루어지는 근친상간이었다. 그 밖에는 성적 욕구를 해결할 방법이 없었다. 또한 남자에게는 별다른 책임이 없었고 여자들은 어린아이를 양육했다. 밴드는 여자들이 주축을 이루는 모계사회였다. 다만 남자들은 자신과 성관계를 지속하는 어린아이가 있는 특정한 여자에게 육류를 비롯한 갖가지 먹거리를 제공함으로써 쾌감을 주는 성관계를 계속했다.

밴드는 일반적으로 한 무리의 인원수가 남녀와 다양한 연령층이 뒤섞여 적어도 30명이 넘어야 번식이 가능하다고 한다. 더구나 일정한 거처가 없이 떠도는 그들에게는 수많은 위험이 도사렸으며 영아나 산모의 사망률도 여전히 높았다. 호모 에렉투스의 인구 증가는 원만하지 못했을 것이다. 그것이 마침내 호모 에렉투스가 절멸하게 된 원인의 하나였을 것이다.

어찌 됐든 그들이 이동한 가장 큰 이유는 기후변화였다. 인간은 자연과 공존하며 서로 돕기도 하고 맞서기도 한다. 자연재해는 에렉투스가 어찌할 수 없는 결정적인 재앙이었다. 그 무렵의 지구는 빙하기였다.

몹시 춥고 건조한 기후로 초원이 메말라지자 먼저 초식동물들이 아프리카를 떠났다. 그러자 먹잇감을 뒤쫓아 육식동물들이 떠났고, 역시 초식동물, 육식동물, 식물이든 먹거리가 크게 부족해진 에렉투스도 그들을 뒤쫓아 이동할 수밖에 없었다. 이것이 인류의 '제1차 아프리카 탈출'(1st Out of Africa)이다.

아프리카는 바다로 둘러싸여 있어서 그들이 갈 수 있는 곳은 다른 대륙과 연결된 북쪽뿐이었다. 오랜 세월에 걸쳐 밴드들이 북쪽으로 이동해서 곳곳으로 퍼져나갔다. 그들은 대체로 세 갈래로 흩어졌다.

한 무리는 중동지역을 거쳐 서쪽으로 지금의 유럽까지 진출했으며 또 한 무리는 중동지역에서 끊임없이 북쪽으로 이동, 마침내 시베리아에 이르렀다. 그리고 또 한 무리는 중동지역에서 해안을 따라 동남쪽으로 이동해서 동남아시아, 남중국, 바다 건너 호주까지 이동했다. 남중국 해안으로 이동한 밴드들 가운데는 약 70만 년 전, 우리나라 남부지방까지 이동해서 정착한 밴드도 있었다.

이처럼 그들이 대륙 전역으로 흩어지기까지 수십만 년이 걸렸다. 어느 곳에 수백 년 또는 수천 년을 머물다가 먹거리가 부족해지면 또다시 이동했기 때문에 무척 오랜 세월이 걸렸다. 마침내 그들은 신대륙이라는 아메리카대륙을 빼놓고 대륙의 전 지역으로 흩어졌다.

인간의 외모나 피부, 체형은 기후와 먹거리 등에 따라 변모한다. 이동하는 호모 에렉투스의 밴드들이 어느 특정 지역에서 대(代)를 이어가며 수만 년 또는 그 이상 긴 세월을 머무르기도 하면서 그들의 신체에도 많은 변화가 나타났다. 특정지역의 서식환경에 적응하려고 진화한 것이다. 그리하여 피부 색깔, 머리 색깔 등에 따라 흑인종, 백인종, 황인종 등이 생겨났다.

긴 세월이 흐르며 호모 에렉투스의 변종 또는 아종(亞種)까지 생겨났다. 역시 기후, 서식환경 등이 원인이었다. 이들은 평균적으로 뇌 용량이 컸다. 중국의 북경원인, 인도네시아의 자바원인 그리고 평균 키가 1m밖에 안 되는 인도네시아 플로레스섬의 소인종 등이 그들이다.

이 소인종은 <반지의 제왕>에 등장하는 난쟁이 호빗(Hobbit)과 비유하여 '호빗'이라고 부르기도 한다. 지역적으로 가까운 자바원인과 호빗은 서로 치열하게 싸웠다. 하지만 그들도 마침내 절멸한 것은 역시 기후변화에 따른 생태환경의 급격한 변화 때문이었다. 그들의 생태환경이었던 초원이 갑자기 고온다습한 열대우림으로 변하며 그것에 적응하지 못했다. 이들은 짧은 기간이었지만 호모 사피엔스와 맞부딪치기도 했다.

동양의 성

아프리카를 떠난 호모 에렉투스가 전 대륙으로 퍼졌기 때문에 동양이라고 특별한 성적 특성은 있을 수 없다. 하지만 인도나 중국 등 아시아대륙으로 이동해서 오랫동안 정착했던 에렉투스는 그곳의 기후를 비롯한 서식 환경 등의 영향으로 현지화되면서 그들만의 성적 관념을 갖게 됐을 것이다.

아무런 기록도 없는 선사시대에 그들이 어떤 성적 관념을 가졌는지는 알 수 없다. 다만 그들의 사유 세계가 나타나는 창세신화를 통해 유추해 볼 뿐이다. 물론 대부분의 동서양 신화가 고대에 만들어진 것이지만 그렇더라도 그들의 세계관, 자연관을 충분히 짐작할 수 있다.

동양의 성을 얘기하자면 인도를 빼놓을 수 없지만 뒤에서 다루기로 하고 여기서는 중국, 일본, 우리나라를 살펴보려고 한다.

중국 창세신화

    중국은 우리 민족의 가장 큰 줄기인 북방계와 밀접한 관계가 있다. 중국 창세의 주인공은 반고(盤古)다. 그가 중국과 우리나라 신화에도 등장하는 중국의 창세 신이다. 반고는 아직 천지가 생성되기 전, 혼돈의 알 속에서 1만 8천 년 동안 계속 잠을 자다가 알을 깨고 나왔다.

    그러더니 어느 날부터 갑자기 하루에 몇 미터씩 몸이 커지기 시작했다. 또 그만큼 힘도 세져 하늘과 땅이 떨어지게 떠밀기 시작해서 9만 리나 떼어 놓았다. '9만 리'는 중국에서 가장 먼 거리, 끝없이 먼 거리를 나타낸다. 그 틈새로 자신의 아이를 내보내 살게 했다고도 한다. 마침내 거인 반고가 죽었을 때, 그의 왼쪽 눈은 태양이 되고, 오른쪽 눈은 달, 머리와 몸은 큰 산들이 되었으며 그의 시체 각 부위가 온갖 자연을 만들어낸다. 자연과 인간을 동일시했던 동양적 세계관이다.

    그러면 중국 신화에서 최초의 인간은 어떻게 태어났을까?
    이에 대해서는 신화에 따라 약간의 차이가 있다. 먼저 반고가 인간도 만들었다는 것이다. 하늘과 땅을 떼어놓으면서 그 틈새로 자기 아이를 내보낸 것이 최초의 인간이라는 얘기도 있고, 반고가 죽고 그의 시체에서 만물이 생겨날 때 인간도 만들어졌다는 얘기도 있다. 맨 마지막으로 반고의 시체가 썩어 벌레들이 꿈틀거리다가 그가 죽을 때의 숨결이 바람이 됐는데 벌레들이 그 바람을 맞으면서 인간으로 변신했다는 것이다.

하지만 그보다는 최초의 인간은 '여와'라는 신화가 훨씬 일반적이다. 여와에 대해서도 두 가지 얘기가 있다. 여와는 창조의 여신이다. 그가 어떻게 어디서 왔는지는 모르지만, 여와가 황토로 인간을 빚어내기 시작했다.

황토를 뭉쳐 하나씩 인간을 만들기 시작했는데 시간이 오래 걸리고 힘이 들어 황토 더미를 끈으로 휘둘렀더니 흙이 사방으로 흩어지며 수많은 인간이 한꺼번에 만들어졌다는 얘기다. 그러나 그보다 더 사실처럼 받아들여지는 것은 두 번째 얘기다.

태초에 형제 신이 하늘에 살며 천지를 다스렸는데 하늘의 신인 동생에게 '복희'와 '여와'라는 남매가 있었다. 남매는 지상에서 인간을 퍼뜨려야 했다. 그러자면 성관계를 해야 하는데 그들은 남매여서 근친상간을 해야만 했다. 있을 수 없는 일이었다.

하늘에서 지상을 관장하는 태백금성(太白金星)은 그들이 결혼해서 자손을 퍼뜨리기를 권했다. 하지만 그들은 남매간에 혼인할 수 없다며 펄쩍 뛰었다. 그렇지만 인간의 대를 잇기 위해서는 그 방법밖에 없었다.

고민하던 남매는 각기 산에 올라가 불을 피우고, 연기가 서로 합쳐지면 하늘이 그들의 결합을 인정하는 것으로 여기고 연기를 피워 올렸다. 이윽고 연기가 서로 다가가더니 합쳐졌다. 그리하여 복희와 여와 남매는 성행위를 하여 자손을 퍼뜨리기 시작했다는 것이다.

중국의 창세신화에서 눈여겨 볼 것은 남매의 성관계, 즉 근친상간이다. 창세신화에서 근친상간은 동서양을 가릴 것 없이 매우 흔하다. 하지만 서양에서는 아무런 부담도 없이 서슴없이 근친상간을 했다면 동양신화에서는 한 차례 갈등의 단계를 거친다. 그만큼 동양이 도덕적이라고 할까? 원시사회에서 근친상간은 흔한 일이었지만 동양에서는 근본적으로 그것을 금기시하고 꺼렸던 것 같다.

일본 창세신화

일본의 창세신화는 8세기에 와서야 그들의 사서에 등장했다. 더욱이 그들의 상징적이고 신적 존재인 천황을 합리화하고 돋보이게 하려는 의도가 분명해서 일찍부터 왜곡되고 조작됐다는 지적을 받아왔다. 일본 최고의 신이자 태양의 신인 아마테라스(天照) 여신이 성관계 없이 여러 명의 후손을 낳았는데 그녀의 맏아들이 일본 천황의 직계 조상이라는 것이다. 터무니없는 조작이다. 하지

아마테라스 : 일본 신화, 신토의 주신으로 태양의 신이다. 또한 일본 황실의 황조신(皇祖神)이다.

만 성(性)과 관련해서 살펴볼 가치가 있다.

그들의 창세신화에 따르면 태초에 천상에 3명의 신이 있었는데 이 신들은 어디서 어떻게 왔는지 모른다. 모두 홀로 태어나 자기 모습을 드러내지 않는다. 남녀 구별이 없는 단성(單性)의 신들이다.

이들이 홀로 여러 쌍의 신들을 낳는다. 수많은 신들을 만들고 나서 오호도노지 신과 오호도노베 신을 만든다. 오호도노지는 남자의 성기를 의미하고 오호도노베는 여자의 성기를 의미한다. 남녀가 태어날 여지를 만든 것이다.

이어서 남자인 오모구루와 여자인 아야카시코네를 탄생시킨다. 이들은 대화(對話)를 뜻한다. 오모구루는 "당신 정말 아름다워!"라는 말을 뜻하고, 아야카시코네는 "몸 둘 바를 모르겠어요."라는 뜻이다. 다시 말해 어떤 인격체의 신보다 남녀의 대화를 먼저 탄생시킨 것이다. 그리고 마지막으로 남자 신 이자나기와 여자 신 이자나미 남매를 탄생시킨다.

이들 남매는 하계(下界)의 바다에 떠도는 세계를 고정하라는 천상 신들의 지시에 따라 아주 긴 하늘의 창을 바다에 찔러 넣어 휘젓는다. 그리하여 창끝에서 떨어지는 소금물로 땅을 만들었는데 그것이 오노고로 섬으로 최초의 육지다. 이자나기와 이자나미 남매는 천상에서 이 섬으로 내려온다.

남매는 지상의 세계와 만물을 창조할 신들을 낳아야 했다. 그러자면 남매가 성관계를 가져야 했다. 먼저 이자나미가 남자 신 이자나기에게 말했다. "얼마나 멋진 남자인가!" 이자나기가 대답했다. "얼마나 멋진 여자인가!" 서로 찬양하고 교접했다. 그리하여 아이를 낳았는데 손발도 없고 뼈도 없는, 마치 거머리 같은 아이 히루코였다. 그들은 놀라고 실망해서 히루코를 갈대 배에 태워 흘려보냈다. 히루코는 별로 신통치 못하고 흐지부지한 아주 작은 섬들이 됐다. 국토를 만드는 데 실패하고 결혼도 실패한 셈이었다. 그들 남매는 하늘로 올라가 천상의 신들에게 어찌하면 좋을지 의견을 묻는다. 천상의 신들은 여자 이자나미가 먼저 말한 것이 잘못되었다고 했다.

그들은 다시 지상으로 내려왔다. 이번에는 남자인 이자나기가 먼저 "당신의 몸은 어떻게 생겼는가?"하고 묻자, 여자인 이자나미가 "내 몸은 완성되었지만, 아직 한 곳에 구멍이 뚫려 있어요." 하고 대답한다.

그러자 이자나기가 "내 몸도 완성되었지만, 남아도는 한 곳이 있거든. 그래서 내 몸의 남은 부분을 당신의 구멍에 찔러 넣으면 국토를 만들 수 있을 것 같은데 당신 생각은 어떻지?" 하고 되물으며 이자나미가 동의하자 그들은 성관계를 갖는다. 두 번째 결혼에 성공한 것이다. 그리하여 그들에게서 수많은 신들이 태어나 도구와 불, 동물, 곡식 등 만물을 창조한다. 마침내 인간도 태어났다.

이러한 일본의 창세신화는 매우 성적이고 노골적이다. 역시 남매신화이며 중국 창세신화처럼 하늘의 신에게 자기들의 성관계에 관해 묻지만 남녀의 성기와 성행위를 노골적으로 나타내고 있다.

그뿐만 아니라 일본 창세신화에는 여성의 음부와 관련된 것이 많다는 점이다. 여성 음부를 상징하는 신이 있는가 하면, 창조신들인 이자나미가 하늘의 창으로 바다를 휘저어 땅을 만들 때 하늘의 창은 남성 성기를 상징하고 창을 찔러넣은 바다는 여성 성기를 상징한다고 일본학자들은 말한다.

여자 이자나미는 불을 창조하다가 성기에 화상을 입어 숨졌다. 그녀가 지하 세계에서 완전히 죽어 시체가 썩었다. 그러자 신체부위에서 만물이 탄생하는데 그녀의 음부에서도 많은 생명체들이 나왔다. 여자의 자궁은 생명의 근원임을 암시하는 것이다.

또 이자나미와 이자나기가 낳은 3남매도 여성 성기와 관련이 있다. 달의 신 츠쿠요미가 죽인 여신도 시체의 각 부위와 음부에서 만물이 탄생하고, 스사노오가 죽인 오오케츠히메 여신도 시체의 각 부위에서 각종 곡식이 나오는데 음부에서는 보리가 나왔다. 이렇게 여신의 몸에서 온갖 생명체와 각종 곡식이 나오는 것은 앞에서 자주 설명했던 여성, 즉 어머니 여신은 곧 만물을 탄생시키는 대지의 신, 지모신(地母神)이라는 농경시대의 우주관, 자연관을 말한다.

스사노오가 천상에서 난동을 부릴 때 직물을 짜고 있던 여신이 매우 놀라는 바람에 베틀의 부속품인 북이 음부를 찌르고 들어가 죽었다는 대목이 있다. 일본학자들은 그 여신이 누이 아마테라스일 것이며 스사노오의 횡포로 성기에 큰 상처를 입었을 것이라고 말한다. 또한 천상에 막힌 입과 길을 열어주는 아메노우즈메라는 여신이 있었다. 그녀가 춤을 추는데 점점 옷이 흩어져 가슴이 드러나고 치마끈이 풀려 성기가 보인다. 그 모습을 보고 천상의 신들이 일제히 웃음을 터뜨린다.

그 때문에 태양의 신, 아마테라스(天照)가 갇혔던 석실이 열리고 세상에 빛을 비추게 된다. 아메노우즈메 여신은 갈라진 틈(자기 음부)을 보임으로써 천상의 신들이 웃고 그 갈라진 틈 때문에 어둠의 장막이 걷혀 햇빛을 볼 수 있는 밝은 세상이 되었다는 것이다. 여성 음부의 틈새를 광명과 연결한 것은 놀랄 만한 발상이다.

이처럼 여성의 음부가 많이 나타나는 것은 그것이 생명체와 만물의 근원인 자궁 입구인 까닭도 있지만, 농경시대 가부장 사회가 되면서 남성들이 성적으로 적극적이고 여성에게 큰 관심을 끌게 되었다는 근거이기도 하다. 근세에 이르기까지 일본인들은 성적으로 무척 개방적이었다.

한국 창세신화

우리 신화의 특징 가운데 하나는 천지창조와 같은 창세신화가 문헌에 거의 없다는 점이다. 다만 '마고 할미'와 같은 설화들이 더러 남아있고 '성주풀이' '제석풀이' '칠성풀이' 등과 같은 무가(巫歌)들에 창세신화가 들어있기는 하다.

그러나 무가들은 무속을 위한 것이어서 정통성이나 신성성에서 가치가 많이 떨어진다고 할 수 있다. 무가에는 단군신화, 중국 3황 5제 신화, 불교 설화 등이 마구 뒤섞여 있으며 시대성도 가늠하기 어려운 것들이 많다.

그 때문에 주류, 비주류, 재야 사학자들을 비롯한 민족주의자들까지 뒤섞여 저마다 우리 민족 창세의 근원을 제시하고 있어 무척 혼란스럽다. 정통성과 신뢰성을 지닌 우리 신화들은 대부분 건국신화, 개국신화, 시조신화, 성씨신화들로 대개 단군신화부터 시작하고 있다.

무가에서 북쪽 함경도부터 남쪽 제주도까지 전국에서 전해 오는 창세 설화가 '마고(麻姑) 할미' 설화다. '마고 할멈'으로도 불리는 대지의 어머니로 지모신(地母神)이다. 주로 무속신앙에 많이 등장하며 제주도에서 죽어 묻혔다고 해서 '매고(埋姑)'라고도 한다.

그녀가 어떻게 태어나고 어떤 배후를 지녔는지는 알 수 없지만 엄청난 거인이다. 어느 지방의 설화에서는 거인이 아닌 것으로 표현된다. 성격도 착하고 자비로운 설화가 있는가 하면 포악한 성격의 설화도 있으며 요염한 여자로 남자들을 유혹하는 설화도 있다.

그녀가 바다와 산과 강과 섬, 모든 자연을 만들었다. 그녀가 한라산을 머리에 베고 누우면 다리는 제주도 앞바다에 닿았다. 그녀가 오줌을 누면 큰 바위들이 빠져버려 강이 되었고 한숨을 쉬면 태풍이 됐다. 산도 마음대로 옮겼고 치마로 돌을 날라 성을 쌓았다. 그녀의 최후도 갖가지다. 제주도에서 죽어서 묻혔다고도 하고, 어느 효자가 어떤 일로 그녀의 머리에 쑥뜸을 뜨는 벌을 주니까 달게 받고 며칠 만에 죽어서 바위가 되었다고도 한다.

그런가 하면 단군설화에서는 단군에게 굴복해서 산신이 되었다고 한다. 그것을 보면 단군 이전에 등장했던 우리의 토착신앙인 듯하다. 따라서 토착신이나 선사시대 어느 부족 족장이 형상화된 것으로 파악한다.

단군을 모시는 민족종교 대종교에서는 '나반(那盤)과 아만(阿曼)'을 최초의 인류로 본다. 나반은 남자이고 아만은 여자다. 나반은 함경도 사투리 아바이를 한자로 음역화한 것이고, 아만은 오마니를 음역화한 것이라고 한다. 천상의 신, 환인(桓因)이 창조했으며 우리 민족의 시조가 된다. 우리의 전통적인 신령으로 자리를 잡았으나 불교 신앙과 융합하는 과정에서 그 본래의 모습을 잃고 불교 용어가 되었다고 한다. 불교에서는 '존자(尊者)'로 부른다.

또한 함경도 무당이었던 김쌍돌이 부른 '창세가'라는 무가가 있

단군왕검 초상 : 정인호가 집필한 〈초등대한역사〉에 실린 '동국(東國)을 창립한 단군 상'. 가장 오래된 단군 초상화로 유명하다.

는데 이 세상은 '미륵'이 창조했다고 한다. 그 창세가의 첫머리는 이렇게 시작된다.

"하늘과 땅이 생길 적에 미륵님이 탄생한즉, 하늘과 땅이 서로 붙어 떨어지지 아니하더니, 하늘은 부개(솥뚜껑) 꼭지처럼 도드라지고, 땅은 네 귀(四耳)에 구리기둥을 세우고…."

무가의 창세신화들도 천상의 남신이 내려와 지상의 여신과 결합해서 자손을 퍼뜨린다는 내용이 많다. 하지만 남신이나 여신의 정체에 대해서는 별다른 설명이 없다. 특기할 만한 것은 20세기 초 민속학자 손진태가 무당들의 구술을 채록해서 책으로 펴낸 〈조선 민족 설화 연구〉(1947)를 보면 다음과 같은 창세 설화가 있다.

아주 먼 옛날, 이 세상에 대홍수가 일어나 세상이 모두 물바다로 변하고 사람이 모두 사라졌다. 그때 어느 남매가 높은 산꼭대기로 떠내려와 겨우 살아남았다. 세상에 사람이 한 명도 남지 않았으니, 사람의 씨를 퍼뜨려야 했다. 하지만 그들은 남매여서 성관계를 가질 수가 없었다. 한동안 고민해 봤지만, 결론을 내릴 수 없었다. 그래서 각기 다른 봉우리로 올라가 남자는 남자의 성기처럼 돌출된 바위를 아래로 굴리고, 여자는 여성 성기처럼 가운데 움푹 파인 바위를 굴렸더니 두 바위가 계곡에서 서로 부딪치며 돌출부와 움푹 파인 곳이 딱 끼워 맞춰지는 것이었다. 그들은 자신들이 결합해야 한다는 것을 깨닫고 한 번 더 하늘의 뜻을 묻기로 하고 솔방울을 태웠더니 연기가 위로 올라가 합쳐지는 것이었다. 그리하여 그들은 혼인하고 성관계를 가져 자손들을 퍼뜨리기 시작했다. (김양기, <우리 신화의 수수께끼> 참고)

　창세기에서 최초의 인간인 남녀가 성관계를 갖는 '남매혼 신화'는 동서양이 거의 공통적이다. 그것은 근친상간이 인류의 진화과정에서 보편적인 성적 행동이었기 때문이다. 하지만 역사를 통해 서양이 동양보다 훨씬 호전적이고 진취적이었다.
　위의 동양 창세신화에서 보듯이 동양에는 일찍부터 미약하지만, 도덕적 관념이 있었던 것 같다. 그럼에도 남매의 노골적인 성행태로 볼 때 성적 쾌감을 알고 난 후 성에 대한 집요한 관심이 갈수록 높아졌다는 것을 짐작할 수 있다. 성적 관심과 집착 그리고 탐닉은 인류가 진화할수록 한층 더 고조되고 있다.

 궁금해요

네안데르탈인

네안데르탈인(Neanderthal 人)은 현생인류 호모 사피엔스의 아종으로 보는 견해가 지배적이다. 유전적 차이는 약 1.5%에 불과하다. 사실 이들은 호모 사피엔스보다 먼저 약 13만 년 전에 출현한 것으로 알려졌다. 이들은 일찍이 아프리카를 떠나 중동지역, 유럽, 유라시아 지역으로 이동했다.

틀림없는 '사람'이지만 호모 사피엔스와 약간의 차이는 있었으며 평균적으로 키가 조금 작았으며 팔다리가 길고 신체는 무척 다부졌다. 이들은 약 3만 년 전, 절멸했지만, 그 전의 상당 기간을 현생인류 호모 사피엔스와 공존했다. 따라서 현생인류와 교접했는지 하는 것이 학자들의 큰 관심사였다. 이들이 서로 교접했다면 이종교배(異種交配)라는 것이다.

결론은 교배가 있었다. 지금 현생인류의 유전자에는 약 1~4%의 네안데르탈인의 유전자가 남아있다는 것이다. 오늘날 현생인류의 대표적인 만성질환의 하나인 당뇨병이 그들의 유전자에서 기인했다는 견해가 있다.

호모 사피엔스, 현생인류의 이동과 성

약 30만 년 전 아프리카 주로 동북부 지방에 더욱 진화된 인종이 등장했다. 현생인류의 조상인 호모 사피엔스(Homo-Sapiens)다. 사피엔스는 슬기로운 사람, 지혜로운 사람이라는 뜻이다. 이들의 뇌 용량은 에렉투스를 훨씬 능가해서 현생인류와 거의 같은 1,400cc 정도였다. 당연히 그 전의 어떤 인류의 종보다 지혜롭고 슬기로웠다.

이들이 에렉투스의 직계 후손인지, 아니면 그 전의 오스트랄로피테쿠스나 호모 하빌리스의 후손인지 또는 전혀 다른 호미니드의 후손인지 정확히 알 수 없다. 다만 현재까지 아프리카 여러 지역에서 발굴된 호미니드 유골 화석들로 볼 때, 그 전에 에렉투스가 가장 뇌 용량이 컸기 때문에 에렉투스가 진화한 것으로 추측할 뿐이다. 물론 그렇지 않을 수도 있다. 또는 어떤 호미니드가 변이를 일으켜 독자적으로 진화했을 수도 있다.

호모 사피엔스는 갖가지 돌로 된 도구들을 개량하며 환경에 적응했다. 사냥을 위해 날카롭게 깬 돌조각으로 길고 양옆 날이 일정한 크기의 돌날의 창도 만들었다. 이들의 생김새나 몸매 등은 현생인류와 거의 비슷했다. 예컨대 현재 아프리카나 아마존, 아시아 오지의 원시부족 용모와 비교하면 큰 차이가 없을 것이다.

이들은 수렵채집 생활을 했으며 호수나 강, 해안가 등에서는 물고기와 조개 따위를 잡아 먹거리를 해결했다. 고정된 거처가 없었으며 먹거리를 따라 이동 생활을 했고 주로 동굴, 바위틈 등을 은신처로 이용했다.

육류나 어류를 통해 충분히 단백질을 섭취함으로써 건강 상태가 좋아졌으며 수명도 늘어났다. 에렉투스의 수명이 30세 정도였는데 이들은 40대에 이르렀고 40세를 넘게 사는, 당시로서는 노인들도 있었다.

그것은 여성이 월경하는 기간으로 추측할 수 있다. 동물의 암컷은 거의 죽을 때까지 짝짓기를 한다. 원시인류도 그랬을 것이다. 30대에 폐경했을 테지만 수명이 길어지자, 월경이 끝난 뒤에도 살아있는 여성들이 늘어났다. 오늘날의 여성들도 40세를 넘으면 폐경기를 맞이하는데 폐경하고도 현대의 여성들이 평균적으로 몇십 년을 더 사는 것은 호모 사피엔스 때 시작됐다고 볼 수 있다.

그러면 동물들과 달리 호모 사피엔스의 여성은 왜 폐경 뒤에도 살아있었을까? 그것 역시 진화의 산물이라는 것이다. 즉 아이를 낳지 못하는 대신, 젊은 여성들의 아이를 돌봐줘서 그들의 불편을 줄여주고 편하게 먹거리를 구하도록 진화했다는 일리 있는 주장을 한다.

호모 사피엔스의 나이 든 여성들은 젊은 여성들의 아이를 보살펴 줬을 뿐 아니라, 당시 엄청난 출산의 고통으로 영아와 산모의 사망률이 크게 높았었는데 자신들의 경험을 바탕으로 출산을 도와줌으로써 생존율을 높이기 시작했다.

그뿐만이 아니다. 사피엔스의 노인은 도서관이자 백과사전이었다. 사피엔스에 이르러 언어는 상당한 발전을 보여 의사소통에 불편함이 없을 정도였다. 남자 노인들은 그들의 체험을 바탕으로 삶의 지혜, 먹거리가 있을 만한 곳을 젊은이들에게 가르쳤으며 무리의 이동 방향을 결정했고 갖가지 위험을 예방하고 대처하는 지혜를 가르쳤다. 그에 따라 사망률이 크게 줄어들고 수명은 더욱 늘어났다.

약 15만 년 전, 아프리카 동북부 지역에 어느 사피엔스 여성이 있었다. 그녀를 '미토콘드리아 이브' 또는 '아프리카 이브'라고 부른다. 그녀는 남자와 짝짓기하고 아이를 낳았다. 아들도 있었고 딸도 있었을 것이다. 그녀의 딸도 성숙해서 남자와 섹스하고 아이를 낳았으며, 또 딸의 딸이 딸을 낳으며 그렇게 아프리카 이브의 모계 혈통이 이어졌다. 미토콘드리아 DNA는 모계, 즉 여성에게만 지속적으로 이어진다.

　그 아프리카 이브의 아주 먼 후손의 딸이 약 6만 년 전, 어느 남자와 짝짓기하고 딸을 낳았다. 그 아이는 아주 먼 조상 아프리카 이브의 유전자 그리고 짝짓기한 어느 남자의 유전자를 함께 지니게 됐다. 현생인류의 첫 번째 공통 조상이 태어난 것이다. 현생인류의 조상 어머니는 아프리카 이브, 조상 아버지는 6만 년 전의 어느 남자였다. 그 남자를 '과학적 아담' 'Y염색체 아담'이라고도 한다. 전 세계의 모든 인류는 다 같이 그들의 후손들이다.

　재미있는 것은 성서의 '창세기'에 등장하는 인류의 시조는 아담과 이브. 유전학자들이 중동지역을 중심으로 Y염색체를 끈질기게 역추적한 끝에 마침내 아담에 이르렀다. 그랬더니 아담은 약 6만 년 전의 어느 남자였다는 것이다. 정말 우연한 일치다. 그렇게 역추적해서 밝혀낸 인류의 공통조상 남자를 '과학적 아담'이라고 했다.

　약 7만 년 전은 맹렬한 빙하기였고 가혹한 추위가 기승을 부렸다. 추위를 견디지 못한 사피엔스는 인류사상 최초로 옷을 입었다. 옷이라고 해 봤자, 그들이 잡아먹은 동물의 가죽으로 몸을 감싸고 나무줄기 따위나 동물의 가죽을 돌칼로 찢어 가는 끈을 만들어 허리를 묶는 정도였다. 어쨌든 그들은 그러한 옷을 일상적으로 입었다. 수치심 때문에 옷으로 몸을 가린 것이 아니라 추위를 견디기 위해서였다.

그리하여 추위를 견디고 어느 정도 체온을 유지할 수 있었으나 그것이 문제가 아니었다. 가혹한 추위와 건조한 날씨로 말미암아 초원이 완전히 메말라 버렸다. 약 180~100만 년 전, 에렉투스의 1차 아프리카 탈출 때와 비슷한 상황이었다.

초원이 사라지자 초식동물이 이동했고 그를 쫓아 육식동물도 이동했다. 사피엔스는 먹거리가 없었고 그들도 동물들을 뒤쫓아 이동할 수밖에 없었다. 약 6만 년 전 일이다. 더러는 약 5만 년 전이라고도 하고 약 10만 년 전이라는 견해도 있다. 한꺼번에 떠난 것이 아니라 시차를 두고 밴드들이 제각기 순차적으로 떠났기 때문에 편차가 있다. 밴드 사이에 아주 먼 거리 차이도 있었고, 먹잇감이 사라지는 속도에도 지역에 따라 차이가 있어서 오랜 기간을 두고 이루어졌다. 이것이 인류의 2차 아프리카 탈출(2nd Out of Africa)이며, 지구상에 한 곳도 남기지 않고 현생인류를 퍼뜨린 계기였다.

에렉투스의 1차 탈출 때와 마찬가지로 사피엔스가 모두 아프리카를 떠난 것은 아니다. 일부는 아프리카 남쪽으로 이동했다. 아프리카를 벗어나 북쪽으로 이동한 사피엔스는 대략 2,000여 명 정도로 추산한다. 얼핏 보면 대단히 미미한 숫자인 것 같지만 당시의 희박한 인구로 볼 때 절대 적지 않은 숫자였다.

인구가 워낙 희소해서 무리와 무리, 즉 밴드와 밴드가 우연히 마주 치기도 힘들었다. 따라서 그들 대부분은 평생 밴드별로 독자적인 생활을 영위해 나갔으며 성행위는 당연히 근친상간이었다. 고등동물들은 대부분 근친교배는 하지 않는다. 성체가 되면 대개 수컷들이 무리를 떠나 다른 무리에 끼어들거나 사자처럼 다른 무리를 제압하고 그 무리를 차지하는 경우도 있다. 본능적으로 근친교배를 피하는 것이다. 근친교배는 열성 유전자를 퍼뜨려 종족보존에 위협이 된다는 자연 선택적 본능이 있기 때문이다.

　같은 무리 안에서도 직계혈통과는 교배하지 않는다. 이를테면 모자간, 부녀간, 형제자매간에는 교배를 하지 않는다. 그러면 동물들이 어떻게 자신의 직계혈통을 구별할까? 이와 관련해 집중하여 연구한 미국 애리조나 주립대의 새론 케슬러 교수는 동물들이 울음소리로 구별한다는 사실을 알아냈다. 직계혈통끼리는 오랫동안 서로 접촉하기 때문에 울음소리에 익숙해서 그 소리를 듣고 구별하는 것이다.

　동물들은 서식지의 범위가 있어서 다른 무리와도 자주 만나게 되기 때문에 다른 혈통의 무리와 교배할 수 있다. 그러나 광활한 초원과 희박한 인구로 인류는 다른 밴드를 거의 만날 수 없어서 어쩔 수 없이 근친혼이 이루어진 것이다. 사피엔스의 이러한 성적 습성은 아주 오래도록 남아있어서 고대국가들에서도 빈번하게 근친혼이 이루어진 경우가 많았다. 그러면서도 인류가 절멸하지 않고 크게 번성해서 지구의 지배자가 된 것은 기적 같은 일이다.

　시간의 차이는 있었지만, 그들은 지리적으로 볼 때 대체로 서로 비슷한 시기에 비슷한 지역으로 모여들었다. 그 지역은 오늘날의 중동지역이었다. 하지만 이 지역은 집결된 많은 인류 무리에게 먹거리가 풍족한 지역이 아니어서 수백, 수천 년씩 오래 머물지는 않았다. 일부 밴드는 그곳에 남았지만 많은 밴드가 또다시 이동했다.

그들도 호모 에렉투스와 비슷하게 세 갈래 코스로 흩어졌다. 한 갈래의 밴드는 서쪽으로 이동해서 약 4만 년 전 지금의 유럽까지 진출했다. 유럽인들의 공통조상 어머니는 7명이었다는 연구가 있다. 그것을 보면 적지 않은 밴드가 서쪽으로 이동한 것 같다.

또 한 갈래는 북동쪽으로 이동했다. 여러 밴드가 중앙아시아로 이동하고 일부 밴드는 중국으로 이동했다. 세 번째 갈래는 물고기, 조개 따위를 주요 먹거리로 했던 밴드들인 것 같다. 그들은 해안지대를 따라 동쪽으로 이동했다. 인도 남부 해안을 거쳐 동남아시아, 중국 남부 해안, 동부 해안으로 이동해 갔다.

이들 밴드 가운데는 인도 해안에서 곧바로 북쪽으로 광활한 땅 인도 내륙으로 이동, 거대한 히말라야산맥이 가로막는 곳까지 진출했다. 또 몇몇 밴드는 동남아시아, 지금의 말레이반도 끝에서 바다를 건너 인도네시아, 호주까지 진출했다.

아무튼 그들은 같은 조상의 후손들로 똑같은 성적 형질을 가지고 지구의 전역으로 흩어졌다. 그들이 가장 늦게 진출한 곳은 아메리카대륙이었다. 약 1만 3천 년 전쯤 아시아대륙 북동쪽 끝에서 얼어붙은 베링해를 건너 북아메리카에 첫발을 내디뎠다.

어느 지역으로 진출했든 같은 핏줄의 인류가 지닌 공통된 성적 형질 가운데서 가장 기억할 만한 것은 '쾌감'의 인지일 것이다. 동물들은 종족보존의 본능으로 짝짓기를 하지만, 오직 인류는 쾌감을 위해 섹스를 하게 된 것이다.

모계사회

⚥**사피엔스**의 여자 노인들은 아이를 돌봐줘 무리의 생계에 도움을 주었으며 출산을 도와 영아와 산모의 사망률을 줄였다. 아울러 슬기로웠던 그녀들은 어렴풋이 임신의 메커니즘을 짐작했다. 여성이 월경해야 임신한다는 것도 알았고 월경이 갑자기 끊기면 임신했다는 사실도 알게 됐다. 그녀들은 젊은 여자들이 월경을 시작하면 성행위의 기피를 비롯한 여러 성지식을 가르치는 성교육을 한 것이다. 당시에도 성행위는 난교였지만 젊은 여성들은 노인들에게 성지식을 배우며 몸가짐에 한층 신중했을 것이다.

인류진화의 주체는 여성이라며 여성을 뜻하는 <지나 사피엔스>(Gyna Sapiens)를 쓴 미국의 의학자이자 인류학자인 레너드 쉴레인은 그의 저서에서 약 15만 년 전, 남자가 성적으로 접근할 때 여자가 '싫어!'라고 말할 수 있었던 것이 인류의 진화와 성 역사에 획기적인 변화를 불러왔다고 지적했다.

 이처럼 노인들을 통해 출산율은 높아지고 사망률이 줄어들어 개체수의 증가로 무리가 더욱 커졌다. 노인은 지혜의 보물창고로 당연히 존경받았으며 무리를 이끌었다. 오늘날에도 아프리카, 아마존 등지의 미개 부족을 보면 노인들이 절대적인 존경을 받으며 집단의 중요사항이나 젊은 남녀의 혼사까지 결정하기도 한다. 사피엔스의 DNA가 여전히 남아있다.

 사피엔스의 남자들도 성적으로 많은 것을 깨달았다. 여자가 성인이 되면 한 달에 한 번 적지 않은 양의 피를 흘리면서도 쓰러지거나 죽지 않는 것이 신기했다. 피를 흘리는 여성만이 아이를 낳는 것도 신기했으며 아이를 낳으면 유방에서 하얀 젖이 나오는 것도 신기했다.

 붉은 피와 흰 젖이 나오는 여자. 그러면서 죽지 않는 여자. 오직 여자만이 아이를 낳을 수 있었고 모든 동물 가운데서 가장 고통스러운 출산과정을 겪지만 죽지 않고 아이를 낳았으며 여자가 아이에게 젖을 주고 잘 키워야 무리의 숫자가 늘어나는 것도 신기했다.

 그들은 여자를 영물(靈物)로 여겨서 존중했다. 이것은 고대사회에 이르기까지 인류가 모계사회를 유지하는 데 크게 이바지했다. 더욱이 그들은 난교였기 때문에 여자가 아이를 낳아도 누구의 아이인지 몰랐는데, 그것은 그나마 어머니만 알 수 있었으며 자연히 어머니는 무리의 중심이 될 수밖에 없었다. 모계사회는 필연적이었다.

인류 여성의 월경은 진화와 성의 역사로 볼 때 대단히 중요한 의미가 있다. 사실 모든 동물의 암컷이 월경하는 것은 아니다. 인류가 속한 영장류만 하더라도 그렇다. 영국의 동물학자 앨리슨 졸리는 "현존하는 영장류는 총 270여 종에 달한다. 그 가운데 31종의 영장류만이 월경을 한다."고 했다. 인간을 제외하면 나머지는 월경하더라도 출혈량이 미미하다.

그런데 오직 인류의 여성만이 약 400개월 동안 거의 매달 40~80ml를 출혈한다. 큰 숟가락으로 7~8개나 되는 양이라고 한다. 평생을 계산하면 약 40l에 달하는 엄청난 양이다. 또한 출산하면 분만 과정에서 많은 양의 피를 흘려서 철분이 크게 부족하다. 남자와 비교하면 15~20%가량 철분이 적다.

앞에서 소개한 레너드 쉴레인은 그가 쓴 <지나 사피엔스>에서 "월경으로 인한 여자의 철분부족이 인류진화에 큰 영향을 미쳤다."라고 했다. 여성은 생리혈, 출산, 젖 생산 등으로 많은 철분을 소모한다. 그 때문에 철분을 보충하기 위해 본능적으로 월경을 멈추는 수유기간이 길어졌으며 출산의 간격도 길어졌다고 말했다. 그리하여 원시 여성들은 아이를 많이 낳지 않았다. 한 명이거나 많아야 둘이었다. 더 이상 낳기도 어려웠고 아이가 많으면 열악한 조건에서 키우기도 힘들었으며 무리에게도 큰 부담이 됐다.

인류학자이자 진화생물학자인 미국 캘리포니아 대학 세라 블래퍼 허디 교수는 그녀가 쓴 <어머니의 탄생>(Mother Nature)에서 그 때문에 원시시대에 영아살해가 많았다고 지적했다. 자연히 인구증가는 미미할 수밖에 없었다.

또한 현대 여성들은 대부분 한 달에 한 번 월경하고 평생 약 400회의 월경을 하지만, 원시 여성들은 그 횟수가 훨씬 적었다고 한다. 예컨대 현재 원시생활을 하는 어느 미개 부족 여성의 경우 평생 약 110회밖에 월경을 하지 않는다는 것이다. 그뿐만 아니라 여성의 철분부족은 철분이 많이 소모되는 태아에 영향을 미쳐 미숙아를 낳거나 유산의 가능성을 높인다는 것이다. 결국 여성들이 철분보충을 위해 임신속도를 줄인 것은 인구증가의 조절로 나타났고 그것은 인류진화에 큰 영향을 미칠 수밖에 없었다는 것이다.

당시 사피엔스 여성으로서 철분부족을 막는 방법은 임신 간격의 조절뿐이었으며, 보충방법은 철분을 많이 함유한 육류를 충분히 섭취하는 것이었다. 육류를 구하려면 사냥하는 남자의 도움이 절대적으로 필요했으며, 그것은 앞에서 지적한 대로 곁에서 남자를 떠나지 않도록 지속적인 섹스 제공으로 보상해야만 했다.

또한 인류의 근본사회가 모계사회였다는 것이다. 가부장적 부계사회가 등장한 것은 인류가 정착생활을 시작한 농경시대 이후, 또는 지배층이 등장하고 계급사회가 탄생한 청동기시대 이후로 보는 견해도 있다. 아무리 길게 잡아봤자 남성들이 주도한 기간은 1만여 년에 불과하고 수백만 년 인류의 역사는 모계사회로 여성중심 사회였다는 것이 중요하다.

갑작스러운 남성 중심 사회 이전까지 성의 주도권도 여자가 가지고 있었다. 그 주도권 안에는 섹스를 거부할 권리까지 포함돼 있었다. 남성지배사회가 된 이후 고대사회에서도 여러 민족, 여러 국가에서 여성이 성을 주도하고 남자에게 성을 가르쳤다는 기록들이 많이 남아있다.

여기서 반드시 살펴봐야 할 또 한 가지 성적인 문제가 있다. 오늘날에도 각종 성범죄로 크게 사회문제가 되는 성폭행, 즉 '강간'이다. 원시시대에 강간이 있었는가 하는 문제다. 이에 대해 학자들의 주장도 크게 엇갈리는데 일부 학자들은 강간이 존재했다는 것이다. 강간은 당시 빼놓을 수 없는 성전략으로 원시 여성들에게 선택되지 못한 남자들이 자기 유전자를 퍼뜨리는 필사적인 번식전략이었다는 것이다.

다른 일부 학자들은 강간은 있을 수 없다는 주장이다. 동물들도 강한 수컷이 힘으로 암컷을 제압하지만, 결코 강간은 하지 않는다는 것이다. 암컷이 필사적으로 저항하면 아무리 강한 수컷이라도 뜻을 이루지 못하는 것은 사실이다. 더욱이 모계사회인 원시사회는 여성을 존중하는 상황에서 강간이란 있을 수 없다는 얘기다. 양쪽 모두 일리가 있는 주장이다.

그러나 고대사회에서 강제적인 겁탈행위나 약탈혼은 흔하게 일어났었고, 오늘날에도 전 세계 어디서나 강간행위가 자주 일어나는 것을 보면 원시시대 강간이 없었다고 단정하기는 어렵다. 강간이 남자의 본능이라거나 원시시대 성적 습성이라고 말하기는 어렵겠지만 틀림없이 존재했을 것으로 추측된다.

원시 여성의 이성 선택조건은 남자의 힘이나 체격 등으로 아주 단순했다. 그렇다면 소수의 남자에게 여자가 집중되고 많은 남자가 짝짓기의 기회를 얻기 어렵다. 그들도 본능적인 번식욕구가 있고 성충동과 성적 욕구가 있다. 그것을 해소하자면 여성의 저항과 강압적인 행위의 정도 차이는 있겠지만 강제적인 겁탈행위, 즉 강간이 틀림없이 존재했을 것이다.

한 가지 고려해야 할 것은 혈연관계로 얽혀진 하나의 밴드 안에서도 강간이 있었겠느냐 하는 문제다. 따라서 서로 다른 여러 밴드가 비슷한 지역으로 집결하고 인류가 정착생활을 한 약 1만 년 전, 농경시대가 열린 이후가 아니겠는가 하는 것이다. 농경시대 이후 강간이 빈번했다는 것은 잘 알려진 사실이다.

농업혁명과 도시화

♂♀**아프리카**를 떠난 호모 사피엔스의 이동과정에서 대다수 가장 먼저 발을 딛은 곳은 중동지역이었다. 특히 티그리스강 유프라테스강 유역의 이른바 '초승달지역'은 기후가 온화할 뿐 아니라 비옥한 땅과 풍부한 물로 많은 밴드가 이곳에 정착하며 오랜 세월 머물렀다.

그들의 생업은 호모 에렉투스와 다름없이 남자는 사냥, 여자는 식물채집이었다. 비옥한 지역이어서 먹거리를 구하는 데 큰 어려움이 없었다. 여성들은 초원과 숲에서 여유롭게 갖가지 열매들을 채집했다.

그들 가운데 한 여성이 어느 날, 우연히 놀라운 사실을 발견했다. 땅바닥에 흩어져 흙 속에 파묻혔던 식물의 씨앗에서 잎이 돋아나고 줄기가 자라더니 마침내 저절로 많은 열매를 맺는 것이었다. 그것은 호밀이었다. 여자들은 기쁨을 감추지 못했다. 먼 곳까지 식물성 먹거리를 찾아 돌아다녀야 할 필요가 없었다. 씨앗을 잘 관리하면서 열매 맺기를 기다렸다가 수확하면 넉넉한 먹거리를 해결했다. 인류의 역사를 바꾼 실로 놀랍고 혁신적인 대혁명이었다. 이름하여 농업혁명!

그들은 힘들게 이동할 필요가 없었기에 그곳에 정착했다. 이어서 그 지역에 도착한 많은 밴드가 놀라운 사실을 알고 뒤따라 정착, 경작하기 시작했다. 그렇게 여러 무리가 몰려들면서 처음으로 밴드들이 밀집됐다. 이를테면 도시화 현상이 나타난 것이다.

도시화 현상은 필연적으로 생활방식과 성행태에 많은 변화를 불러왔다. 내가 경작하는 내 땅, 즉 인류의 역사상 처음으로 땅과 수확물을 독점하는 사유재산이 등장했으며 내 땅과 다른 사람의 땅을 구분하는 경계선이 생겼다. 땅에는 기름지고 농사짓기 좋은 땅이 있는가 하면, 황폐하고 거친 땅도 있기 마련이다. 좋은 땅을 많이 차지하려면 다른 사람의 땅을 빼앗아야 하고 분쟁을 피할 수 없었다. 이것이 인류의 오랜 역사를 두고 땅뺏기 싸움(약탈, 영토분쟁 등)의 불씨가 됐다.

오직 힘이 지배하던 시대에 약자들은 강자에게 땅을 빼앗기지 않으려면 서로 뭉쳐 힘을 모아야 했고 그에 따라 독자적으로 생존하던 밴드들이 다른 밴드들과 힘을 합치며 일종의 공동체를 형성했다. 사유재산과 공동체는 인류의 성행태에도 결정적인 변화를 불러왔다.

지금까지 그들의 성행태는 같은 혈연집단인 밴드 안에서 이루어지는 근친상간이었는데 다른 밴드들과 공동체를 형성하면서 자신의 밴드뿐 아니라 다른 밴드의 남녀를 만날 수 있었다. 바야흐로 족외혼이 이루어졌다.

족내혼과 족외혼을 잠시 살펴볼 필요가 있다. 현생인류의 직계조상인 호모 사피엔스가 아프리카를 벗어나 이동하던 시기도 당연히 원시시대다. 소그룹, 소집단, 즉 밴드 단위로 이동했으며 다른 밴드와 우연히 마주치기도 힘들었으니까 친족집단이었다. 어쩔 수 없이 근친교배, 근친혼이었다. 하지만 세월이 흐르면서 밴드의 규모가 커져 백여 명이나 그 이상이 될 수 있었을 것이며 보편적으로 어머니, 딸, 손녀의 3대가 함께 어울리게 된다.

이쯤 되면 하나의 혈연집단으로서 친족관계를 형성한다. 당시는 어머니 중심으로 모계사회 혈통이 이어지며 서로 4촌, 6촌, 8촌 등의 친족관계를 이룬다. 이를테면 4촌끼리 짝짓기를 하거나 4촌과 6촌이 짝짓기를 할 수도 있다. 이처럼 같은 혈연끼리 짝을 짓는 것이 족내혼이다.

이러한 족내혼으로 혈연이 이어진 집단이 여러 세대를 거치며 더욱 규모가 커지면 '씨족'이 된다. 씨족에는 부계씨족과 모계씨족이 있겠지만 당시에는 일반적으로 모계씨족이었을 것이고, 족외혼은 간단히 말해서 그와 반대로 자기 혈연집단 이외에 외부에서 배우자를 구하는 것이다. 오늘날의 전형적인 결혼형태가 족외혼이다.

씨족집단의 규모가 더욱 커지면 여러 개의 혈연집단으로 나누어지고 씨족집단은 서로 협력하고 외부의 침입에 함께 대처함으로써 공동체 구성원들이 여러 혜택을 누린다. 같은 혈연의 씨족집단들끼리 또는 다른 씨족집단과 족외혼을 통해 유대관계를 두텁게 하고, 또 다각적인 족외혼을 통해 여러 씨족집단이 서로 유대관계를 맺으면 부족집단이 되고 부족사회가 된다.

족외혼, 즉 전혀 혈연관계가 없는 남녀가 성관계를 갖고 그것을 같은 남녀가 지속적으로 이어가며 배타적이고 독점적인 남녀관계를 갖게 되는 것이 곧 혼인이며 결혼이다. 사피엔스의 집단들이 모여들어 도시화를 이룩하면서 족외혼이 차츰 퍼져간 것이 결혼의 시초이다. 어쩌면 두 남녀의 배타적 관계를 공개적으로 선언하는 '결혼'은 이때 시작됐다고 봐도 무방하다.

그러나 사피엔스에게 농경시대가 열리고 도시화와 함께 많은 문제도 발생했다. 수렵채집을 통해 먹거리를 즉석에서 해결했는데 농사를 짓게 되면서 작물을 수확하면 한동안 먹을 수 있는 잉여생산물이 생겼다. 수확물을 저장할 필요성이 생겼으며 저장용 용기와 갖가지 크고 작은 그릇들이 필요했고 각종 토기를 만들었다.

이것은 인류의 발전에 획기적으로 이바지한 긍정적인 요소지만 그렇지 못한 경우도 많았다. 말하자면 다른 무리의 농작물을 약탈하거나 몰래 훔치는 강도, 도둑이 생겨난 것이다. 또한 그 과정에서 심한 폭력과 살인까지 벌어지면서 양심과 비양심 등의 윤리와 도덕, 어떤 질서와 규율 따위를 필요로 했다. 이것이 공동체에 법이 만들어진 계기라고 본다.

특히 심각한 문제의 하나는 성범죄였다. 종족보존이라는 본능을 떠나 이미 성이 주는 쾌감을 깊이 인지한 그들은 도시화와 함께 혈연관계가 아닌 다른 무리의 낯선 여자들을 만나면서 심한 성적 충동을 느낄 수밖에 없었다.

서로 낯선 남녀가 우연히 만나 즉흥적, 자의적으로 성관계를 갖지만 아직 법률이 없던 시대에 상대방의 의사와 상관없이 추행, 겁탈, 간음 등의 성범죄가 빈번하게 일어났다. 한 여자를 놓고 두 남자가 서로 차지하려고 다투다가 살인까지 저지르고 무리끼리 집단 패싸움도 벌어졌다.

농토는 개인이 소유하는 사유재산으로 자기 후손에게 물려줄 수 있었다. 농사는 노동력이 있어야 한다. 그 때문에 농사짓는 일은 남자의 몫이었고 땅 주인도 당연히 남자였다. 땅 주인은 자신의 개인재산을 지키고 자기 후손에게 물려주려면 후손이 틀림없는 자신의 혈통이어야 대를 이어 순수혈통을 유지해야 했다.

그러자면 농토를 이어받을 자기 아들이 전혀 남자관계가 없는 여자와 짝짓기해야 했다. 다시 말하면 순결한 여자를 찾아서 짝을 지어야만 했다는 것이다. 각종 성범죄가 만연한 시대, 근친상간(족내혼)을 하지 않고, 짝짓기 상대를 찾으려면 다른 무리의 집단에서 찾아야 하지만 그것은 쉬운 일이 아니었다. 부모는 딸의 순결을 지키려고 최선을 다했기 때문이다.

사유재산을 소유한 다른 집단의 남녀가 짝을 짓는 것은 그들의 부모나 족장 등 웃어른들의 결정에 따라야 했다. 그런데도 만일 여자가 이미 순결을 잃은 것으로 밝혀지면 당연히 큰 분쟁이 벌어졌다. 그리하여 나름대로 벌칙이 만들어져 공동체에서 통용됐다. 이러한 벌칙을 운용하는 것은 대부분 족장이나 공동체의 원로들로 모두 남성들이었다.

여성숭배

그런데도 모계사회가 완전히 사라진 것은 아니며 여성을 숭배하는 정서는 여전했다. 특히 남성들에게 여성은 매우 신비스럽고 초능력을 지닌 존재였다. 그들은 남녀가 짝짓기를 해야만 아이가 태어난다는 사실을 잘 알고 있었다. 물론 임신의 메커니즘은 잘 몰랐지만, 남자의 정액이 여자의 질 속으로 들어가야만 아이가 태어나는 것도 알고 있었다.

물론 정액의 정체는 알지 못했고 남자가 성적으로 흥분하고 성교할 때 쾌감이 절정에 달했을 때 성기를 통해 배출하는 액체라는 것만 알고 있었다. 정액의 정체가 의학적으로 밝혀진 것은 중세에 와서였다. 중세에도 한참 동안 정액 속에는 눈에 보이지 않을 만큼 아주 작은 사람이 들어있다고 생각했다.

여자가 임신을 통해 아이를 출생해야 자기 무리의 인원수가 늘어나고 번성했다. 아직 인구가 희박하던 시대, 아이를 낳는 여자는 영물(靈物)이었으며 다산일수록 좋았다. 아이를 잘 낳는 여자는 숭배의 대상이었다.

약 3~4만 년 전, 중동지역에서 서북쪽으로 이동한 사피엔스 무리는 오늘날의 유럽에 진출했다. 그런데 그곳에서 뜻밖의 무리와 만났는데 네안데르탈인과 크로마뇽인이었다. 그들도 틀림없이 호모(사람)에 속하는 무리였다. 네안데르탈인은 에렉투스의 아종으로 밝혀졌지만, 크로마뇽인은 조금 특이하다. 크로마뇽(Cro-Manon)인은 고(古)인류의 분류에서 일반적으로 현생인류인 호모 사피엔스로 분류하지만, 정확히 말하면 사피엔스는 아니다.

그들은 약 11만 년 전, 아프리카에서 기원해서 주로 유럽지역으로 이동한 것으로 알려졌지만 정확한 기원은 모른다. 아무튼 호모 사

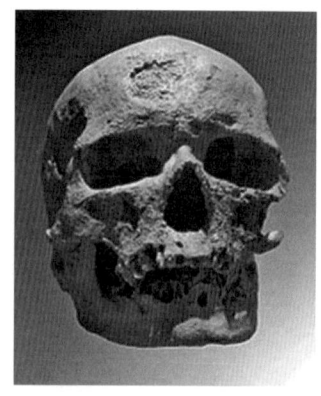

크로마뇽인의 두개골 : 구석기시대 나타난 유럽 최초의 현생 인류(호모 사피엔스) 집단이다. 1868년 관련 유적이 최초로 발견된 프랑스 남서부의 크로마뇽 동굴 이름을 따서 지어졌다.

피엔스와 전혀 무관하다. 프랑스 남서부의 크로마뇽에서 그들의 유골 화석을 발굴하며 크로마뇽인이라고 이름을 붙였다.

사피엔스가 유럽에 진출했을 때 그들은 이미 그 지역에 살았으며 그들이 살았던 동굴에서 수많은 암각화가 발견됐다. 동물들에게서는 전혀 찾아볼 수 없는 오직 인류만이 창조해 내는 문화예술의 시작이었다.

특히 프랑스에서 발굴된 라스코(Lascaux)동굴 암각화는 약 2~3만 년 전에 그려진 그것으로 추측한다. 이 암각화에는 수많은 동물의 그림과 함께 풍만한 여인의 나체그림도 있다. 그와 비슷한 시기에 만들어진 것으로 보이는 '빌렌도르프의 비너스상'으로 불리는 약 11cm 크기의 돌로 만든 여인상도 오스트리아에서 발굴됐다. 아주 큰 가슴과 엉덩이, 몹시 불룩한 배를 가진 마름모형의 여인상이다. 라스코동굴의 여인 암각화도 그와 비슷하다. 시베리아의 바이칼호 근처에서도 2만 5천~2만 년 전에 만들어진 것으로 보이는 여인 나체상이 발굴됐다. 역시 비슷한 모형이었다.

이 시기의 암각화에서 동물 그림이 많은 것은 그들의 주요 먹거리가 육류였음을 말해 주고, 암각화나 돌조각 등에서 여성이 비대하고 가슴과 엉덩이가 큰 것은 무엇보다 풍만하고 비대한 여성이

빌렌도르프의 비너스상

그 시대에 주목받았으며 그러한 여성이야말로 건강의 상징이며 가임성이 뛰어났음을 남성의 본능적인 시각에서 알아냈다는 걸 말해 준다.

그래서 매력적인 여성이었고, 그들의 비너스였다. 여성은 생명의 근원이었다. 그에 따른 여성숭배는 여성생식기 숭배, 성교숭배로 이어져 원시인류는 물론, 고대인들의 성생활에도 큰 영향을 미쳤다.

'무엇을 숭배한다'라는 것은 신앙의 발현이었다. 사피엔스는 여성숭배뿐 아니라 많은 것을 깨닫게 됐다. 가령 혹독한 추위, 가뭄, 홍수, 태풍 따위의 자연재해는 그들의 능력으로 어쩔 수 없는 재앙이었다. 또한 사람보다 몸집이 큰 맹수들도 있었고 작은 동물이라도 사람보다 빨랐다. 그들은 자신들의 능력을 뛰어넘는 그러한 초능력을 두려워하고 경외했다. 오직 그것들이 자신들을 도와주기를 바랄 뿐이었다. 따라서 자연과 동물을 숭배하는 토테미즘, 애니미즘 나아가서 샤머니즘이 싹텄다.

유럽에 진출한 사피엔스는 유전적으로 7명의 어머니 후손이라고 설명했다. 제법 적지 않은 무리(밴드)가 유럽으로 이동한 것 같다. 그들은 뜻밖에 네안데르탈인, 크로마뇽인 등과 만나면서 많은 고난이 있었지만, 마침내 다른 인종을 제압하고 유럽을 장악했다.

네안데르탈인과 크로마뇽인은 결국 멸종했지만, 그 원인에 대해서는 많은 견해가 있다. 그 까닭을 여기서 장황하게 설명할 필요는 없다. 하지만 매우 의미 있고 중요한 문제가 한 가지 남아있다. 네안데르탈인이나 크로마뇽인과 사피엔스는 대략 1~2만 년 동안 공존했다. 따라서 과연 그들과 현생인류인 사피엔스 사이에 성적 접촉이 있었는가 하는 것이다.

결론부터 얘기하자면 그들 사이에 성관계가 있었다. 크로마뇽인은 고인류의 분류에서 사피엔스에 포함하니까 제외하고 에렉투스의 아종인 네안데르탈인과 성적으로 접촉한 흔적이 현대인들의 유전자에 남아있다. 물론 적대관계에 있던 그들 사이에서 보편적인 현상은 아닐 것이다.

현생인류, 호모 사피엔스는 이미 선사시대에 인류로서의 삶에 많은 기틀을 마련했다. 문화예술을 창조하고 수렵채집에서 벗어나 농업이라는 전문적인 생업으로 인류의 삶에 획기적인 변화를 불러왔다. 또한 정착생활을 하면서 공동체, 즉 '사회(社會)'를 형성한 것은 삶의 가치를 완전히 뒤바꿔놓은 눈부신 진화였다.

더욱이 정착생활로 족외혼을 하면서 인류를 번성시켰다. 그와 함께 '혼인(결혼)'이라는 배타적이고 독점적인 남녀관계를 처음으로 만들어냈지만, 성에서 오는 쾌감을 인식한 그들은 한층 더 성에 큰 관심을 두고 탐닉하게 됐다. 그것은 역사시대로 접어들면서 삶의 방식에 절대적인 영향을 미쳤다.

 궁금해요

빌렌도르프 여인상

1908년 오스트리아의 빌렌도르프(Villendorf)에서 여인조각상이 출토됐다. 그에 따라 '빌렌도르프 여인상' 또는 '빌렌도르프의 비너스'로 불린다. 크기는 11.1cm로 석회암으로 만든 작은 돌조각상으로 약 2~3만 년 전, 구석기시대에 만든 것으로 추정된다.

이 여인상에 사용된 석회암은 인근지역에서는 전혀 찾을 수 없는 이란(Iran)의 석회암으로 밝혀졌다. 짐작건대, 이란 지역에 살던 사피엔스가 오스트리아 지역으로 이동하면서 휴대하고 간 것 같다. 이 여인상은 가슴과 엉덩이, 특히 복부가 무척 큰 마름모꼴의 뚱뚱한 비만형 여성이다. 당시에는 그런 여성이 아름답고 이상적인 여성으로 아이를 잘 낳고 남자들이 선호하는 여인숭배의 대상이었다.

그와 다른 견해도 있다. 당시는 빙하기여서 먹거리가 크게 부족했기 때문에 대부분이 영양결핍으로 뚱뚱한 사람은 찾기 어려웠다는 것이다. 따라서 뚱뚱한 여성, 허리가 굵고 배가 나온 여성이 선망의 대상이었다는 것이다. 물론 그러한 몸매의 여성이 아이도 잘 낳았다는 것이다.

Part 2.
고대(古代)

성이 삶을 이끌다

문화의 보편성

1만 2~3천 년 전, 정처 없이 떠돌던 인류가 정착해서 농경생활을 시작한 것과 비슷한 시기에 가축을 사육했다. 양이나 염소처럼 온순하고 순치가 잘되는 동물을 길들이기 시작해서 개, 소, 순록 등으로 차츰 가축 종류를 늘려갔다. 가축사육은 주로 초식동물이거나 잡식동물이었다.

목축은 많은 것을 제공했고 젖과 고기, 털과 가죽, 뼈까지 버릴 것이 없었다. 가축사육으로 자급자족이 가능할 정도였다. 주로 농경을 하는 집단은 밀, 기장, 수수, 조 따위의 작물을 심었다. 한참 뒤에 시작한 벼농사도 숲이나 나무를 태우고 땅을 일구는 화전(火田)농으로 모두 밭농사였다.

그에 따라 인류의 생업이 농경과 목축으로 크게 나누어졌으며 비교적 기후가 온화하고 기름진 땅에 사는 사람들은 농경이 주업이었고, 기후가 좋지 못하거나 메마르고 척박한 땅에 사는 사람들은 주로 목축을 했다. 목축은 일정한 거처 없이 가축 떼를 이끌고 풀을 찾아다니는 유목으로 그들을 유목민이라고 불렀다.

여기서 한 가지 참고할 만한 것이 있다. 바로 '문화의 보편성'이다. 가령 어느 지역에서 어떤 문화가 생겨났다면 그것이 직접적으로 전파되거나 전달되지 않아도 비슷한 시기에 다른 지역들에서도 그와 비슷한 문화가 생겨난다는 것이 문화의 속성이며 문화의 보편성이다.

미국의 인류학자 루이스 모건(Lewis Henry Morgan)은 이것을 '공통심리성(共通心理性)'으로 표현하며 동일한 발전단계에 이르러 형성되는 유사한 사회환경 속에서 같은 심리작용이 일어나고, 그 결과 유사한 문명이 곳곳에서 일어나는 것을 공통심리성이라고 설명했다. 예를 들자면, 서로 특별한 교류가 없었지만 인류의 4대 문명이 각기 다른 곳에서 비슷한 시기에 탄생했고 또한 석가모니, 공자, 소크라테스 등의 성인들도 저마다 다른 곳에서 비슷한 시기에 등장했다.

농업혁명은 분명한 인류의 문화다. 중동지역에서 처음으로 농경이 시작됐지만 문화의 보편성, 공통심리성으로 인류가 진출한 전 대륙 곳곳에서 비슷한 시기에 농경을 시작했고 가장 늦게 호모 사피엔스가 진출한 아메리카대륙에 이르기까지 대륙의 곳곳, 무려 9

곳에서 비슷한 시기에 농경이 시작됐다는 것이다. 참으로 오묘하고 신기한 현상이다.

　더욱 중요한 것은 '여성숭배'다. 앞에서 지적했지만, 원시인류는 여성을 불가사의하고 신비한 영물(靈物)로 여겼다. 여성은 생명의 근원이었다. 이러한 의식은 모신(母神) 숭배와 여신숭배로 계속 이어졌고 훗날 대부분의 고대민족과 문화권에서 여신을 숭배했다. 이것 역시 문화의 보편성이며 공통심리성이다. 그러한 여성숭배는 여성생식기 숭배, 성교숭배로 이어져 원시인류는 물론, 고대인들의 성생활에도 큰 영향을 미쳤다.

　인류가 농경과 목축을 시작하고 나서 씨족사회, 부족사회가 많이 늘어났다. 당시 부족사회 규모를 '부족(部族)'이라고 불렀다. 아직 '민족(民族)'이라고 부르기에는 크게 모자라는 단계였고 부족에 따라 규모의 차이가 있었으며 그것이 세력의 차이가 됐다.

　보편적으로 농사를 지으며 정착생활을 하는 집단들에게는 구성원들의 숫자가 늘어나며 더 많은 농지를 필요로 했다. 농지쟁탈전이 벌어지며 무리가 서로 뭉쳐 집단이 되고 집단이 더욱 커져 씨족사회가 됐다.

　농지를 더 많이 차지하려는 토지쟁탈전도 씨족 간의 싸움으로 번져 전쟁을 방불케 했다. 자신들의 세력을 강화하기 위해 씨족들끼리 뭉치는 부족사회를 형성했고, 여러 씨족이 연합하는 부족사회는 의견을 통일해서 부족을 이끄는 족장과 같은 부족 지도자와 그를 돕는 간부들이 필요했다.

　마침내 인류사회에 지배층과 피지배층이 등장했으며 지배층은 토지의 주인인 남성들이었다. 그들은 자기들에게 주어진 임무를 권력으로 이용하며 여성들을 무시했다. 근원적으로 모계사회였던 인류의 공동체는 남성들이 여성 위에 군림하는 남성중심의 부계사회로 변화하기 시작했다.

　농업혁명이 일어나기 전, 밴드 단위로 이동생활할 때의 주거형태는 동굴생활이었다. 그러나 농경과 목축을 하며 정착생활을 하게 되자 고정된 주거공간이 필요했다. 농경집단은 대개 움집을 지었다. 움집이란 요즘의 반지하와 비슷한 형태로 땅을 파고 그 위에 짐승 가죽이나 나뭇가지, 마른 잎 등으로 덮은 낮은 집이다. 그러한 움집을 지은 것은 빙하기가 끝났어도 아직 날씨가 몹시 추워 지열을 얻고 찬바람을 최대한 줄이기 위해서였다.

　목축하는 무리는 계절 따라 반 이동 생활해야 해서 이동에 편리한 짐승 가죽으로 덮은 천막 같은 형태의 움막을 지었다. 그러한 형태에서 규모를 크게 하고 세련되게 만든 것이 오늘날 몽골 유목민들의 '게르(Ger)'다.

　이 시기의 움집 유적을 보면 전혀 넓지 않은 몇 개의 직사각형 형태로 이어진 규모가 큰 것도 있다. 그것을 보면 3대가 함께 한 집에서 생활했던 것으로 추측된다. 주거공간은 특별한 구분이 없었다. 훗날의 방(房)과 같은 공간구분의 개념이 없었던 것 같고 필요할 경우 짐승 가죽이나 가죽옷, 나뭇잎 등을 엮어 대략의 공간 구분을 했다. 주거공간의 한가운데 있는 화덕을 통해 공간 내부의 보온과 함께 음식을 만들어 먹었다. 주거공간은 성생활과도 직접적인 관련이 있다.

어떤 형태든 '집'이란 것은 외부와 차단된 그곳 거주자만의 독점적이고 사적인 절대 비밀공간이다. 집 안에서 벌어지는 모든 행위를 외부의 다른 사람들은 알 수 없다. 따라서 은밀한 사적 행위인 성행동을 당사자들이 마음껏 즐길 수 있었다. 이러한 집이 만들어졌다는 것은 성적 쾌감과 쾌락 추구를 더욱 과감하게 촉진했다.

신화와 성

구석기시대, 호모 사피엔스의 여성숭배에서 비롯된 초능력에 대한 경외감은 마침내 '신'을 탄생시켰다. 절대적 초능력자인 신에 관한 얘기가 신화다. 동서양 세계의 모든 민족과 나라들에 신화가 있다. 이러한 신화들은 창세신화를 제외하면 대부분 신석기시대, 청동기시대, 철기시대 등 고대인들에 의해 만들어졌다.

신화의 의미나 가치를 간단하게 정의하기란 쉬운 일이 아니다. 물론 여기서 신화의 본질을 파헤쳐 보려는 것은 아니다. 신화가 갖는 시대성에 따라 고대, 특히 여러 민족이 고대국가를 성립하기 전의 성의식과 성행동 등 섹슈얼리티를 알아보고자 하는 것이다.

어느 민족이든 그들 나름의 신화를 지니고 있다. 천지창조, 인간 탄생의 과정 등을 초자연적인 신이나 초인들을 등장시켜 그들의 사유 세계를 함축적으로 풀어낸 것이 신화다. 역사시대와 확실한 관련도 없으며 현실적인 인간생활과도 전혀 다른 것이 신화의 세계다.

하지만 신화가 큰 가치를 지닌 것은 인간행동의 원형을 제시하고 자연, 인간, 사회, 삶 등을 원인론적으로 기원과 원인을 설명해 주기 때문이다. 한마디로 신화는 신앙이나 종교적 의미와 함께 우리 인간의 삶과 직결되어 있다.

신화학자인 프랑수아즈 프롱티시 뒤크루아는 그의 책 <신화>(Mythologie)에서 "신화는 이름이 없는 사람들 사이에 전승되는 구비 문화로 집단적, 개인적 상상 구조를 형상화한 것이다. 신화에 등장하는 신들은 기본적으로 인간의 형상이며, 자유롭고 초능력을 지녔지만 인간처럼 행동한다. 그들은 인간에게 앞서 존재했던 인간의 선조들이다."라고 했다.

그는 또 신화를 고대로부터 여러 학자나 사상가들의 견해를 들어 설명했다. 가령, 그리스의 에우에메로스는 신화의 실재설을 주장하며 신화란 역사적 사실을 변조한 이야기라고 했다. 즉 신화 속의 신과 영웅들은 왕이나 역사적으로 뛰어난 인물들, 다시 말해 인간에 지나지 않는데 고지식한 대중들이 나중에 그들을 성화(聖化)시키거나 업적을 기리고자 신격화한 것에 불과하다는 것이다.

또한 고대의 신화학자들은 대중들의 감춰진 지혜와 집단적 기억을 담는 것이 신화라고 했으며, 또 모든 민족이 한 번은 겪었을 원시적이고 야만적 상태의 흔적이 신화라고 말하는 전문가들도 있다.

결국 신화는 선사시대 인간의 생활과 더욱 밀접한 관계가 있다고 볼 수 있다. 신화는 구전으로 전승되며 후대에 이르러 전달하는 사람이나 학자, 전문가들에게서 다소 각색되거나 변질되기도 했으며 여러 버전으로 나타나기도 했다. 그럴수록 더욱 역사시대 이전, 우리 선조들의 삶과 정신세계를 말해 준다고 할 수 있다.

세계적으로 대표적인 신화가 그리스·로마신화다. 가장 널리 알려진 이들 신화는 일반적으로 BC 5세기경 당시의 학자나 사상가들에게서 수집되고 정리된 것으로 보고 있다. 그리스신화가 담는 시대적 배경은 역사적으로 약 3,000년 전, 청동기시대를 거친 철기시대로 볼 수 있다.

그리스신화는 대단히 복잡하다. 올림포스의 제우스를 비롯한 12신들과 티탄족의 12신들, 그밖에 수많은 신들과 요정과 괴물이 서로 뒤섞이고 복잡한 혈연관계를 맺고 있어서 그 계보를 익히는 것도 쉽지 않다. 그뿐만 아니라 신들은 갖가지 기능과 초능력을 지니고 있으며 천지창조, 자연현상, 사물, 행동, 사유(思惟), 감정 등 모든 현상에 그것을 관장하는 신이 있고 요정이 있다. 또한 신들과 인간들이 뒤엉키기도 한다.

하지만 우리가 눈여겨 볼 것은 수많은 신들의 성적인 행동이다. 그들은 인간과 똑같은 성적 행동을 하며 인간과도 성관계를 맺는다. 성적 행동 또한 다양하다. 근친상간, 패륜, 불륜, 외도, 바람둥이에서부터 겁탈과 외설, 방탕, 음란, 기형적인 성기, 성기 절단 등 엽기적인 것이 있다. 그런가 하면 순수한 사랑, 고백과 구애가 있고 순결이 있으며 짝사랑과 동성애도 있다. 또한 유혹, 시기와 질투, 증오와 저주, 복수와 같은 극단적인 사랑의 감정도 있으며 빼어난 미녀들도 있다.

신들의 이 같은 성적 행동은 당시 또는 그 전 원시사회 인간들의 성의식과 성행동을 말해 준다. 사실 앞에서도 지적이 있었지만, 신석기시대와 청동기시대, 동서양을 막론하고 인간의 성생활이 매우 문란했으며 그에 대해 어떤 특징적인 성의식이 없었다. 다만 동서양의 신화들을 살펴볼 때 동양보다 서양이 좀 더 성에 대해 적극적이고 개방적이었다.

우리는 그리스신화를 통해서 그 뒤의 인본주의 헬레니즘 문화와 구약성서를 통해 신본주의 헤브라이즘 문화를 이해할 수 있으며

도기 : 광란의 향연을 그리고 있는 BC 6세기 아테네 적색의 도기

당시 서양의 성적 태도가 어떠했는지를 충분히 알아볼 수 있다.

그리스신화에 등장하는 수많은 신들의 성행동을 좀 더 구체적으로 살펴볼 필요가 있다. 그것은 고대의 성생활을 이해하는 데 많은 도움을 주기 때문이다.

그리스신화에는 수많은 여신이 갖가지 초자연적이고 초인적인 기능을 갖고 등장하며 활약한다. 그들은 인간과 다름없는 성행동을 하고 성관계가 무척 난잡하다. 물론 순결을 지키는 여신도 있다. 성적인 감정도 적극적이다. 질투, 시기, 증오, 저주, 복수 등을 서슴없이 자행한다. 신석기시대 이후 그 당시 사회의 성풍속을 말해 준다. 그러한 성풍속이 실존하지 않았다면 그와 같은 발상이 있을 수 없다.

근친상간은 그리스신화뿐 아니라 많은 원시신화에서 기본구조다. 친남매 사이의 결합은 말할 것도 없고 어머니와 아들이 연인으로 성관계를 갖고 자식을 낳는 경우도 많다. 고대국가들에서 왕이나 왕족들은 관습적으로 근친상간을 하고 근친혼을 맺었다.

특히 어머니와 '아들=연인'의 관계나 누이와 남동생이 결합하는 형태는 시대 상황과 깊은 관련이 있다. 청동기시대 이전은 확실한 모계사회였으며 풍요와 다산의 상징인 여성을 숭배했다. 그리하여 원시사회 최초의 신은 어느 인종, 어느 문화권에서나 여신이었다. 다시 말해 '위대한 어머니 여신'이었다. 여신이 절대적인 권위를 가지고 사회를 지배했다. 위대한 어머니 여신은 전지전능했고 따라서 어머니 또는 어머니를 계승할 누이와의 결합이 많다.

이러한 근친상간 그리고 패륜, 납치, 강간 등은 신석기시대를 벗어나 금속시대에 들어서기까지 원시사회에서 만연했던 성행태이다. 어머니와 아들의 성관계가 많았지만 아버지와 딸의 성관계가 더 많았다. 대개는 아버지가 딸을 겁탈하는 것인데 더러는 딸이 아버지를 유혹하기도 했다.

그리스신화에서 술에 취해 인사불성이 된 아버지를 보고 성적 욕망을 느낀 딸 '미라'가 아버지와 동침한다. 잠에서 깨어나 딸과 성관계를 가진 사실을 알게 된 아버지가 딸을 죽이려 하자, 신들이 미라를 죽이지 못하게 나무로 바꿔놓는다. 그 나무껍질을 찢고 태어난 것이 아도니스다.

이러한 부녀간의 패륜은 구약성서에도 나타난다. 약 4,000년 전으로 짐작되는 '소돔과 고모라'다. 소돔과 고모라는 퇴폐하고 타락하고 음란한 도시들로 그곳에서는 동성애나 수간(獸姦)까지 성행했다. 분노한 하느님이 두 도시를 유황불로 없애려는데 그곳에 이스라엘의 조상인 아브라함의 조카 롯과 가족이 살고 있었다. 하느님의 지시에 따라 롯과 가족이 그곳을 떠나는데 롯의 아내는 돌아보지 말라는 하느님의 지시를 어기고 불타는 도시를 돌아보다가 소금기둥이 되고 만다.

롯과 두 딸이 다른 곳으로 가서 동굴에서 생활하는데, 큰딸이 작은딸에게 "낯선 이곳에는 우리들의 배우자감이 없으니, 아버지와 동침해서 인종을 퍼뜨리자."라고 제안했다. 그리고 아버지 롯에게 술을 잔뜩 대접하고, 첫날은 큰딸이 동침하고 둘째 날은 작은딸이 동침한다. 그리하여 각기 부족의 조상을 낳게 되는 '창세기'의 한 대목이 있다. 그만큼 원시, 고대사회에 근친상간이 성행했다는 증거다.

패륜은 근친 간의 성행위뿐 아니라, 자식이 부모를 살해하는 예도 있다. 그리스신화에 등장하는 우라노스는 혼돈을 깨고 세상을 창조한 창조신이지만 그는 아들 크로노스에게 배신당해 성기를 잘리고 어둠으로 추방된다. 하지만 크로노스도 아들 제우스에게 추방된다. 다른 신화들에서 아들이 아버지를 살해하거나 어머니를 살해하는 경우가 자주 나타난다.

앞서 소개한 신화학자 프랑수아즈 프롱티시 뒤크루아는 그의 저서 <신화>에서 "이러한 근친상간이나 패륜은 그리스신화 올림포스 신들의 2세대에서는 무척 꺼린다. 그것은 세상에 차츰 질서가 잡힘으로써 바람직하지 못한 행위로 간주했기 때문이다. 인간세계에서는 절대로 용서할 수 없는 혐오스럽고 부정한 죄가 됐다. 그러한 근거로는 신화를 각색하고 새롭게 해석한 '그리스 비극'에 잘 나타난다. 대표적인 것이 오이디푸스다. 아들 오이디푸스와 어머니 이오카스테의 성관계는 서로의 정체를 알지 못하는 상태에서 이루어졌다. 때로는 광기로 제정신이 아닌 상태에서 아들이 어머니를 강간하려 했다."고 지적했다.

납치와 강간은 신화에서 신들의 예사로운 행위였다. 주로 미모가 뛰어난 미인이나 미소년이 대상이다. 미녀를 납치하면 강간이 뒤따르기 마련인데 강제로라도 성관계를 맺으면 혼인하게 되는 경우가 많다. 그 때문에 신들이 인간을 잘 납치하지 않았다. 남자 신들은 미녀 신을 납치해서 강간하고 일시적인 육체관계를 맺는 것으로 만족하려 했다.

당시 인간사회에서도 그것과 크게 다르지 않았다. 남자들이 예쁜 여자를 납치해서 강간함으로써 육체적 만족을 얻었다. 하지만 신들의 경우처럼 납치해서 성관계를 맺으면 결혼해야 하는 경우도 있었다. 그 때문에 여자들이 자신을 집 밖으로 끌어내는 납치와 강간을 은근히 기대하기도 했다. 호메로스의 <일리아드>에는 파리스에게 납치된 헬레네는 중혼(重婚) 풍습이 있는 트로이아 사람들에게 파리스의 배우자로 간주됐다.

성적으로 난잡하고 문란했던 것도 시대변천과 떼어놓을 수 없는 관계가 있다. 신석기시대가 끝나고 금속시대로 변화하면서 남성들의 사회적 기능과 역할이 갑자기 커졌다. 농경이 궤도에 오르고 가축사육이 유목이라는 경제적 수단으로 성장했다.

농경이든 유목이든 남성들이 경제활동의 주체가 되는 것과 함께 남성들의 권익이 크게 신장했으며 당당해졌다. 성적으로도 적극성을 갖고 대담해졌다. 그것이 오랫동안 이어진 모계사회에서 습성화된 여성의 적극성과 성행동의 주도와 맞물리며 난잡해지고 문란해졌다. 그뿐만 아니라, 성행동의 활성화는 음란성을 피할 수 없다.

그러면서도 일부일처제의 정립과 참다운 사랑도 있었다. 그리스 신화에서 올림포스신들의 제왕인 제우스는 자신은 걷잡을 수 없는 바람둥이면서 아내 헤라가 행여 외도할까 봐 늘 감시했다. 아내 헤라도 남편 제우스의 끊임없는 외도에 큰 불만을 가지고 남편과 바람피우는 여신들을 질투하고 저주했다.

아프로디테는 가장 널리 알려진 아름다움과 미와 사랑의 여신으로 '비너스'로 더 잘 알려져 있다. 그녀는 절름발이 대장장이인 헤파이스토스의 아내가 된다. 그러나 그녀는 수많은 남자 신들은 물론, 인간 남자들과도 성관계를 맺어 많은 아들을 낳는다. 마침내 남편 헤파이스토스가 간통 현장을 덮치자 미련 없이 남편을 떠나 변함없이 난잡한 성생활을 즐기지만 미소년 아도니스를 진심으로 사랑했다. 아도니스도 멧돼지에 찔려 죽을 때까지 그녀를 사랑했다.

아테나, 아르테미스같이 끝까지 순결을 지키는 여신도 있다. 아테나는 로마신화에서 '미네르바'다. 그녀는 끝까지 순결을 고집했는데 아프로디테의 남편인 헤파이스토스에게 겁탈당할 뻔했으나 위기를 넘긴다. 그때 헤파이스토스가 아테나의 허벅지에 정액을 흘렸는데 아무런 감정도 없이 양털 뭉치로 닦아낸다. 그런데 그 양털 뭉치에 묻은 정액이 대지의 여신에게 씨를 내려 최초의 아테네 왕인 에리크토니오스를 낳는다. 아테나는 그를 자기 양자로 삼는다.

아르테미스는 자신의 순결뿐 아니라 자신이 다스리는 요정들의 순결까지 단속하며 순결을 지키지 못하면 가혹한 처벌을 내렸다. 특히 분만 중인 여성을 활로 쏴서 고통 없이 잘 죽이는 것으로 유명했다.

아테나 여신

　또한 동성애도 있었고 자기애도 있다. 미소년 나르키소스에게는 젊은 남자들과 젊은 여자들이 모두 그와 사랑을 이루려고 아우성쳤다. 그 가운데 아프로디테 아들인 에로스도 있었다. 그는 나르키소스에게 구애했지만 거절당하자 '자기애'의 징벌을 내린다. 그 때문에 나르키소스는 연못에 비친 자기 얼굴 모습이 아름다워 연못에 뛰어들어 죽음을 맞이한다. 어떤 다른 얘기에서는 나르키소스에게 똑같이 생긴 쌍둥이 누이가 있었는데 연못에 비친 얼굴 모습을 누이의 얼굴로 착각하여 뛰어들었다가 죽었다고 한다.
　이와 같이 일부일처제의 정립이나 순결은 가부장 시대로 들어서면서 남자들이 '여자는 한 남자에게 순종할 것과 순결을 지킬' 것을 강요했으며 순결하지 못하면 가혹한 처벌을 했다는 것을 말해 준다. 또한 참다운 사랑, 자기애, 동성애 등은 그 당시 다양한 사랑의 양상과 진지한 사랑의 모습이 있었음을 말해 준다. 그것이 멀지 않은 훗날 '플라토닉 러브'로 이어진다.

'플라토닉 러브'는 비성적(非性的)인 사랑이다. 육체적 욕망에서 벗어난 정신적 사랑이다. 육체적 사랑은 인간을 짐승으로 타락시킨다는 것이다. 플라토닉 러브에는 남녀 간의 사랑도 있고 동성 간의 사랑도 있다. 금속시대 이전, 남녀관계는 오직 육체적인 성관계로만 이루어지고 그 때문에 성적으로 난잡하고 음란해져 짐승이나 다름없는 행태로 성행되자 마침내 인간다운 이성과 도덕·윤리 같은 질서의식이 움트기 시작했다.

사랑과 관련해 빼놓을 수 없는 것이 사랑의 대상이다. 즉 이성 또는 동성애의 파트너다. 말하자면 상대의 어떤 조건 때문에 사랑하게 되느냐는 것이다. 그것은 곧 '미(美)'였다. 당시 남녀는 오늘날의 남녀와 전혀 차이가 없는 신체조건을 갖추었다.

원시시대 풍요와 다산의 상징이었던 큰 유방, 배, 엉덩이가 풍만한 여성보다 균형 잡힌 몸매의 아름다운 여성이 남자들의 선택 대상이 되었다. 외모, 특히 얼굴 모습이 여성들의 중요한 가치가 됐다는 얘기다. 오늘날의 미녀관(美女觀)은 이미 그때 형성돼 오늘날까지 이어지는 셈이다. 그리스신화에서는 헤라, 아테나, 아프로디테를 3대 미녀로 손꼽는다. 나르키소스나 아도니스도 미소년이었다. 그 시대 동양에서도 같은 기준의 미녀가 남자들을 사로잡았다. 그것 역시 문화의 보편성이며 공통심리성이다.

그리스신화 속의 3대 미녀는 모두 빼어난 미모를 지녔지만, 그들 세 미녀는 모두 질투심이 대단하고 복수심에 불타 자기들에게 밉보이면 서슴없이 가혹한 처벌을 내린다. 순결을 고수하던 아테나만 하더라도 자기의 벗은 모습을 몰래 훔쳐본 악타이온을 찢어 죽이게 만든다. 장미에 가시가 있는 것처럼 미녀들에게는 독기가 있으니 남자들이 경계해야 한다는 의미이다. 나중에 설명하겠지만 동양에서도 그러했다.

그러나 시기와 질투, 증오와 저주, 복수 등이 많이 나타나는 것은 여신들의 성격이나 기능과도 관련이 있지만, 그만큼 사랑이 열정적이었으며 진지했다는 것을 역설적으로 말해 준다. 사랑이라는 감정적인 요소와 육체적 관계로 가기 전, 인간적인 절차가 그 시대에 굳건하게 자리를 잡았다는 것을 의미한다.

그와 함께 신들의 제왕인 제우스가 정식 아내인 헤라를 비롯한 일곱 명의 아내가 있으면서도 끊임없이 헤라를 속이고 갖가지 동물로 변신해서 여신이나 인간 여자들에게 접근해서 바람을 피는 것은 역시 가부장 시대로 진입했음을 알려 준다. 그것은 남자 성기와 관련한 얘기가 많은 것에서도 잘 나타난다.

신석기시대까지 새로운 생명을 창조해 내는 여성의 생식기는 숭배의 대상이었다. 그러나 남자들은 여자가 새로운 생명을 만드는 것이 아니라 남자가 만든다는 사실을 알게 됐다. 철기시대 그리스 의학은 남자의 정액이 어떤 기능을 하는지 알았다. 다만, 그 속에 아주 작은 인간들이 들어있어서 자라기만 하면 된다고 생각했다. 여자는 오직 아이를 낳는 도구이며 양육하는 기능뿐이라고 생각했고 여성과 여성생식기 숭배의식이 사라지며 남자의 성기를 더 중요하게 생각했다.

창조의 신 우라노스의 성기가 잘리고 아들 크로노스에게 추방되는 것은 아직 여성의 권위가 살아있는 것을 뜻한다. 하지만 우라노스의 잘려진 성기가 바다의 거품과 만나면서 아프로디테가 태어났다는 것은 남자가 생명의 근원임을 말해 준다. 아테나를 겁탈하려고 덤벼들었던 헤파이스토스가 그녀의 허벅지에 흘린 정액을 통해 최초의 아테네 왕 에리크토니오스가 태어났다는 것이야말로 남자 정액의 위력을 나타낸다.

아울러 난잡한 성생활을 하던 아프로디테가 디오니소스와의 외도로 낳은 프리아포스는 항상 발기 상태에 있는 엄청나게 큰 성기를 가지고 있다. 제우스의 아내인 헤라가 아프로디테의 아름다움을 질투해서 그녀 아들의 성기를 기형적으로 만들어 놓은 것이다.

프리아포스 : 미의 여신 아프로디테와 술의 신 디오니소스의 아들로, 크고 아름다운 물건(남근)과 옹이진 근육으로 똘똘 뭉친 건장한 체격을 가졌다.

항상 발기된 우람한 성기는 남자의 성적 적극성과 위력을 나타낸다.

그러나 프리아포스는 대단한 성기를 가졌음에도 성적 쾌락과 다산을 성취하지 못한다. 모계사회에서 가부장 사회로의 전환기에 아직 남자가 완전히 위력을 발휘하지 못한다는 것을 나타낸다고 할 수 있다.

사라지는 신화 속의 여신들

⚥ 풍요와 다산이 가치관이었던 석기시대, 새로운 생명을 창조하는 어머니는 위대했다. 그러한 여성, 어머니의 숭배는 차츰 여신으로 형상화됐다. 여신은 석기인들 삶의 구심체였다. 그러나 청동기, 철기의 금속시대에 들어서자 강한 힘과 우세한 노동력을 지닌 남성들의 위세가 차츰 높아졌다.

여기에는 점차 세력이 커진 유목민의 확장도 큰 몫을 한다. 그들은 평화적인 농경민보다 훨씬 호전적이며 남성이 주도하는 세력이었다. 특히 유럽에서 이들은 기후와 환경변화로 궁지에 몰릴 때마다 농경민들을 침략해서 쉽게 무너뜨렸으며 그들이 애써 가꾼 농지를 빼앗아 초목지로 만들었다. 그리하여 남성지배사회가 더욱 촉진됐다. 모든 농경민이 숭배하던 여신들도 수난을 겪었다. 여신들은 분화되고 왜곡되더니 마침내 몰락하였다.

이러한 인류 역사의 중대한 변천과정은 여러 신화에 고스란히 담겨 있다. 고대 그리스를 연구하는 한국외국어대학교 장영란 교수는 <위대한 어머니 여신-사라진 여신들의 역사>에서 남성들의 사회권력 창출과 함께 고대 근동사회의 신화 속에서도 급격한 변화가 일어났다는 것이다. 태양을 숭배하는 유목민족의 대두로 남신들의 신화가 등장했으며 남신숭배를 유도하기 위해 여신들에 대한 일종의 축출과 제거과정이 있었다는 것이다.

장 교수의 설명에 따르면 그러한 여신들의 변천과정과 남신의 등장은 메소포타미아, 이집트, 바빌로니아, 그리스신화 등에서 잘 나타난다고 한다. 신화의 주역이었던 완벽한 여신들은 우리가 앞에서 살펴봤던 것처럼 초자연적, 초인적 능력으로 갖가지 기능과 임무를 수행하며 위대한 어머니의 위치에서 아들과 연인이 되어 교접함으로써 창조와 번식을 수행하는 구조였다는 것이다.

그러나 가부장 사회로 바뀌어 가면서 전지전능한 위대한 어머니는 남편과 형제, 딸과 아들 등으로 분화되며 여신이 지녔던 초능력적 기능과 역할들도 분산되거나 축소되기 시작했다는 것이다.

이어서 남자 신들이 점점 강력해지고 여신들은 위축되어 남신의 아내 또는 종속적인 관계로 떨어지더니 질투, 복수, 가혹하고 잔인한 행위를 일삼는 부정적인 이미지로 추락한다. 그리하여 혐오스러운 괴물로 변신해서 신, 인간, 만물을 괴롭히다가 남신들의 초능력적인 행동 때문에 섬멸되는 지경에 이르고 드디어 남신들이 영웅이 된다.

 다만 그리스신화에서는 남녀 신들의 권력교체가 극단적이지는 않다고 했다. 그리스신화에서는 우선 결혼을 기준으로 여신들이 두 부류로 나뉘었다는 것이다. 결혼한 여신들은 권위와 기능이 크게 떨어졌지만, 미혼의 여신들은 여전히 막강한 기능을 지녔다고 설명했다.

 미혼의 여신들은 불분명한 성적 정체성을 가지거나 왜곡된 성의식을 가짐으로써 부정적 이미지를 부각한 듯하다. 미혼의 여신들을 통해 가부장 사회에서 여성들의 순결을 은근히 강조하면서도 남자 못지않은 냉혹함을 보여줌으로써 여신들을 깎아내린 셈이다. 또한 신화에 등장하는 괴물들도 대부분 여성성을 지녀 여자에 대한 부정적 이미지를 강화했다. 그 대신 남성성은 점차 강화돼 나간다는 것이다.

 가령, 올림포스 신들의 제왕 제우스는 여신이나 인간 여성을 가리지 않고 비둘기, 독수리, 황소 등 갖가지 동물로 변신해서 접근한 뒤 반강제적으로 성관계를 맺었으며 모든 여신이 제우스와는 종속적인 지위에 놓였다는 것이다.

 그러한 남성의 우월적인 양상은 고대 그리스 사회에서 여성을 남성보다 열등한 존재로 만들었다. 소크라테스를 비롯한 대부분의 고대 그리스 철학자들조차 여성을 본성적으로 열등한 존재이자

'불완전한 남자'로 이해했다. 고대뿐 아니라 현대에 이르기까지 여성에 대한 편견으로 작용하고 있으며 차별과 억압을 정당화했다는 지적이다.

남성지배사회로 전환되면서 동서양 구별 없이 남성들이 우월적 지위에서 쾌락을 위한 갖가지 성행태가 만연했다. 축첩과 같은 일부다처는 말할 것도 없고, 여성 노예는 성적 노리개가 됐으며 인류가 만들어낸 또 하나의 특징적 성행태인 '매춘'까지 등장했다.

민족과 국가 -
인류, 뿔뿔이 갈라서다

씨족들이 뭉쳐 부족사회를 형성했듯이 부족사회도 서로 자기들의 권익을 위해 결합해 부족연맹을 결성한다. 그렇다고 해서 아무 부족과 유대관계를 갖는 것은 아니고 우선 서로 비슷한 지역에 거주해야 하고 같은 말을 써야 하며 같은 습속을 지닌 부족들끼리 결합한다.

여러 부족이 결합하여 공동체의 규모가 커지면 종족(種族)이 된다. 종족이 곧 민족은 아니다. 민족이란 부족연맹 등으로 이루어진 종족이 여러 변화과정을 거쳐 소 민족이 되고 또 여러 소 민족이 결합해서 형성된다. <동북 민족 원류>를 쓴 중국의 사학자 손인지는 "민족이 되려면 여러 종족이나 소 민족들이 지역, 언어, 경제, 문화 등에서 모두 융합됐는가 하는 것이다. 그렇지 못하다면 아직 민족이라고 할 수 없다. 또 족칭(族稱)의 문제다. 합쳐진 각각의 족칭들이 그대로 상존한다면 민족으로서의 최종적 융합에 이르지 못한 것이다."라고 했다.

또 민족과 국가도 서로 다른 별개의 개념이라고 했다. 많은 민족이 두 국가 사이의 경계 지역에 서로 걸쳐있는 경우가 흔하다고 했다. 규모가 큰 민족은 여러 개의 국가가 될 수 있으며 하나의 국가 안에 여러 민족이 섞여 있을 수 있다. 사전적으로도 민족은 '일정한 지역에서 오랜 세월 동안 공동생활을 하면서 언어와 문화상의 공통성에 기초하여 역사적으로 형성된 사회집단'이라고 풀이한다.

고대에 이르러 인류사회는 부족, 종족, 민족 등으로 점점 규모가 커지는 공동체를 형성했으며 모든 사람이 알게 모르게 어느 공동체엔가 소속이 됐다. 하지만 아직 '국경'이라는 개념이 없었기에 자유롭게 오가며 자신이 원래 속했던 공동체를 포기하고 다른 공동체에 동화될 수도 있었다.

대규모 공동체는 반드시 지배계층이 있었다. 종족이나 민족에게는 그들이 추앙하는 영웅도 있었다. 이들이 자기들의 권익을 위해 종족이나 민족을 이끌고 피지배계층을 통제했다. 이 무렵부터 자기들의 공동체가 차지하는 땅을 영토라고 불렀다.

대규모 공동체를 이끄는 지배계층은 남성들이었다. 이들은 권력을 강화하고 행사하며 피지배계층 위에 군림했다. 아직 법이 없었던 고대사회는 매우 폭력적이었다. 자신들의 영토를 지키기 위해

폭력을 행사하고 영토를 확장하려면 다른 공동체와 거침없이 전투를 벌여야 했다.

전투는 남자들의 몫이었고 그럴수록 남성들의 위력이 높아졌다. 공동체가 남성중심으로 움직이면서 여성들은 남성에게 종속될 수밖에 없었다. 기세등등한 남자들은 여자를 차별화하고 그저 임신의 도구, 쾌락의 도구로 전락시켰으니 오랜 전통을 지닌 모계사회가 무너졌다.

대규모 공동체에서 권력을 장악한 지배계층, 특히 우두머리 수장들 가운데는 남달리 야심이 강한 자들도 있었고, 탐욕이 강한 자도 있었으며 자신들의 공동체를 강력하게 이끌며 최고의 세력으로 키우려는 큰 뜻을 가진 영웅도 있었다. 이들이 인류 역사상 처음으로 고대국가를 세웠다. 국가라지만 대부분 도시국가와 같은 소왕국이었다.

국가는 반드시 단일민족으로 이루어지는 것은 아니다. 두 민족 또는 여러 민족으로 형성될 수도 있고 하나의 민족이 여러 국가로 나뉠 수도 있었다. 아직 자기 민족의 정체성이나 자부심이 없던 시기여서 사람들은 생업에 따라 아무 곳이나 넘나들 수 있었다. 국가와 국가 사이의 국경이란 것도 큰 강이나 높은 산이 경계였다.

큰 뜻을 가진 공동체 수장은 국가를 다스리는 최고 권력자인 왕이 됐다. 왕은 자기의 권위를 내세우며 많은 여자를 소유했다. 여러 명의 왕비는 물론, 수많은 시종을 거느렸고 여자를 많이 소유할수록 강력한 세력을 지닌 왕이었다. 지배층도 왕에 미치지는 못하지만, 자신들에게 부여된 권한에 따라 여러 명의 여자를 소유하고 쾌락을 즐길 수 있었다.

국가는 집중력을 지니고 주민(국민)들의 안전을 지킨다는 구실로 그들을 강력하게 통제하는가 하면 그를 위해 일정한 곡물을 거두는 등 일종의 세금을 징수했다. 국가란 국민의 안전보장, 질서유지 이외에도 어떤 목표를 가져야 한다. 그 목표는 대부분 크게 두 가지다. 하나는 전쟁이고 또 하나는 건축이다.

전쟁은 영토확장을 위한 정복전쟁으로 다른 민족이나 국가를 공격해서 영토를 빼앗는 것이다. 전쟁에서 이겨 다른 영토를 빼앗으면 많은 이익을 얻고 정복한 지역의 온갖 재물을 탈취할 수 있으며 그곳 주민들을 붙잡아 노동력을 얻기도 하고 포로들을 노예로 삼을 수 있다.

특히 중요한 것은 많은 여자들을 빼앗을 수 있다는 것이다. 우선 어느 지역을 정복하면 병사들은 그곳의 여자들을 마음대로 겁탈할 수 있었고 많은 여자를 끌고 와서 성적 노리개로 삼거나 노예나 하녀로 거느렸다. 더욱이 왕이나 권력자들은 정복지역의 왕비와 공주를 비롯한 최고 미인들을 차지했으며 그것은 최대의 전리품이었다.

그러나 전쟁하려면 전쟁을 수행할 병력, 즉 군대가 필요하다. 국민 가운데 여자 그리고 미성년자와 노인, 병자, 장애인 등을 제외한 모든 남자가 군대로 징발됐다. 따라서 전쟁 중에는 생업에 충실할 수 없었을 뿐만 아니라 전쟁에는 많은 물자가 필요하다. 각종 무기와 병사들의 식량 등 보급품의 확보가 필요하다. 그를 위해 국민은 더 많은 세금을 내야 했고 노동력을 제공해야 했다.

전쟁이 아니라도 왕국을 세운 왕은 자기 왕국의 세력과 자기를 과시하려고 화려한 왕궁을 지었고 기념물과 신전 등을 지으려 했다. 그러자면 많은 재원이 필요해졌고 그를 위해 국민을 수탈했다. 국민에게 주어지는 보상이라면 전쟁에 참여해서 마음껏 여자들을 겁탈하거나 갖가지 물자들을 약탈해서 전리품을 차지하는 것뿐이었다.

고대의 전쟁은 접근전으로 양쪽의 병사들이 서로 맞붙어서 칼과 창을 휘두르는 육박전이기 때문에 수많은 전사자가 발생한다. 병사들은 모두 남자이며 장정들이다. 전쟁을 치르고 나면 많은 남자들이 죽었기 때문에 국가적으로 남자 인구가 크게 줄어들 수밖에 없었다. 여자는 많고 남자는 적었으니 남자들은 일부다처 등 여러 명의 여자를 차지하고 더욱 쾌락을 즐기는 횡포를 보였다. 여자들은 남자들에게 무시당하고 종속되며 갈수록 성적 노리개로 전락했다.

여자는 예쁘고 몸매가 좋을수록 남자들에게 인기를 끌었다. 고대 중국에서는 미녀를 이렇게 표현했다.

"구름처럼 검게 늘어진 머리카락, 살구 같은 얼굴, 복숭아 같은 뺨, 산처럼 옅고 가는 눈썹, 가을 파도처럼 둥근 눈동자, 풍만한 가슴, 가냘픈 허리, 풍성한 엉덩이, 늘씬한 다리 - 햇빛에 취한 해당화나 비에 젖은 배꽃보다 아름다워라."

여자들도 남자들이 미인을 선망한다는 것을 잘 알고 있어 일찍부터 자기의 용모와 몸매를 가꾸고 꾸몄다. 부모는 자기 딸이 미인이면 권력자에게 바쳐 그 대가로 어떤 특전을 얻었다. 여자는 또 자기 미모를 이용해 신분 상승을 노렸으며 이른바 '미인계(美人計)'에 뽑혀 국가의 전술, 전략에 활용됐다.

그러나 모든 남자가 탐낼 빼어난 미인이 많은 것은 아니다. 모든 남자가 미인을 차지할 수는 없었다. 남자들이 그런대로 미인에 대한 대리만족을 얻고 색다른 성적 쾌락을 얻는 대상을 찾으려 하면서 탄생한 것이 '매춘'이다.

'매춘'의 탄생

그리스신화에도 매춘이 나타난다. 사랑의 화신이며 질투와 복수심, 증오와 저주가 극심했던 아프로디테는 미노스 왕의 아내에게 황소와 교접하는 추악하고 변태적인 욕정을 품게 했다. 또한 키프로스 왕의 딸들이 자기 말을 듣지 않자 그녀들을 모조리 매춘부로 만들어 버린다.

매춘, '성매매'라는 요즘의 표현보다 여기서는 '매춘'이 한결 적당하고 실감 난다. 인류의 가장 오래된 직업이라는 매춘은 과연 언제 등장했을까?

매춘을 정의하기는 대단히 어렵다. 매춘의 의미, 목적, 범위, 종류를 비롯한 매춘을 정의할 조건들이 워낙 광범위해서 쉽게 정의

할 수가 없다. 당연히 오늘날까지도 명확한 정의를 내리지 못하고 있으며 그 형태가 다양해져서 한마디로 정의할 수도 없다.

엥겔스나 프로이트, 융 같은 사회학자, 철학자들도 명확한 정의를 내리지 못하고 제각기 다른 견해를 내놓고 있다. 근래에 와서 그저 막연히 '외설을 목적으로 돈을 받고 육체를 빌려주는 일' 정도를 사전적인 의미로 정리할 뿐이다. 그것 또한 현대적인 판단기준이고 고대사회에서는 불합리할 뿐 아니라 모든 윤락적인 성행태에 적용하기 어렵다.

<우리 시대의 성생활과 현대문명의 관계>를 쓴 독일의 성 과학자 이반 블로흐(Iwan Bloch)도 매춘에 대해서 "다소 음탕하다는 것을 특징으로 하는 혼외 성관계로서 대가가 따르면서 성교 또는 다른 형태의 성적 행동과 유혹을 목적으로 하는 전문적인 거래의 한 형태다."라며 되도록 많은 것을 포함하려고 복잡하게 설명한다. 그러면서 매춘의 정확한 역사와 시작은 추적할 수 없다고 했다.

그러나 인류 역사에서 매춘이 등장한 시기에 대해서는 일반적인 견해가 있다. 그것은 모계사회에서 남성지배사회로 전환되면서라는 것과 문명사회가 탄생하고부터라는 것이다. 두 견해가 시기적으로 모두 비슷하다고 보는데, 매춘에 대한 모든 역사적 기록을 남성들이 썼다는 것도 가부장 사회 이후 매춘이 등장했음을 뒷받침한다.

미국 뉴욕주립대학의 번 벌로, 보니 벌로 부부 교수가 함께 쓴

<매춘의 역사>에서는 "매춘의 기원에 대해서 말할 수 있는 것은 그것이 아마도 인류 발달의 아주 초기단계부터 존재했을 것이라는 점과 거기에는 남녀관계와 밀접하게 결부된 경제적, 사회적, 심리적, 종교적 의미가 내포되어 있다는 점, 그리고 모권적 가설도 부권적 가설도 매춘을 충분히 설명하지 못한다는 점뿐이다."라고 했다.

매춘의 기원을 좀 더 구체적으로 기술한 것은 뜻밖에 자신이 직접 매춘부였다가 그만두고 여러 해 동안 자료를 모아 <역사 속의 매춘부들>(Whores in History)이라는 방대한 저서를 내놓은 영국의 니키 로버츠다. 그녀는 이 저서에서 약 4,000년 전, 인류사에서 '신성한 매춘제도'가 가시화되고 남성들에 의해 최초로 기록되기 시작했다고 밝혔다. 신성한 매춘제도의 의미는 최초 매춘이 신전에서 종교적인 이유로 시작됐다는 것을 뜻한다.

아울러 니키 로버츠는 매춘의 기원을 약 5,000년 전으로 잡고 있다. 이 시기는 여신들이 숭배되는 평화로운 농경사회에 호전적인 유목민족들이 침범하기 시작해서 모계사회를 무너뜨리고, 여신을 숭배하는 부족들을 정복한 뒤 그들을 남성의 힘으로 굴복시켰을 때라고 했다.

앞서 소개한 <매춘의 역사>에서도 이렇게 설명하고 있다.

"남성지배사회가 되면서 여성은 평가절하되고 남자에게 예속됨으로써 오직 남자들의 성적 욕망의 노예가 되었으며 오직 아이를 낳기 위한 도구로 전락했다. 지배권을 장악한 남성들은 단지 여성을 굴복시켰다는 이유만으로 온갖 성적 쾌락에 빠져버렸다. 남자에 대한 여자의 유일한 보복수단이 있다면 불의를 저지르는 일뿐이었다. 엥겔스에 의하면 그것은 간통과 매춘이다."

독일의 사회주의 철학자이자 경제학자로 마르크스주의 창시자의 한 사람인 프리드리히 엥겔스는 남성지배사회에서 여성이 남성에게 종속되면서 여성들이 지금까지 누려왔던 우월성을 박탈당한 데 대한 저항의 방법은 간통과 매춘밖에 없었다고 본다.

가부장주의에서 남성들은 여성에게 순결을 강요하고 남편이라는 오직 한 남자에게만 성을 제공하도록 강요받았다. 그에 대한 저항이 여러 남자와의 간통이며 여러 남자를 상대하는 매춘이었다는 것이다.

최초로 인류가 문명을 이룩한 것은 약 5천~6천 년 전, 메소포타미아의 수메르인들이다. 그들은 여신을 숭배했는데 특히 인안나(Inanna)라는 풍요의 여신에게는 성적 방종과 매춘이 관련되어 있다. 인안나를 모시는 신전에는 항상 여사제와 매춘부들이 대기하다가 그곳을 찾는 남자들에게 성을 제공하고 그 대가(화대)를 여신에게 바쳤다. 이러한 종교적인 성행동은 메소포타미아뿐 아니라 대부분의 중동지역에서 행해졌다. 이집트나 바빌론의 신전에는 성행위를 위한 방이 따로 있을 정도였다.

신전 매춘의 예를 들자면 바빌로니아에는 이상한 법이 있었는데, 모든 여자는 적어도 일생에 한 번 아프로디테 여신의 신전 앞뜰에 앉았다가 신분 여하를 막론하고 지나가는 낯선 남자와 성관계를

사랑과 전쟁의 여신 인안나 : 수메르 신화에 등장하는 여신으로, 사랑의 여신, 금성의 여신으로 우리가 잘 아는 그리스신화의 아프로디테의 원형이다. 아프로디테와는 달리 호전적인 기질이 있어서 전쟁의 여신으로도 불리며, 자기의 성적인 매력으로 남자들을 유혹하는 것으로 유명하다.

가져야 한다는 법이었다. 제각기 거리를 두고 떨어져 앉은 여자들을 남자들이 자유롭게 선택할 수 있도록 했다.

남자가 여자를 선택하고 그녀의 무릎에 동전을 던져주며 "나는 밀리타(아프로디테의 아시리아어) 여신의 이름으로 당신을 초대합니다."라고 말하면 여자는 무조건 그 남자를 따라 신전 밖으로 나와서 성관계를 가져야 했다. 금액은 문제가 되지 않았다. 여자들은 남자가 준 돈이 얼마가 되었든 모두 신전에 바쳤다. 여자는 낯선 남자와 성관계를 끝내면 여신에게 소망을 빌고 집으로 돌아갔다.

여신을 위해 낯선 남자와 한번 성관계를 하면 그 뒤로 다시 매춘을 하지 않아도 됐다. 얼굴이 예쁜 여자는 금방 남자에게 선택돼 성관계를 끝내고 빨리 집으로 돌아갈 수 있었지만, 못생긴 여자는 그 법을 지키기 위해 낯선 남자가 자기를 선택할 때까지 3~4년을 기다려야 하는 경우도 있었다고 한다.

그러한 종교적인 이유가 매춘의 기원일 가능성이 높다. 이와 같은 신전 매춘으로 매춘을 원하는 남자는 신전 앞으로 가면 창녀를 만나게 되었을 것이다. 그와 함께 남성지배사회가 되며 남자들의 성적 쾌락을 위해 매춘을 공공연한 행위로 당연시했을 것이다.

히브리 고대 역사라고 할 수 있는 구약성서에도 매춘은 여러 곳에 나타난다. 그들에게도 신전 매춘이 성행했다는 것은 '창세기'의 '유다와 다말'의 경우를 보면 잘 알 수 있다. 유다는 가나안에 살면서 엘, 오난, 셀라의 세 아들을 두었다. 큰아들 엘이 다말(또는 타마르)과 결혼했으나 아이를 낳지 못하고 죽었다. 유다는 둘째 아들 오난에게 형수를 취해 성관계를 갖도록 한다. 가부장 시대여서

유다와 다말 :
프랑스의 화가
오라스 베르네
(1789~1863)
의 작품

형이 죽으면 동생이 형수를 아내로 맞는 것은 동서양에서 흔한 일이었다. 어떻게 해서든지 후손을 낳아 재산을 상속시키려는 조치였다. 우리나라 고구려에도 그런 풍습이 있었다.

아무튼 둘째 아들 오난은 형수 다말과 성관계를 갖고 바닥에 사정한다. 다말이 임신해서 아들을 낳아봤자 자기 아들이 아니라 죽은 형의 아들이 되기 때문이다. 하지만 오난도 일찍 죽고 만다. 셋째 아들 셀라는 아직 어렸다. 그래서 유다는 며느리 다말에게 친정으로 돌아가 셀라가 성장할 때까지 과부로 지내도록 했다.

오랜 세월이 흘러 셀라가 성인이 되었지만, 유다는 다말을 부르지 않았다. 그러던 어느 날 유다는 양의 털을 깎기 위해 길을 떠난다. 그 소식을 전해 들은 다말은 창녀로 변장하여 신전 앞에서 시아버지 유다를 기다린다. 얼마 후 유다가 그 앞을 지나다가 창녀를 발견하고 성관계를 요구한다. 다말이 창녀로 변장을 하고 있던 터라 자기 며느리인 줄 몰랐다.

유다는 창녀로 착각한 다말에게 성관계의 대가로 나중에 새끼 염소 한 마리를 주기로 한다. 그러자 다말이 담보를 요구하며 유다의 인장과 줄, 지팡이를 맡기라고 한다. 유다는 별 부담 없이 그것을 맡기고 며느리 다말과 성관계를 가졌고 다말은 결국 임신을 하게 되었다. 그 뒤 유다는 사람을 시켜 새끼 염소를 보내며 다말을 찾으려 했지만, 그녀의 모습은 보이지 않았다.

그렇게 몇 달이 지난 뒤, 유다는 며느리 다말이 창녀 노릇을 했으며 임신까지 했다는 소식을 듣게 되자 화가 치밀어 며느리를 끌어내 화형에 처하라고 명령한다. 밖으로 끌려 나온 다말은 시아버지 유다에게 전갈을 보내며 담보물들을 내놓는다.

"저는 이 물건 임자의 아이를 뱄습니다. 이 담보물이 누구 것인지 살펴보십시오."

그것을 본 유다는 깜짝 놀란다. 그리고 "며느리가 나보다 더 옳다. 내가 다말을 셀라의 아내로 주지 않았기 때문이다."라고 한탄하며 그 뒤로는 다말을 가까이 하지 않았다. (창세기 38장)

당시 히브리인들의 성적 태도를 살피기 위해 조금 길어졌지만, 신전 앞에 창녀가 있었을 만큼 매춘이 대수롭지 않게 이루어지는 것을 알 수 있다. 그 밖에도 구약성서에는 신전 매춘과 남자 매춘부까지 있었음을 말해 주는 구절들이 있다. 모세는 법으로 제의적인 매춘을 엄격하게 금지했지만, 딸을 매춘부로 파는 것을 허용하는 구절도 있다. 또 창녀에게서 낳은 아들은 아버지의 재산을 상속하지 못한다는 대목도 있다.

우리가 잘 아는 성서에 등장하는 인물인 삼손도 매춘했으며, 유명한 '솔로몬의 재판'에서는 두 명의 매춘부가 갓난아이를 놓고 서로 자기 아이라고 우기는 대목도 있다. 그만큼 매춘이 일반화됐었다는 것을 말해 준다.

동양에서도 매춘이 있었으며 중국에도 약 3,000년 전 매춘이 있었다는 기록이 있다. 그러한 기록에 의하면 중국에서 상업적인 매춘이 시작된 것은 약 2,700년 전이다. 정치가이자 사상가인 관중(管仲)이 국가의 수입을 늘리려고 제한된 특정지역에서 조직적인 매춘을 허용한 것을 보면 얼마나 매춘이 성행했는지 짐작이 간다.

비슷한 시기, 그리스에서도 솔론이 국가재정을 위해 공창제도를 실시한 것을 보면 역시 문화는 보편성이 있는 것 같다. 관중은 우리가 잘 아는 고사성어 '관포지교(管鮑之交)'의 주인공이다. 관중과 친구 포숙아(鮑叔牙)의 변치 않는 두터운 우정을 뜻한다.

약 2,500년 전쯤에 이르러 고대 그리스에서 매춘은 당당하고 자랑스러운 남성들의 대외 활동과 성적 행동이 됐다. 매춘은 등장 이래 오늘날까지 성행하는 인류의 가장 사회적이고 특징적인 성적 행동의 하나다. 속설에 '사는 O이 있으니까 파는 X이 있다'는 말처럼 인간에게 성적 욕망이 있는 한 매춘은 사라지지 않을 것이다. 물론 우리에게도 그러하다. 따라서 중요한 섹슈얼리티로써 자주 설명할 것이다.

하렘과 아방궁

흔히 권력자나 부유한 자가 여러 명의 여자를 데리고 호색과 향락을 즐기는 곳을 서양에서는 하렘, 동양에서는 아방궁으로 표현한다. 그러나 이것은 크게 왜곡되었다. 특히 하렘은 '수많은 미녀가 단 한 사람의 남성에게 봉사하기 위해 격리된 장소'로 잘못 아는 사람들이 적지 않다.

하렘(Harem)은 이슬람국가들에서 '오직 여자들만 기거하는 방'을 말한다. 남녀 차별이 심한 이슬람국가들에는 가정뿐 아니라 어디든지 여자들만 기거하는 방이 따로 있다. 이 방에 남자는 절대로 들어갈 수 없다. 물론 남자들만 기거하는 방도 있다.

아방궁(阿房宮)은 고대 중국의 진시황이 기원전 200년, 수많은 나라들로 쪼개져 있던 중국을 통일하고 그 기념으로 세우려고 했던 궁전을 말한다. 원래 이름은 조궁(朝宮)이었는데 아방(阿房)이라는 지역에 세우려고 해서 아방궁으로 불렸다.

진시황은 통일된 중국에 걸맞게 가장 거대하고 화려한 초호화 궁전을 세우려고 했다. 하지만 오랜 세월이 걸리는 이 대공사가 마무리되기 전에 진시황이 죽고 진나라도 멸망했다. 이미 건축 중인 궁전은 초의 항우가 불태워버렸다고 한다. 그 때문에 아방궁은 허망함, 무상함의 의미로 자주 쓰인다.

문명의 창조

 크고 작은 고대국가들이 끊임없이 다른 국가를 정복하거나 정복당하는 전쟁의 소용돌이 속에서도 틀이 잡히고 막강한 세력을 지닌 국가, 풍요롭고 비옥한 지역에서 인류의 역사에 처음으로 찬란한 문명이 창조됐다.

약 5,000년 전이었다. 티그리스강, 유프라테스강 유역의 메소포타미아, 나일강을 안고 있는 이집트, 황허강 유역의 중국, 인더스강의 인도 문명 등이 흔히 말하는 '세계 4대 문명'이다. 모두 생명의 젖줄인 큰 강을 끼고 있는 매우 비옥한 지역이었다.

'문명'은 가장 먼저 메소포타미아의 수메르(Sumer)인들이 창조했다. 그들은 불가사의한 대형 건축물, 신전 등을 세우고 그곳의 도시국가 우르(UR)를 문명의 중심지로 만들었고 이어서 다른 문명들도 탄생했다. 역시 '문화의 보편성'에 의해 거의 비슷한 시기에 곳곳에서 인류의 찬란한 문명이 탄생했다.

메소포타미아는 바빌로니아로 이어졌다. 뛰어난 바빌로니아의 함무라비(Hammurabi) 대왕은 역사상 처음으로 법전을 만들었다. 또한 바빌론(Babylon)을 최고의 문화중심지로 만들었다.

문명의 시작에 힘입어 인류는 비약적으로 발전해 약 3~4천 년 전에는 드디어 문자를 발명했다. 인류의 3대 발명의 하나인 문자는 그림글자, 상형문자, 설형문자, 쐐기문자, 노끈문자 등을 거쳐 표의문자, 표음문자 순으로 만들어졌다. 함무라비법전은 점토판에 쐐기문자로 쓰였다.

함무라비법전 : 1901년에 발굴된 기원전 1755~1750년경에 고대 바빌로니아의 함무라비 왕에 의하여 제정된 것으로 추정되는 법전. 전문이 비석에 새겨져 있는데 표기에 사용된 언어는 아카드어이고 문자는 쐐기문자이다.

문자는 처음에 서양에서는 파피루스, 양피지 등에 썼고 동양에서는 나무껍질, 대나무 조각 등에 썼는데 약 2,000년 전 중국에서 종이가 발명되며 자세한 기록을 역사에 남겼다. 성 문제에 있어서 간음이 보편화돼 함무라비 법전에 '간음하지 마라'는 조항이 있다. 간음했을 때 처벌 조항도 있다. 바빌로니아뿐 아니라 비슷한 시기 동서양에서 생겨난 거의 모든 법령, 법률 등에 간음이 관련된 조항이 빠지지 않는다. 우리 고조선의 '8조금법'에도 간음하지 말라는 조항이 있고 기독교의 '십계명'에도 있다. 고대사회에서 간음이 얼마나 성행했는지를 말해 준다.

'문화의 보편성'은 또 있다. 약 3,000년 전 인간의 정신세계, 사유의 세계를 탐구하는 철학과 사상이 등장했다. 그리스의 소크라테스, 플라톤, 아리스토텔레스, 동양의 공자, 맹자와 같은 성인들이 비슷한 시기에 등장했다. 역시 비슷한 시기에 정통종교도 탄생했다. 토테미즘, 애니미즘, 샤머니즘 등의 미신적인 원시 신앙을 거쳐 힌두교, 도교, 불교, 유교 그리고 약 2,000년 전에는 기독교가 창시됐다.

그런데 자신이 이루고 싶은 것을 간절히 기원하는 종교가 그 당시 사람들의 성생활에 큰 영향을 미쳤다. 불교, 유교, 기독교 등은 금욕적인 생활을 추구했지만 힌두교와 도교는 그와 다르다.

힌두교

인도는 '힌두'라고 부를 만큼 절대적인 힌두교의 나라다. 그런데 최근 인도는 세계 1위의 '강간 공화국'으로 악명이 높다. 한 해에 3만 건 이상의 강간 사건이 벌어진다. 그것도 1명의 강간이 아니라 대부분 집단강간 사건이다. 여대생, 여교사, 여의사를 가리지 않고 여러 명의 남자가 집단으로 강간한다. 데이트하는 남녀, 신혼부부 등도 남자를 폭행해 쓰러뜨린 뒤 여자를 집단으로 강간한다. 인도가 왜 그럴까? 그 원인은 대략 두 가지로 추측하는데 하나는 힌두교, 또 하나는 악명높은 인도의 전통적인 계급제도(Caste System)다.

광활한 영토를 가진 인도에는 수많은 종족, 민족들이 있지만 대표적인 민족은 아리안족과 드라비다족이다. 아리안(Arian)은 원래 유목민으로 중앙아시아, 코카서스 등이 주거지였으나 심각한 기후변화로 서쪽과 남쪽으로 대규모 이동했다. 약 3,500년 전 남쪽으로 이동한 아리안은 인도 북부에 터전을 잡았고 이들을 '인도 아리안'이라고 부른다. 인도의 원주민, 토착민은 드라비다(Dravidan)족으로 인도 남부에 많이 산다.

인도 아리안의 종교는 브라만교(Brahmanism)였다. 호전적이고 진취적인 인도 아리안은 브라만교를 힌두교로 크게 확장하며 인도 북부에서 더욱 세력을 키워 장악해 나갔다. 원주민 드라비다족은 비교적 온순한 농경민으로 인도 아리안을 당해내지 못했다. 마침내 인도는 힌두의 나라가 됐다.

　힌두교가 추구하는 인생의 목표는 크게 네 가지다. 첫째 사회적, 종교적 의무를 다하는 다르마(Dharma), 둘째 부(富)를 축적하는 아르마(Arma), 셋째 육체적 쾌락을 추구하는 카마(Kama), 넷째 '깨달음'을 추구하는 목샤(Moksha)가 그것이다.

　특히 '카마'는 사랑, 기쁨 등을 말하는 것으로 부부가 활기 있는 성생활을 통해 아이를 많이 낳아야 인구와 노동력이 늘어난다는 의미에서 성생활을 권장한다. 그런데 성을 통한 쾌락 추구에 관심이 컸던 사람들이 오히려 성에 더욱 관심을 두는 집착과 탐닉을 부추기는 결과를 낳았다.

　인도의 계급제도 역시 인도 아리안들이 만들었다. 더할 수 없이 가혹한 악질적인 제도는 가장 높은 제1계급이 브라만, 즉 힌두교의 제사장이나 사제 등 성직자들이다. 이들은 당연히 인도 아리안이다. 제2계급은 왕족이나 귀족으로 이들도 인도 아리안이었다. 제3계급은 농업과 상업에 종사하는 평민들이지만 대다수가 인도 아리안이었고, 말단계급인 제4계급은 육체노동자, 농노로 대부분 드라비다인들이었다. 그런데 이 4계급 이외에 계급에도 포함되지 않는 아주 비천한 '불가촉천민'이 있었다. 이들은 쓰레기처리, 시신 처리, 백정 등으로 전혀 사람대우를 받지 못하고 짐승처럼 취급당했다. 이들과는 피부접촉이나 말을 해서도 안 됐다.

　더욱 악질적인 것은 모든 계급이 대를 이은 세습이었다. 드라비다인들이 대부분인 제4계급이나 불가촉천민들은 신분상승할 수 없고 자손 대대로 이어져야 했다. 계급구별이 워낙 철저해서 자기 신분 이외에는 결혼도 할 수 없었으며 어떤 교류도 할 수 없었다.

상위계급은 자기보다 아래 계급을 학대하고 처벌하거나 심지어 살인해도 크게 처벌받지 않았다. 근래 어느 초등학교에서 하위계급의 어린 학생이 교탁에 놓인 물을 마셨다고 그 학생보다 위 계급인 교사가 어린이를 때려죽인 사건도 있다.

인도 아리안은 인종차별적인 악질적 신분제도를 어떤 기준으로 만들었는가?

한마디로 말하면 피부 색깔이 기준이었다. 인도 아리안은 피부가 흰 백인이었으며 인도 남부, 무더운 지역에 거주하는 드라비다인들은 피부가 검거나 짙은 갈색이었다.

드라비다인들은 당연히 하위계급에 속할 수밖에 없었다. 신분상승의 희망도 없이 평생 고통받으며 살아야 했기에 불만과 분노가 가득했다. 인도의 집단강간에는 자기보다 위 계급에 대한 분풀이가 담겨 있다.

도교

중국의 도교가 창시된 것은 기원 초 후한 시대(AD 25~220)이며 '도교'라는 말은 4세기 말경부터 사용됐다. 하지만 고대 중국의 신앙으로써 원형은 훨씬 오랜 역사가 있다. 자연과 인간의 일치를 주창한 도교는 성행동도 인간의 본성으로 보고 과감하게 수용했다.

성과 관련된 여러 방중술을 알리려고 했는데 인간의 신체도 자연의 일부로 여겨 자연의 순리에 따르도록 했다. 즉 우주가 음과 양으로 이루어졌듯이 남자는 양이고 여자는 음으로 파악했다. 남녀의 성행위에서 남자는 양기가 넘쳐야 하고 여자는 음기가 넘쳐야 원만한 교접을 할 수 있다고 판단했다.

그러자면 남자는 여러 여자와 성행위를 갖더라도 사정을 하지 않고 양기의 탕진을 막아야 한다고 했다. 그러다가 정실부인과 교접할 때 다른 여인들과 성관계에서 터득한 교접의 기술 그리고 가득 모아놓은 충만한 양기로 사정해야 건강하고 영특한 자식을 얻을 수 있다는 것이다.

남자가 교접하는 정식 부인이든 첩이든 어느 여자든 음기를 잔뜩 모아야 남자의 양기에 도움을 준다고 여겨 남자는 여자가 충분히 음기를 모으도록 온갖 애무행위는 물론, 교접에서 여자가 만족을 얻고 오르가슴을 느끼도록 최선을 다해야 했다. 그러한 만족스러운 성생활을 위해 효과적이고 올바른 방중술을 창안해 내고 전파시켰다. 대표적인 성교본이 <소녀경>(素女經)이다.

소녀경은 전설적인 제왕이었던 황제가 탕음으로 쇠약해지자 성의 스승이라고 할 수 있는 소녀(素女)로부터 성교육을 받는 내용을 문답식으로 다룬 것이다. 주요핵심은 성도(性道)와 성행위에서의 '접이불사(接而不射)'다. 즉 앞서 설명한 것처럼 성행위를 즐기되 사정을 절제해야 불로장생할 수 있다고 했다.

한 가지 덧붙이면, 영국의 스티븐 베일리 등이 쓴 <섹스>(Sex)라는 저서에서 도교 신자들은 작고 통통하고 이제 막 솜털이 나기 시작한 소녀를 가장 이상적인 섹스파트너로 생각했다고 한다. 남자들은 관례로 자기 나이의 3분의 1에 해당하는 연령대의 여자를 아내로 맞이했는데, 만약 남자가 36세라면 12세 정도의 소녀와 결혼하는 것이 적절하다고 생각했다는 것이다. 또한 부스스한 머리에 조잡한 얼굴, 긴 목에 목젖이 튀어나온 여인, 치열이 고르지 못하고 사내다운 목소리를 지닌 여인은 피하는 것이 상책이라고 했다.

중국은 선사시대부터 성행위에 있어서 무척 자유로웠다. 고대 중국인들은 자신들의 성생활을 숨기지 않았다. 그들의 성적 관습은 건전했지만 성생활은 일부다처에 맞춰졌다. 여자와 성관계를 맺거나 혼인하는 것을 '여자를 취하다'라고 했는데 '취(娶)'는 남자가 주도한다는 의미가 된다.

왕이 절대권력을 장악했으며 각 지역을 관할하는 지배계급인 제후들이 있었는데 이들은 첫째 부인과 둘째 부인 그리고 여러 첩들을 거느리며 당당하게 성행위를 즐겼다. 그들은 여자들에게 매혹적인 힘과 아름다운 미모로 남자를 꼼짝 못 하게 하는 능력이 있기를 기대했다. 그리고 이러한 것을 '여자의 덕'으로 평가했다. 그러면서도 여자는 남자의 마음을 어지럽게 만드는 사악한 존재로 여겼다.

그들은 일부다처의 합리성을 내세웠다. 중국인들에게 아들 생산은 조상에 대한 도리이며 자신들에게 꼭 필요한 의무와 같았다. 그런데 아내 한 명으로는 아들 생산에 실패할 수 있어서 남자는 여러 명의 아들을 낳도록 몇 명의 아내를 두어야 한다는 논리였다. 주인인 남자가 죽으면 그의 소유였던 아내와 첩들을 함께 순장했다. 한참의 세월이 흐른 뒤에야 살아있는 사람을 묻거나 죽여서 묻는 순장을 없애고 인형 따위로 대체했다.

　그러나 남녀 차별은 엄격하지 않아 기혼여성들은 집안에서는 자유롭게 활동할 수 있었다. 미혼여성에게는 순결이 정실부인이 될 수 있는 필수조건이어서 지배계층의 처녀들은 집안에서 최소한의 자유를 누리며 별채에서 지냈다.

　하지만 평민(민중)의 미혼여성들은 남자들과 자유롭게 어울릴 수 있었다. 젊은 남녀들은 축제나 마을 잔치가 있으면 함께 어울려 춤추고 노래하고 서로 눈이 맞으면 부담 없이 성관계를 가졌다. 성관계를 가질 기회를 만드는데 여자들이 더 적극적이었다. 성행위에 대한 기대감 때문이다. 성행위를 통해 쾌감을 얻고 결혼할 기회를 얻으려는 것이다.

　남녀는 같은 신분끼리 교접했다. 혼인도 같은 신분끼리만 할 수 있었지만 때때로 신분이 자기보다 높은 남자와 성행위를 했다면 그것은 간통과 다름없었으며 절대로 결혼까지 할 수는 없었다. 남자가 어떤 처녀를 점찍고 밤중에 몰래 찾아가는 것은 어느 정도 묵인됐다. 물론 여자는 남들에게 들킬까 봐 걱정했지만 은근한 기대도 하고 있었다.

절대권력을 가진 왕은 음과 양의 조화를 잘 이루고 교접을 통해 덕을 쌓아야 나라에 홍수나 가뭄과 같은 재해가 없다고 여겨 많은 여자와 성관계를 가졌다. 왕은 1명의 왕비(后), 3명의 부인(夫人), 9명의 빈(嬪), 27명의 세부(世婦), 81명의 첩(御妾)을 두었다고 한다. 여자의 숫자가 모두 홀수인 것은 당시 숫자 마술에 따라서 홀수는 자연의 양성, 즉 남자의 정력을 상징하고 짝수는 음성으로 여성의 출산력을 상징했기 때문이다.

왕은 많은 여성과 성관계를 가졌으며, '여사(女史)'라는 직책을 가진 특별한 궁녀가 왕의 성행위를 통제하고 관리했다. 왕의 여인들은 철저한 격식과 정해진 절차에 따라 왕과 동침했다. 여사는 여자의 월경 여부를 파악하고 서열과 순서에 따라 왕의 침실에 들여보냈으며 성교 횟수, 임신 여부 등을 기록했다.

일반적으로 서열이 낮은 여자들이 높은 여자들보다 자주 왕과 교접을 가졌다. 왕비는 한 달에 오직 한 번만 왕과 동침했다. 왕은 서열이 낮은 여자들과 자주 교접을 가져 성적 능력을 최대한 높인 뒤에 왕비와 동침해야 영특한 후계자를 잉태한다고 생각했다.

이러한 도교와 유교의 가르침이 당시는 말할 것도 없고 오래도록 중국인들의 성의식과 성행동에 큰 영향을 주었다. 유교의 영향으로 윤리와 도덕에 어긋나는 성행동을 삼가고, 부부 사이의 정상적인 성행위도 남의 눈에 띄지 않게 밤에만 행사하는 신성한 행위로 여겼다. 도교의 영향으로 성행동은 자연스러운 인간의 본성으로 즐기되 사정을 하지 않고 탐음하지 않고 남녀가 모두 성적 만족을 얻어야 한다고 생각했다. 그것이 중국인들의 성적 건강성 유지와 성적 억압에 시달리지 않는 정신적인 태도에 크게 이바지했다.

다만 가부장 사회가 되기 이전, 도교가 존재했음에도 모계사회에서는 성적으로 여자가 더 우월하고 주도적이었던 것은 틀림없다.

이 시기의 여자는 성의 신비를 지키는 수호자였으며 완벽한 성지식을 갖춘 존재였다. 성행위에 있어서 여자는 스승이었으며 남자는 무지한 제자에 불과했다. 여자의 성기를 '깊은 계곡' '신비한 문' 등으로 경이롭게 표현했다. 그러나 가부장제의 봉건국가가 들어서면서 사정은 크게 달라졌다.

고대국가의 성문화

⚥ **고대국가**들은 동서양을 막론하고 가부장 시대, 남성지배사회에 들어서서 남성들에 의해 성립됐다. 또한 국가의 성립은 지배계층과 피지배계층이 형성되었다는 것이며 통치와 질서를 위한 갖가지 제도들과 법규들이 만들어졌음을 의미했다. 남성지배사회로서 당연히 남성이 지배권과 주도권을 가졌으며 상대적으로 여성의 지위는 크게 위축되고 폄하되고 종속화됐다.

성의식이나 행동에도 남성들이 주도권을 갖고 횡포화했으며 여성들은 성적 차별을 감수해야만 했다. 남성들의 성적 횡포와 방탕이 심해지자 새롭게 성립되는 고대국가마다 각종 제도와 법률로 성적 행동을 억압하고 통제하기에 이르렀다. 인류의 역사상 처음으로 성적 억압이 시작됐지만 남성지배사회답게 남성들에게는 관대했고 여성들에게는 가혹한 성적 차별이 생겨났다.

아무리 엄격한 성적 행동의 통제가 있다고 해도 남성들에게는 관대해서 이미 성적 쾌락을 잘 아는 그들은 더욱더 성에 탐닉했다. 남성들에게 종속돼 지배당하는 여성들은 오히려 남성들을 사로잡으려고 그들이 좋아하는 성행위에 적극적이었다. 그리하여 쾌감을 얻으려는 간음과 온갖 음란행위들이 만연했다.

고대사회에서 이러한 음란행위가 성행했던 원인에 대해서는 여러 견해가 있는데, 영국의 고고학자 러벅(J. Lubbock)은 "고대에는 음란한 여성일수록 높은 지위를 누렸다. 이것은 상고시대부터 남아있는 풍속과 관련이 있다."고 했다.

또한 미국의 인류학자 모건(L.H. Morgan)은 "일반인들은 옛날에는 일찍부터 비교적 고상하고 순결한 정조와 도덕을 갖추어 오다가 뒤에 내려오면서 음탕한 풍속으로 타락했다고 생각하는데 이것은 착각이다. 그들은 남녀관계에서 타락했다고 할 만한 순결한 도덕을 갖지 않았다. 왜냐하면 고대사회에는 음탕한 풍속을 뿌리뽑을 만한 도덕요소가 생겨나지 않았기 때문이다."라고 했다.

이들의 견해를 정리하면 원시시대부터 이어져 온 모계사회의 성적 습성이 부계사회로의 전환기인 고대사회에도 여전히 남아있었으며, 그들의 성행동을 통제하거나 억압할 만한 도덕적 요소들이 아직 형성되지 않았기 때문이라는 것이다. 다시 말하면 고대사회에서는 음란행위에 대한 개념조차 희박했으며 그것을 통제할 도덕이나 규범 등 제도적 장치를 정립하지 못해서 어떻게 보면 남녀 사이의 자연스러운 성행동으로 볼 수 있다는 것이다.

　어떤 형식으로도 남녀의 성행동에 통제가 이루어지기 시작한 것은 부계사회에 들어와서 남성이 자기들의 권익과 성적 우위를 차지하기 위해서였다. 중국에서도 남성들이 주도한 고대국가 형성시기에 간음을 비롯한 음란행위를 통제하는 성규범을 만들었다. 그러나 춘추전국시대에 이르러서도 그러한 성규범들이 엄격하지 못했으며 지배계층조차 느슨해서 갖가지 음란행위들이 예사롭게 자행됐다.

　동서양 모두 고대사회에서 간음은 큰 사회문제였다. 그 때문에 인류 최초의 성문법이라는 함무라비법전부터 이집트 아크나톤 18계명, 유대교, 기독교의 모세율법과 십계명, 불경(佛經) 등 모든 고대법전과 종교의 가르침에서 '간음하지 마라'가 절대 빠지지 않는다. 또한 그 때문에 고대국가들은 음란행위나 간음 등의 통제를 강화하고 엄격하게 다스렸다.

　고대국가의 법은 거의 '눈에는 눈, 이에는 이' '뿌린 대로 거두리라'의 인과응보에 준거했고, 동해복수법(同害復讐法)이었다. 그들의 관습에서 벗어나면 거의 사형이었으며, 가령 '남의 눈을 멀게 한 자는 눈알을 뽑는다'라는 가혹한 앙갚음이나 엄청난 변상이었다. 고대의 어떠한 법에도 빠지지 않은 3대 범죄는 살인, 간음, 도둑질이었다. 고대사회에서 그러한 행위들이 그만큼 만연했다는 것을 입증한다.

고대국가가 형성되고 새로운 문명이 싹트던 시기, 서양은 동양보다 더욱 성적으로 문란했으며 남녀가 모두 성행위를 즐기려고 했다. 고대국가들이 아주 엄격한 법 조항들을 만들었지만, 난잡한 성행동을 막기에 어려웠다. 이와 관련해서 리처드 작스가 쓴 <발가벗기는 역사>(마정화 옮김, 고려문화사, 2009)에서 여러 가지 실례들을 소개하고 있다. 그 가운데 몇 가지만 간추려 보겠다.

고대 이집트에서는 귀족의 부인이 죽으면 즉시 장례를 치르지 않고 며칠 집에 두었다가 시신을 방부처리사에게 넘겼다. 그들의 시간(屍姦)을 막기 위해서였다. 방부처리사들이 시간 하는 사례가 많아서 법으로 엄격하게 금지했다.

바빌로니아를 무너뜨려 메소포타미아를 평정하고 제국을 세운 아시리아(Assylia)는 약 3,500년 전, 성이 지나치게 문란해지자 강력한 법을 만들었다. 대략 이러한 조항들이다.

- 다른 사람의 아내에게 입 맞춘 자는 도끼날로 입을 잘라버린다.
- 고의로 낙태를 꾀하는 여인 또는 그 과정에서 죽은 여인은 파묻지 않고 말뚝에 꿰어 매달아 둔다.
- 마을에서든 들에서든 밤길에서든 혹은 헛간이나 축제 기간에 만일 처녀를 강제로 겁탈했다면 그 처녀의 아버지는 범인의 아내를 데려다 성관계를 가진 후, 돌려보내지 않고 자기가 소유한다. 그리고 겁탈당한 자기 딸을 범인에게 주어 아내로 삼게

한다.

고대 그리스에 아프로디테 조각상 모델이 될 정도로 미모가 빼어난 창녀가 있었다. 그녀가 어쩌다가 큰 죄를 짓고 법정에서 사형판결을 받을 지경이 됐다. 그러자 그녀의 변호사가 앞으로 나와 창녀의 엷은 윗옷을 찢고 유방을 노출하며 그녀의 아름다움을 인정해 줄 것을 호소했다.

재판관은 그녀의 아름다움에 반해 죄를 크게 탕감해 줘 풀려날 수 있도록 했다. 그리하여 여자가 예쁘면 모든 것이 용서된다는 분위기가 팽배해지자 법정에서 신체를 노출할 수 없다는 새로운 법을 만들었다.

고대 그리스 남자들이 여성의 신체 부위 가운데 가장 아름답다고 여긴 부위는 유방이 아니라 엉덩이였다. 엉덩이가 밋밋한 여성은 아무도 쳐다보지 않았다. 여자들은 엉덩이 부분에 솜을 두둑이 넣고 다녔다. 요즘의 엉덩이 보정이나 다름없다. 고대 그리스 남성들이 여자의 엉덩이에 집착한 이유는 미의 여신 아프로디테의 엉덩이가 크기 때문이었다.

고대 로마의 젊은 여성들에게는 투명한 옷이 유행이었다. 여자들이 음부까지 뚜렷이 보이는 비단옷을 입었다. 옷이 너무 얇고 투명해서 자신들이 옷을 입었는지 입지 않았는지 구별조차 못 했다. 길거리에서 이미 음부까지 자기 신체를 다 보여주어서 침실에서 연인에게 은밀히 보여줄 것이 없었다.

로마 문명의 토대를 마련했던 에트루리아(Etruria)는 남자들에게 성의 천국이었다. 여성들에게도 최대한의 성적 자유를 허용했다. 에트루리아 법에는 '남자들은 모든 여인을 공유할 것'을 명시하고 있다. 여성들은 남자들에게 돋보이려고 몸매에 신경을 쓰며 벌거벗은 채로 여자들끼리 운동을 하거나 나체로 남자들과 어울렸다.

여자가 나체를 드러내는 것은 결코 부끄러운 일이 아니었다. 당연히 성이 문란했으며 여자가 아이를 낳으면 아버지가 누군지 밝히지 않아도 괜찮았다. 아이들은 공동으로 양육했다. 남자들과 공공연하게 성행위를 하는 것을 부끄러워하지 않는 관습이었다. 성을 찬양하고 남들이 보는 앞에서도 당당하게 성행위를 했다.

고대 그리스는 남자들이 성적인 즐거움을 마음껏 누릴 수 있었다. 그래서 남자들은 성적인 즐거움을 누리기 위해 헤타이라(정부 또는 매춘부)를 둔다. 여자 노예들은 주인이 성적으로 필요로 할 때마다 봉사해야 한다. 아내는 합법적으로 아이를 낳아주고 가사를 돌봐야 한다고 생각했다.

고대 그리스 시대 매춘부가 신고 다녔을 샌들 한 켤레가 지금도 남아있는데 그 샌들에는 이렇게 쓰여 있다고 한다.

"나를 따라오세요."

고대 로마 클라우디우스 황제의 아내였던 메살리나 황후는 황제가 잠이 들면 머리에 수건을 쓰고 여자 노예 한 명만을 데리고 궁전을 빠져나와 매춘굴로 갔다. 그리고 검은 머리를 금빛 가발로 바꾸고 자신의 작고 좁은 방으로 갔다. 그다음 금빛으로 칠한 젖가슴을 내놓고 가명으로 매춘을 했다고 한다. 그러다가 날이 밝으면 무척 아쉬워하며 궁전으로 돌아갔다고 한다. 황후가 매춘한 것으로 역사에 남아있다.

　고대 로마 여인들, 귀족부인, 명문가 부인들까지도 간통이 빈번했다. 그러자 로마제국은 기혼 여성이 남편 이외의 남자와 간통하면 그녀들의 재산을 모두 압수하고 추방한다는 간통법을 만들었다. 당황한 기혼 여성들은 법을 피할 방법을 찾았다. 그것은 자신을 매춘부로 등록하는 것이었다. 매춘부는 어떤 남자와 성관계를 해도 죄가 성립되지 않았기 때문이다. 이번에는 황제와 원로원 의원들이 당황해서 또다시 귀족 부인은 몸을 팔 수 없다는 법을 제정했다.

　그러는 동안 기혼 남성들은 여전히 처녀나 유부녀를 제외한 모든 여자, 이를테면 여성 노예, 매춘부, 이혼녀, 과부 등과 성행위를 즐겼다. 더욱이 칼리굴라, 네로 황제는 버젓이 남편이 있는 귀족 부인들을 불러들여 성행위를 했을 뿐 아니라 그녀의 남편에게 성행위의 품평까지 했다.

　고대 로마의 아우구스투스 황제는 남자의 큰 성기를 무척 좋아했다. 공중목욕탕에서 남자들의 성기를 살펴 가장 큰 성기를 가진 남자를 데려와 여자와 성행위를 시키고 그들의 성기를 확대 거울로 지켜보는 것을 즐겼다고 한다. 또한 티베리우스 황제는 퇴임한 뒤 10년 동안 카프리섬에서 은둔생활을 했는데 그곳에 매춘굴을 만들었다고 한다. 그리고 젊은 남녀 여러 명에게 집단 성행위를 요구, 그들이 집단으로 성행위를 하는 모습을 즐긴 변태였다고 한다.

고대 그리스나 로마의 남자들은 몸에 털이 많은 것을 부끄럽게 생각하고 송진으로 만든 고약과 같은 것을 발라 털을 모두 없앴다. 전문적으로 털을 제거해 주는 직업까지 있었다. 고대 그리스의 유명한 의학자 히포크라테스는 약 2,500년 전에 여성의 성기구조를 밝혀냈다.

그 밖에도 고대사회에서는 동성애, 근친상간이 당연한 듯이 이루어졌으며 심지어 유목민들은 수간(獸姦)까지 가능했다.

동성애

고대 그리스에서는 미소년과의 동성연애를 권장할 정도로 유행했다고 한다. 플라톤을 비롯한 철학자들조차 동성애를 즐겼고 군주들도 즐겼다. 이들은 가장 고귀한 사랑은 남자와 남자의 사랑이며 그다음이 남자와 여자의 사랑이라고 생각했다는 것이다. 아테네에서 성인 남자들이 소년들에게 스승으로서 품행을 지도하고 지식을 가르치며 성관계를 갖는 것은 흔한 일이었다. 하지만 사춘기 이전의 소년을 유혹하는 것은 법으로 엄격하게 금지했다.

그리스 문명이 싹튼 지중해의 크레타(Creta)섬에서는 동성애를 위해 소년을 납치하는 것이 관습이었다. 잘생긴 소년이 아니라 남자답고 행실이 올바른 소년이 대상이었다. 소년들도 자기보다 신분이 높은 성인 남자라면 기꺼이 납치당했다. 규칙이 있다면 두 달 동안 즐긴 후 많은 선물을 주고 헤어지는 것이었다. 납치할 때 폭력을 쓰면 나중에 소년이 복수하고 죽여도 무죄였다. 명문가의 소년들은 연인을 갖지 못한 것이 불명예였다고 한다.

온몸의 털을 제거하는 관습이 있었던 고대 로마에서 동성애자들은 삽입을 쉽게 하려고 하체의 모든 털을 깨끗이 제거했다. 고대 로마의 네로 황제도 양성애자, 동성애자였다. 그는 자기 시중을 드는 소년을 거세시키고 그 소년과 결혼까지 했다.

성적 욕구는 남자들만 있는 것이 아니다. 여자들에게도 있다. 고대 인도의 왕국들도 수백 명의 후궁들이 있었다. 이들이 왕과 동침하기는 하늘의 별 따기였다. 그녀들은 시중드는 시녀에게 과일이나 열매 따위로 남자의 모조 성기를 만들어 부착시키고 성행위를 함으로써 성적 욕구를 풀었다. 남자 역할을 하는 시녀 한 명에 여자 여러 명이 성행위를 하기도 했다는 것이다.

약 5~6천 년 전, 고대 이스라엘의 역사이기도 한 기독교 구약성서에도 소돔과 고모라의 동성애가 나온다. 더 이상 타락과 퇴폐를 용서할 수 없어서 하느님은 이곳을 불태워 버린다.

근친혼과 근친상간

　구약성서에서 불타는 소돔을 빠져나온 롯과 그의 가족들이 피신하면서 롯의 아내는 하느님의 명령을 어기고 불타는 소돔을 뒤돌아보다가 소금기둥이 되고 만다. 결국 롯과 그의 두 딸이 멀리 안전한 곳으로 피신했다. 두 딸은 후손은 늘리려고 아버지 롯에게 술을 먹여 혼미한 틈을 타 성관계를 갖는다. 부녀간의 근친상간이다. 그 시대에 근친상간이 흔했다는 것을 짐작게 한다.

　고대 이집트, 그리스, 로마 등 고대국가들의 왕이나 귀족들은 대부분 근친혼(近親婚)이었다. 그들이 가까운 혈육과 결혼하는 것은 자신들의 순수한 혈통을 유지하려는 의도도 있지만, 그 당시 윤리와 도덕적 기준이 없었으며 남자들은 자기와 가장 가까이 있는 여자와 손쉽게 접촉할 수 있기 때문일 것이다. 그것은 근친상간이 많았다는 것이 잘 말해 준다.

　로마의 칼리굴라 황제는 누나와 여동생 세 명 모두와 성관계를 가졌다. 특히 누나 두루실라는 미성년 때 강간했다. 그뿐만 아니라 누이동생들을 자기 남자 친구들과 성관계를 갖도록 강요했다. 근친상간은 아니지만 칼리굴라는 수시로 귀족 부인들을 끌고가 성관계를 가졌으며 공개석상에서 자기와 성관계를 가진 귀족 부인들의 신체적 특징, 성행위의 특징 등을 공개했다. 그와 함께 몇몇 귀족을 강제로 이혼시켰다.

칼리굴라 황제 : 로마제국의 제3대 황제. 재위 기간 내내 원로원과 사이가 좋지 않았고, 최후가 비참했던 터라 고대 기록에서는 암군, 폭군이라는 평가를 받아왔다.

칼리굴라의 뒤를 이은 네로 황제는 어머니와 성관계를 가졌다. 어머니 아그리피나는 칼리굴라의 여동생으로 권력욕이 커서 자기 아들 네로를 황위에 앉히기 위해 남편까지 살해했다. 네로가 여러 여자와 난잡한 행동을 하자 자기 스스로 아들과 성관계를 가졌다는 주장도 있다. 네로는 어머니의 성적 기교가 좋았는지 그녀와 결혼하려고 했지만 반대가 너무 심해 실패했다. 오히려 뒤에 어머니를 죽였다.

여담이지만 네로의 아내인 포파이아 사비나는 목욕을 위해 당나귀를 500마리나 길렀으며 본인의 피부 관리를 위해서 아침과 저녁에 당나귀 젖으로 목욕했다고 한다. 이를 위해서 500명의 노예를 두었고 여행을 떠날 때도 이들을 데리고 다녔다고 한다.

수간(獸姦)

고대사회에서 농사짓기 어려운 추운 지역, 사막 지대 등에서는 목축을 주로 하는 유목민들이 살았다. 그들은 사육하는 가축에게 풀을 먹일 수 있는 초원을 찾아 끊임없이 이동하는 떠돌이 생활을 하며 대부분 가족 단위로 유목을 한다.

가축 떼를 모는 사람은 남자들이다. 황량하고 드넓은 초원에서 겨우 2~3명의 남자가 가축을 지키는 것은 매우 외롭다. 더욱이 유목하는 다른 가족을 만나기도 어렵다. 바꿔 말하면 여자를 만나기가 절대 쉽지 않았고 특히 젊은 남자들이 성적 욕구를 해소할 방법이 거의 없었다.

따라서 그들의 결혼은 대부분 '약탈혼(掠奪婚)'이었다. 생존방식이 호전적이었던 그들은 어느 곳에 미혼여성이 있다는 사실을 알면 그곳을 급습해서 여자를 약탈하고 납치해 온다. 그러한 습속이 보편화되면서 미혼여성도 체념하고 자기를 납치해 온 남자와 결혼했다.

물론 약탈혼도 쉬운 일은 아니었다. 드넓은 황야에서 오직 가축 떼와 함께 있어야 하는 목동들이 무료함을 달래고 솟구치는 성적 욕구를 해소하려면 자위행위를 하거나 가축과 성적 교접을 하는 방법밖에 없었다.

동물과 성적 교접을 하는 수간은 비인간적인 행위지만 고대사회 유목민들에게는 매우 흔한 일이었다. 수치스럽고 변태적인 수간이 성행하자 국가에서는 적극적으로 그것을 막기 위해 강력한 법을 만들었다.

지금의 튀르키예 지역을 차지하던 유목민인 고대 히타이트(Hittites)족은 기원전 1,400년쯤, 인간과 짐승의 성관계를 법으로 막았고 처벌도 매우 엄격했다. 만일 양이나 돼지와 수간하면 사형이다. 소와 같은 짐승이 욕정이 솟아 인간에게 덤벼들면 소는 처형하고 인간은 벌을 받지 않는다. 소가 사람 대신 양과 교미하려고 덤벼들면 소와 양을 모두 죽여야 한다…. 등으로 가축들까지 처벌했다.

하지만 유목민들에게서 수간은 쉽게 사라지지 않았다. 그들로서는 성적 욕구를 해결할 다른 방법이 없었기 때문이다.

문명과 성은 묘한 함수관계를 지닌다. 문명의 발달은 흔히 성의 개방으로 나타나고 그와 함께 문명이 더욱 발전하는 현상을 보인다. 그러나 대만의 성 연구가 왕일가(王溢嘉)는 그의 저서 <성과 문명>에서 "성의 개방은 문명의 번창을 가져다주는 것이 아닌, 번창한 문명이 낳은 성의 개방이 오히려 문명을 몰락으로 기울게 했다는 역사적 사실들을 주목해야 한다."고 했다. 결과가 어떻든 문명이 탄생하고 발전하면서 성의 개방도 촉진되었으며 그에 따라 성의 억압도 점점 극대화되는 것이 고대국가들의 특징이다.

아무튼 문명의 가파른 발달과 함께 인간의 성은 갈수록 문란해지고 개방화됐다. 오죽하면 19세기 프랑스 작가 아나톨 프랑스는 "모든 성적 일탈 가운데 가장 이해할 수 없는 것이 '순결'이다."라고 했다. 여성의 순결을 성적 일탈로 비꼰 것을 보면 성이 갈수록 문란해졌다는 것을 잘 알 수 있다. 성과 문명은 동반자와도 같다. 같이 가는 것이다.

체위의 역사

체위(體位)란 넓은 의미에서 어떤 일을 할 때 몸의 자세를 뜻하지만, 보편적으로 성행위를 할 때 남녀의 자세를 말한다. 동물들의 짝짓기 체위는 거의 모두 교미, 즉 후배위다. 인류 역시 후배위였지만 남녀가 마주 보고 성행위를 하면서 정상위의 체위가 가장 흔한 체위로 됐다. 그래서 정상위(正常位)라고 한다.

정상위는 여자가 눕고 남자가 무릎을 꿇고 여자 위에서 성행위를 하는 것이다. 또 남자가 눕고 여자가 마치 말을 탄 것처럼 기마자세로 성행위를 하는 여성 상위가 있다. 물론 후배위도 여전히 즐기고 있다.

이러한 기본적인 체위들이 이미 고대사회에서도 널리 이용됐다. 물론 세 가지 체위에 어떤 순서가 있는 것은 아니다. 자기 취향에 맞게 적당히 섞어서 활용하지만 이 세 가지 체위를 모두 사용하는 것도 아니다. 한 가지 체위만 고집하는 사람도 있다.

요즘에도 지나치게 사정이 빠른 남성 조루증의 경우 대개 정상위 한 가지만 시도한다. 또한 부부 사이에서 여러 가지 이유로 성행위가 뜸해지면 남편이 마지못해 성행위를 하는 경우가 있다. 이럴 경우도 한 가지 체위가 보통이다. 남자들은 이것을 흔히 '의무 방어'라고 말한다.

그 밖에 남녀가 즐기는 성행위에서 상대방의 성기를 입이나 혀 등으로 빨고 핥는 구강성교도 빼놓을 수 없다. 놀랍게도 이 구강성교 역시 고대에도 있었다. 아울러 성행위를 통해 더욱 큰 쾌감을 얻고자 고대사회부터 갖가지 기교의 체위들이 등장했다.

아프리카의 원주민들은 중세까지도 본능적으로 오직 후배위로만 성행위를 했다고 한다. 엉덩이를 내놓고 섹스하는 모습이 보기

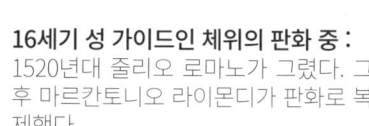

16세기 성 가이드인 체위의 판화 중 :
1520년대 줄리오 로마노가 그렸다. 그후 마르칸토니오 라이몬디가 판화로 복제했다.

흉해서 그 당시 서양의 선교사들이 정상위를 가르쳐줬다고 한다. 그래서 아프리카에서는 정상위를 선교사들이 알려 준 성스러운 체위라고 해서 '선교사 체위'라고 부른다고 한다.

2,000여 년 전, 고대 로마의 어떤 철학자는 부인과 매춘부와의 성행위할 때는 체위가 달라야 한다고 주장했다. 부인들은 동물들처럼 후배위로 성교해야 하는데 그 체위가 수태(임신)에 좋다는 것이다. 성행위를 하는 동안 부인은 절대로 움직여서는 안 된다고 했다. 매춘부들은 그와 반대로 임신을 피하고 남성을 즐겁게 하려면 여러 가지 체위를 사용해야 한다고 주장했다.

훗날 선교사 체위, 즉 정상위 체위에 대해 학자들 사이에서 찬성과 반대가 팽팽히 맞섰다. 정상위를 옹호하는 학자들은 "선교사 체위는 정액을 낭비하지 않고 알뜰하게 열매(임신)를 맺게 해주면서 최소한의 기쁨을 끌어내고 남성의 지배를 유지한다. 남성은 자기와 성관계하는 여성을 몸 아래에 두고 짓누르면서 주인으로서의 우월한 역할을 확실히 한다. 남성은 똑바로 누운 여성을 걸터타고 농부처럼 자신의 쟁기 끝으로 비옥한 밭고랑에 작은 씨앗을 심는다…."라고 했다.

그런가 하면 정상위를 비난하는 학자들은 다른 견해를 보인다. "선교사 체위는 여러 이유로 본능적인 감동을 가로막거나 여성을 자극하지 못해 성관계 자체의 아름다움과 관심을 없앤다. 이 체위는 성행위를 하는 남녀 모두에게 고역이다. 여성은 자신을 올라타고 짓누르는 남성의 무게에 질식할 지경이다. 두 팔로 몸을 지탱한 남자는 더 이상 손을 유용하게 쓰지 못해 자유를 상실한다. 남자는 목과 뒷덜미에 피로를 느끼고 피가 머리로 솟구친다. 호흡이 심하게 불편해지는 것은 말할 것도 없다. 남자는 여성의 지배자가 되기는커녕 여자의 웃음거리가 될 뿐이다. 선교사 체위를 강요함으로써 여성들은 자신이 남자를 '받아들인다'라고 생각하게 했다. 여자는 남자를 경멸하며 여자 친구들과 있을 때 자신과 성관계하는 남성에 대해 고집 세고 짜증이 나는 짐승, 숨이 막히게 하고 집안을 더럽히는 미치광이라고 비난하게 했다."라고 주장했다.

원초적인 후배위에 대해서도 학자들 사이에 논쟁이 있었다. 후배위를 비난하는 쪽에서는 행위를 할 때 여성들이 엉덩이를 드러내는 것도 흉측하지만 동물들이 하는 비인간적인 행위라고 경멸했다. 후배위를 옹호하는 학자들은 선조들도 후배위로 사랑을 나누었는데 우리라고 이를 못할 것도 없지 않은가? 사회적 편견을 버리면 우리도 동물처럼 짝짓기를 못할 것도 없다고 했다.

또한 여성의 엉덩이는 가장 매혹적이고 성적인 부위라면서 몸을 숙인 여성의 엉덩이는 뒤에서 남성을 맞기를 기다리는 것을 의미한다고도 했다. 그러면서 수렵생활을 한 선조들은 여성을 후배위로만 취했으며 이 체위는 모든 포유류의 공통된 계통 발생학적 체위라는 사실이 분명하다고 했다.

위의 설명은 대부분 프랑스의 저널리스트들인 안나 알테르와 페린 세르세브가 쓴 <체위의 역사>에서 간추린 것이다. 그들은 체위는 '인간이 만들어낸 위대한 사랑의 몸짓'이라고 했다. 하지만 그 본질은 사랑의 몸짓이라기보다 한층 더 쾌감을 얻으려는 의도로 보는 것이 마땅하다.

고대 인도에서 성애(性愛)는 속세의 3대 목표의 하나로 여기며 조화로운 성생활을 강조했는데 기원후 4세기경 성교본인 <카마수트라>(Kama-stura)가 등장했다. 성행위의 구체적인 지침서인 이 교본은 이미 약 2,600년 전, 인도 계급제도에서 최고의 계급인 브라만의 성직자 12명이 작성했다. 그러다가 4세기경 궁정시인이었던 바차야나(Vatsyayana)가 다시 편집해서 사랑의 경전, 성교본으로 만들어진 것이라고 한다.

모두 150개 항목으로 이루어진 이 성교본은 남녀의 성교, 처녀, 아내, 유부녀, 창녀 등으로 나눠 성행위 방식을 구체적으로 기록하는데, 성교 편에서는 8가지 기본형과 19가지의 다양한 체위들을 그림과 함께 구체적으로 소개하고 있다.

그 가운데는 마치 곡예와 같은 실제 사용하기 어려운 체위도 있지만, 이미 고대사회에서도 다양한 체위들을 활용했다는 것을 말해 준다. 고대 중국의 도교에서도 삽화까지 곁들인 성교본을 보급했는데 성의 활용도 수행으로 간주하면서 "방중술은 인간의 감정을 최고조에 이르게 해서 지고한 도(道)를 성취시킨다."고 했다.

대개의 성교본에는 온갖 체위들을 그림과 함께 상세하게 소개했으며 성행위만이 양기를 보충해 준다고 했다. 여자도 50세까지는 성행위를 해야 양기를 보충하고 노화를 막을 수 있다고 했으며 남자는 70세에 이르면 양기가 바닥나서 늙어서도 성행위를 해야 회춘한다고 했다.

모든 동물 가운데 다양한 체위를 구사하는 종(種)은 인간밖에 없다. 여성이 다양한 자세를 취할 수 있다는 점에서 인간이 구사할 수 있는 체위의 수도 늘어났다. 사용하는 신체부위는 같지만, 각도와 자세를 바꿔서 남녀의 성기가 형태상 갖는 가능성을 최대한 개발한 것이 체위라고 할 수 있다. 이러한 체위들은 종교 등의 이유로 통제받기도 했다.

다양한 체위의 등장은 성적 쾌감을 최고조로 끌어올려 성행위를 통해 만족감을 얻으려는 창의력에서 생겨났다. 따라서 꼭 집어 성교 체위라고 말하기는 어렵지만 갖가지 형태의 성행위도 이미 고대에 등장했다. 그 가운데 오늘날까지 활용도가 매우 높은 펠라티오와 쿤닐링구스가 있다.

펠라티오(fallotio)와 쿤닐링구스(cunnilngus)는 남녀가 혀와 입을 이용해서 애무와 성관계를 하는 구강성교를 말한다. 이 성행위는 종교적 또는 비위생적 행위 등으로 여러 국가에서 오랫동안 금지되고 처벌되기도 했다. 하지만 이 성행위는 고대에도 있었다.

'펠라티오'는 여자가 남자의 성기를 입과 혀로 빨거나 핥는 행위를 말한다. 고대의 판화나 돌조각상 등에도 그 모습이 사실적으로 표현돼 있다. 기독교의 구약성서를 통해 이미 선사시대부터 이 행위가 있었다는 견해도 있다.

<체위의 역사>에 따르면 고대 그리스에서는 동성애가 크게 성행했고 미소년들에게 펠라티오를 강요했다. 기혼자들은 아내, 여자 노예들 그리고 매춘부들에게 펠라티오를 요구했다. 그때부터 펠라티오는 '주인님께 예의를 표한다'라는 이미지로 정착됐다고 한다.

고대 로마에서 퇴임한 뒤, 카프리섬에서 여생을 보낸 티베리우스 황제는 섹스를 무척 좋아했으며 특히 부하들이나 노예들에게 성행위시키고 그것을 지켜보는 것을 즐겼는데 여자에게는 반드시 펠라티오를 시켰다고 한다.

고대 인도의 성교본 <카마수트라>에서는 펠라티오를 하는 구체적인 방법을 자세하게 설명하는 것을 보면 펠라티오는 매우 흔한 행위였던 것 같다.

'쿤닐링구스'는 펠라티오와 반대로 남자가 여자의 성기를 핥거나 빨고 질 안에 손가락을 집어넣는 등의 성행위를 말한다. 펠라티오는 오직 인간만의 유일한 행위지만 쿤닐링구스는 모든 포유류의 공통된 행위다. 수컷들은 발정기의 암컷 외음부 냄새를 맡고 열심히 핥는다.

고대사회에도 쿤닐링구스가 있기는 했겠지만, 남성들이 지배하는 사회에서 자기에게 종속한 여자들에게 그와 같은 행위를 하기는 쉽지 않았을 것이다. 하지만 남녀가 서로 반대로 눕는, 이른바 '69자세'의 체위에서 상대방의 성기를 애무하는 행위는 있었을 것이다.

펠라티오든 쿤닐링구스든 서로 사랑하는 남녀가 처음 성관계를 가질 때부터 이 행위를 하기는 어렵다. 서로 여러 차례 성관계를 가지며 신뢰를 쌓아야 한다. 더욱이 본능적으로 자기 음부를 숨기거나 가리려고 하는 여자에게 쿤닐링구스를 하기는 쉽지 않다. 여자도 성적 만족감을 얻으려는 적극적인 자세로 부끄러움 없이 남자에게 자기 음부를 드러내야 한다.

구강성교에 이어서 삽입성교를 하게 된다. 하기는 펠라티오를 할 때 참지 못하고 사정(射精)하는 남자들도 있다. 최근의 통계에서 여성들은 삽입성교에서 약 25%가 오르가슴을 체험하지만, 쿤닐링구스를 하면 약 80%가 오르가슴을 느낀다는 연구 결과가 있다. 성행위를 할 때 남자가 자꾸 체위를 바꾸려 하고 쿤닐링구스를 하면 남자가 변태라고 생각하는 여자들도 많다.

변태적인 성행위에는 짐승과의 수간, 생물학적 원인을 제외한 동성애, 2:1, 3:1 등의 집단섹스, 두 쌍 이상의 부부가 서로 합의해서 상대를 바꿔 성행위를 하는 스와핑 등 여러 가지가 있겠지만 '소도미'도 빼놓을 수 없다. 소도미란 항문성교를 말한다. '소도미'는 기독교 구약성서에서 퇴폐와 타락의 도시라서 하느님이 징벌한 '소돔(Sodom)'에서 유래했다.

놀랍게도 남자가 여자의 항문에 성기를 삽입하는 항문성교는 고대에도 성행했던 것 같다. 남자끼리의 동성애는 항문성교일 수밖에 없다. 하지만 고대인들은 임신을 피하려고 항문성교를 했으며 때로는 결혼한 신랑·신부가 아내의 처녀성을 빼앗지 않기 위해서 첫날밤 항문성교를 했다고 한다.

성에 관대했던 메소포타미아에서 동성애의 경우, 항문성교는 보편적인 성행위였다. 고대사회에서 성의 지식과 성 경험이 없는 남자가 처음으로 성행위할 때 여자의 어느 곳에 삽입해야 하는지 잘 모르고 항문에 삽입하는 경우가 많았다고 한다.

여성을 차별하고 가혹하게 단속했던 이슬람국가들에서도 남성이 지배하는 부부의 성관계에서는 어떤 체위든지 자유로웠다. 예언자 마호메트도 결혼한 남자들에게 "아내는 그대들의 경작지다. 원하는 만큼 밭으로 가라."고 했다는 것이다. 유럽 등 여러 국가에서는 소도미를 엄격하게 통제했지만, 성은 억압할수록 더욱 진보하는 속성이 있다. 소도미는 은밀하게 퍼져나가 더욱 성행했으며 갈수록 확산해 오늘날까지도 이어진다.

춘화와 성물(性物)

오늘날 인간들이 활용하는 모든 성 체위가 고대에 만들어졌다는 것은 성에 대한 그들의 관심이 집착과 탐닉으로 이어졌음을 보여준다. 고대인들은 성행위를 하지 않더라도 자신의 성에 대한 탐닉 그리고 성에 대한 상상을 표현하고자 만들어낸 것이 춘화와 성물이다.

'춘화(春畵)'는 사전적으로 '남녀 간의 성교하는 모습을 그린 그림'으로 풀이한다. 꼭 성교하는 모습이 아니라, 남녀의 성기를 함께 세밀하게 그린 것도 춘화라고 할 수 있다. 이러한 음란한 그림은 판화, 도자기, 벽면 등에 그려졌고 종이가 발명된 이후에는 더욱 섬세해졌으며 활성화됐다.

고대 중국에서는 약 2,200년 전, 유방이 항우를 물리치고 한나라를 세운 전한 시대에 춘화가 등장했다. 전한의 어느 왕자가 집 안의 벽을 온통 성행위의 그림으로 채우고 그것을 바라보며 성행위를 즐겼다. 그것이 중국에서 춘화의 효시라고 한다.

전쟁터에 나가는 장수들도 여악사(기생)를 대동했는데 그것이 또 종군위안부의 효시였다. 매춘도 성행했는데 상업을 목적으로 하는 공식적인 사창가가 생겨났고 매춘을 직업으로 하는 전문 매춘부들이 등장했다.

유럽에서 기원후 79년, 이탈리아 남부 지중해 연안에 있는 도시 폼페이에서 화산 대폭발이 일어났다. 폼페이에서 불과 12km 떨어진 베수비오(Vesuvio) 화산이 엄청난 폭발을 일으켰다. 이 화산폭발은 버섯구름이 상공 15km까지 솟아올랐고 용암은 시속 200km의 속도로 폼페이를 덮쳤다.

폼페이 화산의 벽화 :
2천 년 동안 묻혀 있던 폼페이의 초호화 목욕탕에서 발견된 프레스코 벽화

폼페이를 덮은 화산재의 두께가 무려 5~7m나 됐다. 이 화산 대폭발로 폼페이에서 미처 피하지 못한 2,000여 명이 화산재에 그대로 묻혀 화석이 됐다고 한다.

당시 대도시였던 폼페이에서 수많은 역사적 유적, 유물들이 묻혀 버렸다. 화산재에 워낙 깊이 묻혀 그 존재조차 제대로 몰랐기 때문에 1,700여 년이 지나서야 발견했다.

발굴 뒤에 알려진 사실이지만 이 도시의 큰 골목에 사창가가 있었는데 안으로 들어가면 매춘부들이 사용하는 여러 방의 벽면은 온통 춘화들로 채워졌다. 남녀가 갖가지 체위로 성행위를 하는 모습들이 사실적으로 그려져 있었다. 크기나 굵기에서 모두 있는 그대로 한껏 발기한 남근들이 방 전체를 뒤덮은 모습 등은 사창가를 찾아오는 남성들에게 성적 자극을 주고 여러 가지 체위를 알려 주는 효과도 있었다.

사창가뿐 아니라 귀족들의 저택 벽면에도 춘화가 그려진 곳이 많았는데 고대사회에서 그들이 얼마나 성을 즐기고 탐닉했는지 말해 주는 확실한 증거이다. 세계의 어느 민족, 어느 국가든 춘화가 없는 곳은 없다.

이들 춘화의 특징은 남녀의 성기를 섬세하고 크게 그리는 것이다. 성행위에서 남녀 성기가 중심이기 때문이다. 특히 일본 춘화는 한결같이 음모까지 세밀하게 그리고 성기를 과장해서 크게 그린 것으로 유명하다.

학자들은 고대사회에서 춘화가 성행한 것은 몇 가지 이유가 있다고 말한다. 우선 성적으로 자극을 얻는 것이지만 그 밖에도 오락적 기능, 성교육적 기능, 주술적 기능이 있다고 한다. 영국의 미술사학자 스티븐 베일리(Stephen Bayley)와 그의 주도 아래 전문가 20여 명이 참여한 <섹스>(Sex)라는 저서가 있다. 국내에서는 <SXE>(sex의 철자를 의도적으로 바꾼 것, 안진환 옮김, 해바라기, 2002)로 번역 출간된 이 책에는 200여 점의 춘화들이 실려있어 번역본에서 부제(副題)로 내세운 것처럼 '춘화로 읽는 성의 역사'라고 할 수 있다.

이 책의 저자들은 고대 그리스·로마 시대 사람들은 액운을 쫓고 맑은소리를 듣기 위해 대문 앞에 청동으로 만든 풍경을 매달아 놓았는데 풍경의 모양이 얼핏 보기에는 새 또는 동물이지만 모두 남자의 성기 모양이었다고 한다. 남자의 성기는 액운을 쫓는 주술의 효과가 있다고 생각했다.

레다와 백조 : AD 1세기 로마의 얕은 돋을새김 조각인 '레다와 백조'. 거대한 생식기를 가진 백조는 제우스가 지상에 내려올 때 변신했던 여러 모습 중 하나였다.

고대 춘화들은 다양했다. 여러 장을 찍어낼 수 있는 판화도 있었지만 도자기, 술병, 접시나 그릇 등에도 춘화를 그려놓았다. 남녀성기가 노출된 모습, 음란한 성행위 모습을 누가 보더라도 상관없다는 것이다. 그릇이나 접시 등은 여성들이 주로 사용하고 가족이 모여 식사할 때도 사용하는 것들인데 전혀 개의치 않는 일상적인 생활 습관인 듯하다. 위의 책 <섹스>에서도 이렇게 설명하고 있다.

"BC 6세기경의 고대 그리스부터 AD 4세기경의 로마제국 후기까지 갖가지 물건들이 인간의 성교장면으로 장식된 채 제작되고 사용되었으며 그중 상당수는 일상적인 가정용품이었다. 몇 가지 예를 들어보면 그리스의 도기류 외에도 낮은 부조(浮彫)의 주조로 장식한 후기 로마의 도기류도 있다. 또한 고대 로마사회의 지위와 부를 상징했던 은제 식기류나 보석류의 장식에서도 성애장면을 발견할 수 있다…."

베티의 집: 디오니소스와 아프로디테 사이에 난 아들 프리아포스는 번식의 신으로, 폼페이의 유적, '베티의 집'에 그려진 벽화에는 거대한 성기가 특징으로 보인다.

윤리나 도덕이 정립되지 않은 시대, 쾌감과 만족감을 주는 성행위는 당연한 행동으로 생각했던 것 같다. 아무런 수치심이나 부끄러움 없이 남녀 모두에게 자연스럽고 보편적이고 일상적인 행위였기에 마치 예쁜 꽃을 그리고 주변의 사물들을 그리듯이 춘화를 그렸다.

'성물(性物)'이란 성적 의식을 가지고 성행위 모습, 성적 행동, 여성의 나체, 남자의 성기 등을 조각하거나 모형을 만들어 놓은 것을 말한다. 석기시대에는 돌이나 흙, 청동기시대는 청동, 철기시대는 쇠붙이를 이용해서 매우 정교하게 만들었다. 나무를 깎아 만든 것도 있다. 어떤 의미에서 춘화가 그려진 도자기, 그릇 등도 성물이라고 할 수 있다.

5~6천 년 전에 만들어진 전 세계 곳곳의 이러한 성물들을 보면 여성은 대개 가슴과 엉덩이가 큰 글래머형이며 남자의 성기도 과장되어 갈수록 정교해졌다.

이에 대해 <체위의 역사>에서는 "풍만한 젖가슴, 불룩한 엉덩이, 적당히 살집이 잡힌 허리, 육감적인 음부, 과도하게 큰 남근(男根)이 표현돼 있는데 이것은 당시 사람들이 섹스에 큰 비중을 차지했음을 입증한다."라고 지적했다.

성물의 경우, 우리나라 삼국시대 신라의 '토우(土偶)'도 빼놓을 수 없다. 신라의 일반 평민들에게 색욕은 식욕과 똑같은 본능이었으며 식욕을 해결하듯 색욕을 해결하고 즐기는 것이 일상적인 생활이었다고 본다. 그러한 근거는 신라인들의 토우에 잘 나타난다.

　토우는 신라의 독특한 유물로, 흙으로 빚은 작은 인형을 말한다. 인형이지만 사람의 모형만 있는 것이 아니라 동물형도 있고 기물형(器物型)도 있는 등 신라인들의 실생활 상을 잘 나타내는 것이 특징이다. 토우의 용도는 장난감 또는 무덤에 넣는 부장용(副葬用)이었다.

　그런데 가장 눈여겨 볼 것은 역시 인물형이다. 단순한 남녀 상도 있지만, 인물 토우마다 그 표정이 다양하고 사실적이다. 희로애락의 표정을 섬세하게 나타내는가 하면 출산의 고통스러운 표정도 있다. 하지만 가장 비중이 큰 것은 남녀의 성애와 성행위 모습이다. 갖가지 체위로 성행위를 하는 모습을 사실적으로 묘사하고 있다.

　그뿐만 아니라 유방과 엉덩이가 과장된 여성의 모습과 남녀의 성기가 과장되어 크고 섬세하게 만들어진 것들이 적지 않다. 토우에 왜 이렇게 성애(性愛)가 많을까?

　학자들, 예컨대 국립경주박물관장을 역임했던 고미술 사학자 이난영 교수 등은 풍요와 다산을 기원하는 것이라고 했다. 생명체를 창조하는 농경과 생식을 동일시했으므로 성행위를 통해서 왕성한 번식을 촉구하는 주술적 기원이 담겨 있다는 것이다.

　성행위는 단순히 쾌락의 목적도 있었으나 궁극적으로 종족보존이 목적이며 생산이 관련이 깊다. 큰 성기, 과장된 성기는 씨 뿌리는 것을 상징하며 자식을 많이 낳는 것, 집안이나 국가의 경사, 번

영을 상징한다는 지적은 맞다. 남녀의 성기를 강조하는 것은 성기가 생산의 주체이자 생산력의 근원이기 때문이다.

하지만 토우에 성애가 많은 것이 그것만은 아니다. 죽은 자가 저승에 가서도 살아있을 때와 다름없이 즐겁게 살도록 부부가 생전에 성생활하던 것을 변함없이 이어가도록 하는 기원도 담겼으며 죽은 사람이 살았을 때 사랑했던 사람이나 자유분방한 성생활을 담았을 수 있다는 것이다.

이러한 신라 토우는 4~5세기에 많이 나타났다가 6세기 초부터는 보이지 않는다고 하는데 그것은 지증왕 3년(502년)에 법으로 순장 제도를 금지한 것과 연관성이 있어 보인다. 그러면 왜 신라에서만 솔직한 성행위 모습을 빚은 토우를 무덤에 넣었을까?

그것은 신라인의 삶과 맞닿아 있다는 것이다. 성은 수치스럽거나 은밀하지 않으며 일상생활의 즐거움이었다는 지적이다. 신라인

토우 : 사랑을 나누는 토우

토기에 붙어있던 토우 :
인물·동물상으로 장식된 토기가 다수 발견되었고, 그중에는 성적인 풍속 의례를 표현한 것도 많았다고 한다.

들의 성생활은 고구려, 백제와는 큰 차이가 있었다. 그야말로 독특한 성의식과 성행동을 한 사람들이 신라인이다.

그들에게 성 문란, 음란, 간음 따위에 대한 윤리와 도덕은 물론, 그에 대한 개념 자체가 없었다고 봐도 무방하다. 자주 얘기한 것처럼 성은 식욕과 같은 일상생활이었으며 그 대상에 구별이 없었다.

남녀의 나이가 위아래로 차이 나도 상관없었으며 같은 혈육이나 씨족 등도 별다른 문제가 되지 않은 듯하다. 심지어 임신 중인 여자라도 상관없었다. 중요한 것은 남녀 모두 상대하는 이성에 대한 호감이었으며 욕정과 즐거움을 얻을 수 있다면 곧바로 성행위로 이어졌던 신라인들이었다.

결혼제도

결혼이란 한 남자와 한 여자가 결합해서 가정을 이루고 자신들이 부부가 됐음을 외부에 공개하고 공식화함으로써 부부만의 독점적이고 배타적인 성적 관계를 맺는 제도다. 역사적으로는 약 4,000년 전 메소포타미아에서 공식적인 결혼의 첫 사례가 나타났다고 한다. 결혼의 특별한 의미 때문에 개인적인 목적보다 사회적 책임이 더 컸고 자기 가정의 안전을 보장하는 가장 좋은 방법이라고 여겼다.

결혼예물로써 반지를 교환하는 풍속은 약 3,000년 전 이집트의 파라오가 처음이었다고 하는데 그 풍속이 고대 그리스로 전해져 오늘날까지 전통이 이어지고 있다. 남자는 결혼 전, 청혼을 할 때나 사랑을 고백할 때도 여자에게 한 쪽 무릎을 꿇고 보석반지를 바친다.

결혼의 근본목적은 자손번식이다. 자녀를 낳아 가족을 구성하고 가정을 형성한다. 하지만 그 형태는 이미 선사시대 호모 에렉투스의 수렵채집 시대부터 있었다. 아이를 낳은 여성은 먹거리를 구하는 활동에 갖가지 제약을 받고 아이를 건강하게 양육하려고 사냥을 통해 고기를 제공할 특정한 남자를 곁에 붙잡아 놓았다.

그러기 위해 배란기를 감추고 배란기에 나타나는 성적 신호들을 없애며 한 남자에게 지속적으로 성을 제공했다. 그 당시 결혼의 개념은 없었지만, 결혼과 비슷한 형태였다고 볼 수 있다.

인류가 농경시대를 이룩하고 정착생활을 시작하면서 사유재산을 갖게 됐다. 경작지 등 사유재산을 유지하고 이어가려면 후손들이 전혀 성경험이 없는 여자와 독점적으로 짝지어 함께 살면서 가정을 이루어야 순수한 혈통을 이어갈 수 있었다. 결혼이라는 공개적이고 공식적인 절차는 없었더라도 틀림없는 결혼형태였다. 다시 말하면 메소포타미아보다 훨씬 전부터 결혼의 형태는 존재했다는 것이다.

아무튼 약 4,000년 전 결혼제도가 공식화됐지만 배우자가 친남매나 사촌 등의 족내혼이 여전했다. 물론 차츰 족외혼이 대세였지만 다른 종족과의 유대강화를 위해 가부장들의 결정으로 외교적 정략결혼도 적지 않았다. 또한 고대사회의 일부일처제에는 여러 가지 형태와 형식이 있었는데, 초기의 일부일처제 근거로서 주로 목축 부족에게서 성행했던 약탈혼과 농경부족이 실행했던 초기 형태의 '서옥제(壻屋制)', '민며느리제' 등이 있다.

일부일처제

'서옥제'란 부모들이 미리 정혼해 둔 남자가 여자의 집을 찾아가 함께 자게 해달라고 호소하면 여자쪽에서는 집 뒤쪽에 미리 마련해 놓은 방이나 거처로 안내해서 함께 지내도록 하는 습속이다. 그 거처를 '사위의 집'이라는 뜻으로 서옥이라고 한다. 남자는 그곳에 살며 여자의 집을 위해 노동을 하다가 아이를 낳고 어느 정도 성장하면 아내와 아이를 데리고 자기 집(남자의 집)으로 돌아온다. 어떤 의미에서 '장가(丈家) 간다'는 것이었다.

'민며느리제'는 여자가 10세쯤 되면 부모들이 정혼해 둔 남자의 집에 들어가서 성장할 때까지 사는 것이다. 그 무렵 15세쯤 되면 성인 대우를 받고 혼인도 할 수 있었으니까 적어도 5년 정도 어린 며느리 노릇을 한다. 그러다가 나이가 차면 남자 집에서 여자의 부모에게 몸값을 내고 정식 혼례를 치른 후 며느리로 맞이하는 습속이다.

서옥제나 민며느리제는 모계사회에서 부계사회로 넘어가는 과도기의 혼인 습속으로 등장했다. 결과적으로 여자를 남자의 집으로 데려오게 되니까 '시집간다'라는 것으로 부계사회의 시작인 셈이다. 특히 민며느리제는 일찍이 여자를 남자의 집으로 데려옴으로써 다른 남자의 접근을 막아 순결을 지키고 일찍부터 여자의 노동력을 착취하는 남성 위주의 습속이라고 할 수 있다.

여자의 시집살이는 모계사회가 부계사회로 변화하는 과정에서 등장했다. 한마디로 남자의 유전자를 보호하기 위한 장치로 여자에게 고된 시집살이를 시킴으로써 성적 관계에서 남편에게만 집중하도록 만든다. 하지만 이처럼 일부일처제가 농경시대에 시작되었더라도 그것은 주로 여자에게만 해당했다.

그런가 하면 '형사취수제(兄死娶嫂制)'도 있었다. 결혼한 형이 죽으면 동생이 형수와 동침해서 아이를 낳아 혈통을 이어가게 한다. 기독교 구약성서에는 유다는 결혼한 큰아들이 죽자 둘째 아들 오난(Onan)에게 형수와 동침할 것을 명령한다.

그러나 오난은 형수와 성관계를 하면서 일부러 마룻바닥에 사정한다. 임신을 피하기 위해서였다. 어차피 형수가 아이를 낳아봤자 그 아이는 죽은 형의 아이가 되기 때문이었다. 하지만 그는 아버지의 명령을 거부했기 때문에 살해당한다.

그뿐만 아니라 일부일처제에도 여러 가지 후유증이 있었다. 남녀가 서로 사랑해서 자신들의 의지대로 자유롭게 결혼하는 경우는 드물었고, 부모(가부장)의 결정이나 중매자의 소개로 결혼했을 때 여러 후유증이 나타났다.

가령 결혼이 임박해서야 만나게 되는 배우자에게 정신적, 육체적으로 장애가 있다거나 지나치게 못생겼다면 결혼하고 싶은 마음은 사라질 것이다. 결혼했지만 서로 취향이 맞지 않고 성격적으로 큰 차이가 날 때 성행위에서 남녀의 어느 한쪽이 만족감을 얻지 못한다면 잠자리를 같이 하기 싫었을 것이다. 아울러 여자가 아이를 낳지 못하는 경우도 있었다. 불임은 반드시 여자의 책임이 아니라 남자에게 문제가 있을 수도 있었지만 무조건 여자의 책임으로 돌렸다.

그러나 쉽게 이혼할 수 없었고 여자는 그러한 후유증을 숙명으로 받아들여 마지못해 결혼생활을 이어갔지만 남자는 달랐다. 남자들이 지배하는 사회에서 남자는 다른 여자를 첩으로 얻었으며 얼마든지 외도할 수 있었다.

특히 임금이나 왕족, 귀족, 권력자들은 당당하게 수많은 여자를 거느렸다. 절대권력을 가진 왕은 음과 양의 조화를 잘 이루고 교접을 통해 덕을 쌓아야 나라에 홍수나 가뭄과 같은 재해를 당하지 않는다고 여겨서 많은 여자와 성관계를 가졌다. 왕은 수많은 비빈과 수백 명의 후궁을 거느렸고 그녀들과 마음대로 성적 쾌락을 즐겼다. 그들의 구실은 왕위를 계승할 왕자를 여러 명 얻기 위함이었다.

일부다처제

'일부다처제'는 한 명의 남자가 여러 명의 부인을 두는 결혼 형태를 말한다. 인류가 농경을 시작하기 전까지는 모계사회였기 때문에 실질적으로 일부다처였다. 난교의 시대에 남자들은 여러 여자와 성관계를 가졌으며 그 가운데 어떤 여자가 임신하고 출산하면 모계 중심의 가족집단에서 아버지가 누구인지 따지지 않고 양육했기 때문에 어찌 보면 일부다처라고 할 수 있다.

어느 자료에 따르면 전 세계 모든 문화권에서 80% 이상이 일부다처였다는 것이다. 그 까닭은 남성 중심 사회가 되고 재력 있는 남자들의 횡포도 있었지만 그보다는 전쟁이 가장 큰 이유였다고도 한다.

고대에는 여러 민족과 국가가 영토전쟁, 정복전쟁, 민족 간의 분쟁 등 많은 전쟁을 벌였다. 전쟁하면 어쩔 수 없이 많은 남자가 죽는다. 그 때문에 보호자인 남편을 잃고 과부가 된 여자들이 많아서 아이양육, 과부보호 등 여자들의 안정된 생활을 위해 일부다처를 공식적으로 허용했다는 것이다. 이슬람권의 국가들도 마찬가지 이유였다.

그러한 일부다처제가 차츰 사라지고 법률로 금지하는 국가들도 있었지만, 이슬람의 경전인 쿠란에서는 한 남성이 4명까지 아내를 두는 것을 허용한다. 이슬람의 한 남성이 4명의 아내를 맞이하려면 무척 까다롭다. 많은 의무가 뒤따른다고 한다. 남성은 결혼을 원하는 여성에게 많은 돈을 지급해야 하고 여성들이 반드시 자발적으로 동의해야 한다는 것이다. 아내가 받는 지참금은 아내의 몫이며 통상적으로 아내 1명에게 지급하는 지참금은 남성의 연봉 3~4년 치에 해당하는 금액이다.

아내가 4명이면 남편의 무려 16년 치 연봉을 모두 한꺼번에 지급해야 한다. 어느 정도 부자가 아니면 일부다처가 쉽지 않다. 그것은 이슬람이 쿠란에 일부다처를 허용하지만 실질적으로 억제하는 효과를 보였다.

또한 아내를 더 맞으려면 기존 아내들의 동의가 필요하고 남편은 모든 아내를 평등하게 사랑하고 대우할 율법상의 의무를 진다. 만약 아내 중 누구 한 사람만을 편애하거나 반대로 누구 하나만을 홀대했다고 아내들이 느끼면 이는 명백한 이혼사유이며 남편 측 과실이어서 엄청난 위자료를 물어줘야 한다는 것이다.

그런데도 4명 이상 수많은 아내를 거느린 무슬림들도 있다. 나이지리아의 어느 노인은 아내가 무려 97명, 이혼한 아내 10명을 포함하면 결혼식만 무려 107번을 치렀다고 한다. 그의 나이는 92세로 자녀는 185명이었다.

일처다부제

'일처다부제'도 있다. 일부다처제의 반대말로 한 명의 여성이 여러 명의 남편을 두는 결혼 형태를 말한다. 대개 여자의 숫자가 적고 땅이 척박해서 사람들이 정착하기 어려운 주거환경이 일처다부제의 원인이다. 과거의 모계사회를 지금까지 유지하고 있어야 한다.

티베트 같은 경우 환경이 열악해 살기 힘든 곳에서 가난하게 살아가는 남자 형제가 한 여자와 결혼하는 경우가 적지 않다. 형제가 제각기 결혼하면 동생은 독립해서 분가하는데 그러자면 토지의 일부를 비롯한 재산을 떼어줘야 한다. 혈통을 잇게 하려고 형제가 한 여자와 결혼한다. 때로는 한 여자와 삼 형제가 결혼한다.

남미 아마존정글에 사는 수많은 미개부족 가운데 일처다부제의 부족들이 있다고 한다. 부족이 소규모여서 성인 여성이 적기 때문에 한 여자와 여러 명의 남자가 결혼한다는 것이다. 가정의 주도권은 여자에게 있으며 여러 명의 남편에게 역할을 분담시킨다. 일처다부제에서 남편들 사이에 갈등도 많다고 한다. 갈등의 원인은 한 명뿐인 아내가 특별히 한 남편을 편애하거나 남편이 많을수록 동침할 기회가 적을 경우가 가장 많다고 한다. 아울러 재산분할도 갈등의 한 가지 원인이다.

중국 서남단, 베트남, 라오스, 미얀마 등과 국경을 맞대는 윈난성(云南省)은 산악지대나 오지가 많아서 20여 소수민족들이 살고 있다. 그 가운데 모수오족(또는 모쒀족)이 있다. 이들은 일처다부가 오랜 전통이다.

학자들이 '주혼(走婚)'(Walking Marriage)이라고 부르는 일처다부제는 매우 특이하다. 모수오족 여자들은 13세가 되면 성인식을 치르고 성인 여성으로서 자기만의 독립된 방을 갖는다고 한다. 그다음 자기 마음에 드는 청년을 집으로 초대하면 남자는 한밤중에 여자의 집 담장을 넘어 여성의 방으로 가서 성관계를 갖는다.

여자의 집에서는 청년이 담을 넘는 것을 눈치채더라도 일부러 모른 척한다. 오히려 남자들이 담을 넘지 않으면 수치스럽게 생각한다. 여자도 알지 못하는 남자가 담장을 넘어오더라도 그 남자와 성관계를 갖는다. 여자가 임신하고 출산을 하면 태어난 아이는 집안의 여성들이 공동으로 양육한다. 아이의 아버지가 누군지는 묻지도 않고 따지지도 않는다. 여자는 아이를 낳고 담장을 넘어오는 또 다른 남자들과 지속적으로 성관계를 갖고 아이를 낳는다. 틀림없는 일처다부제다. 이들에게는 결혼, 이혼, 남편 같은 말(언어)이 아예 없다고 한다.

여자는 자기 마음에 전혀 들지 않는 남자는 거부할 수 있다. 아예 담장을 넘어 들어오지 말라는 의미로 문 앞에 빗자루를 세워놓는다고 한다. 육아, 농사, 노동 등은 모두 여자 몫이고 남자들은 그냥 빈둥거리며 놀거나 자기 취미활동이나 할 뿐이다. 어쩌다가 힘들게 일하고 돌아온 여자에게 안마를 해주는 것이 고작이라고 한다.

세계 최고의 다산

세계에서 가장 많은 자녀를 낳은 남녀는 누구일까? 남자는 18세기 아프리카 모로코의 물레이 이스마엘 황제다. 그는 왕비와 후궁 등 500여 명으로부터 모두 888명의 자녀를 낳았다고 한다. 그 많은 자녀를 낳으려면 60년간 매년 15명씩 낳아야 한다는 것이다.

물레이 이스마일 황제

하지만 가장 많은 후손을 남긴 남자는 몽골의 칭기즈칸이다. 현재 그의 유전자를 가진 후손은 세계 곳곳에 무려 약 1,600만 명이라고 한다. 끊임없는 전쟁을 통해 정복한 지역, 다양한 민족의 수많은 여성과 성관계를 가졌기 때문이다.

여자는 러시아의 평범한 여성인 피요드르 바실리에프다. 무려 69명의 자녀를 낳았다. 일반적으로 1년 터울로 아이를 낳아도 69년이 걸린다. 그런데 어떻게 한 여성이 69명의 출산이 가능할까? 모두 쌍둥이를 낳았기 때문이다. 그녀는 27번의 임신을 통해 두 쌍둥이 16번, 세쌍둥이 7번, 네 쌍둥이 4번을 낳았다고 한다. 어떻게 모조리 쌍둥이들을 낳았을까? 그것도 매우 신기한 일이다.

한민족의 성

우리 한민족은 북방계의 예족과 맥족 그리고 남방계의 한족이 합쳐져서 형성된 민족이다. 아프리카를 떠난 호모 사피엔스(현생인류)가 이동하는 과정에서 중앙아시아 방향으로 진출한 무리가 있었다. 이들은 알타이산맥과 우랄산지 등에서 사방으로 흩어져 이동생활을 하며 상당한 기간을 보낸 무리가 있었다. 그들은 그곳에서 자신들의 언어를 숙달시켰다. 그것이 알타이 어계(語系)다. 훗날의 터키족, 몽골족, 퉁구스족 등이 알타이 어족(語族)들이다.

끊임없이 이동생활을 하던 그들 가운데 일부 밴드는 또다시 시베리아로 이동했으며 약 2만 5천 년 전에는 비교적 기후가 좋고 먹거리가 풍부한 바이칼호 일대로 진출해서 오랜 기간 머물렀던 무리가 있었다. 이곳에 터전을 잡은 무리는 당시 이 지역의 날씨가 빙하기였음에도 온화해서 수백, 수천 세대를 이어가며 1만 년 넘게 그 지역을 크게 벗어나지 않았다. 그러는 동안 또 다른 무리가 끊임없이 이곳으로 모여들어 인구가 증가했다. 이들 수많은 무리가 훗날에 다양한 부족들이 됐다.

이를테면 예, 맥, 동호, 선비, 오환, 실위, 숙신, 읍루, 물길, 말갈…. 등등 헤아릴 수 없이 많은 부족이다. 중국의 역사서에서는 이들을 동쪽의 오랑캐들로 헐뜯으며 통틀어 '동이족(東夷族)'이라고 불렀다.

하지만 부족들의 규모나 세력에 따라 크게 나누자면 예족과 맥족, 거란족, 여진족, 몽골족 등이었다. 그들 족속이 시기에 따라 각기 이름을 달리하거나 분화된 것이다. 중국의 북쪽으로는 흉노족, 돌궐족도 있었다. 이 시기가 우리 한민족의 태동기라고 할 수 있다.

이들의 생업은 농업과 목축업(유목)이었다. 만주 지역과 한반도 북부까지 진출해서 우리 민족의 북방계가 된 예족은 요서 지방, 맥족은 요동 지역에 자리를 잡았다. 그리고 이 두 부족이 합병해서 약 4,300년 전 고조선을 세웠다. 호랑이와 곰이 동굴에서 쑥과 마늘을 먹으며 100일을 견디면 인간이 된다는 신화도 이들에게서 유래했다. 예족은 호랑이를 숭상했으며 맥족은 곰을 숭상했다.

예족의 주업은 농업, 맥족의 주업은 목축이었다. 따라서 이들의 사고방식이나 생활방식은 차이가 있었다. 그것은 성생활과도 절대적인 관계가 있다.

우리 민족 남방계의 한족(韓族)은 예맥과는 체형이나 체질이 크게 다르다. 이들은 어떻게 생성된 것일까?

아프리카를 떠난 호모 사피엔스 가운데 해안을 거치며 남아시아 방면으로 이동한 무리가 있었다. 이들은 마침내 아시아 5개 종족으로 분화된 것으로 알려졌는데 그 가운데 일부 무리가 중국의 남해안을 거치며 차츰 동북부로 이동했다.

약 1만 8천 년 전 중국과 일본열도, 한반도는 거의 붙어있어 육지로 연결됐다고 한다. 일부 무리가 한반도 남부까지 진출했고 그 숫자는 많지 않았다. 하지만 따뜻한 기후여서 한반도에 정착했는데 이들이 한족(韓族)의 기원이라고 할 수 있다.

사피엔스 이동의 가장 끝부분으로 말초신경과 같아서 숫자는 많지 않았다. 황량한 벌판에 여기저기 흩어져 살며 서로 만나기조차 힘들었다. 아주 느리게 번식하며 구석기시대를 보냈다.

한반도 남부는 날씨가 좋아서 천연의 먹거리가 풍부했고 먹거리가 풍부하면 생활에 여유가 생긴다. 경제적, 정신적 여유가 생기면 두 가지 양상이 일어난다. 하나는 문화창조이며, 또 하나는 성적 욕구를 마음껏 발산하려는 것이다. 남방계 종족들은 그 덕분에 성적으로 무척 개방된 습성을 지녔다.

날씨가 따뜻하니까 옷으로 몸을 감싸야 할 이유도 없었다. 아직도 아프리카, 인도네시아, 아마존 오지 등의 원시부족들 가운데는 전혀 옷을 입지 않고 벌거숭이로 생활하는 부족들도 적지 않다. 조금 발전한 부족이라도 성기를 가릴 정도고 신석기시대 남방계 종족들은 거의 알몸으로 생활했다. 그것은 남녀의 성적 접근과 성행동을 쉽게 해준다.

또한 별다른 시련이나 고난이 없으므로 대단히 낙천적이다. 이러한 모든 여건이 어우러져 남방계 습성을 지닌 한반도 남부에 살던 사람들도 낙천적인 성격과, 성적으로 무척 개방된 태도를 가졌고 음란행위에 대한 별다른 의식도 없이 자유롭게 성행동을 즐겼을 것이다. 남방계 종족들은 인구도 빠르게 증가했고 그들 토착민들은 북방계 예맥족과는 전혀 다른 성의식과 성행동, 성적 태도를 가졌다.

우리나라보다 더 따뜻한 일본의 고대 성생활을 보면 남방계의 성적 행동을 짐작할 수 있다.

한반도에서 건너갔을 것으로 보이는 그들은 남녀 구분 없이 겉옷 이외에는 속옷이 없었다. 남녀가 겉옷만 제치면 아무 곳에서나 곧바로 성행위를 할 수 있었다. 그들의 성씨를 보면 더 잘 알 수 있다. 다나카(田中)는 밭 가운데서, 마스시타(松下)는 소나무 아래서, 이와 같이 그들의 조상이 성행위를 했던 장소가 성씨가 됐다. 따라서 일본의 성씨는 무척 많고 다양하다.

또한 단군이나 주몽신화 같은 북방계와 박혁거세, 김수로와 같은 남방계 신화에 차이가 있는 것이 특징이다. 국문학자 서대석 교수는 그의 <한국의 신화>(집문당, 1997)에서 북방계와 남방계의 차이를 이렇게 설명하고 있다.

"북방신화는 천신(天神)계의 남성과 지신(地神) 또는 수신(水神)계 여성의 결연과 혼례가 구체적으로 제시되고 시조의 출생과 즉위가 이어진다. 즉 혼례→출산으로 이어진다. 반면 남방신화는 시조의 탄강(誕降)이 먼저 제시되고 나서 시조의 혼례과정이 구체적으로 제시된다. 즉 시조의 부모가 의인화되어 나타나지 않고, 하늘과 땅의 결합을 상징하는 분위기만 서술된 상태에서 시조는 알(卵)로 탄강한다. 그리고 시조로서 왕으로 즉위한 후 시조왕의 혼례과정을 구체적으로 제시한다. 즉 남방신화는 탄강→혼례로 전개되고 있다."

어찌 되었든 하늘을 대표하는 남신과 땅 또는 물을 상징하는 여신이 직간접으로 혼례를 치르고 그사이에 태어난 인물이 군주(왕)가 되는데, 여기에도 남북의 차이가 있다. 그 상징적인 과정을 살펴보면 북방계는 외부에서 들어 온 인물이 토착민을 장악하거나 융합해서 군주의 지위를 쟁취하고 스스로 우두머리가 된다. 그 반면에 남방계는 토착민들이 외부에서 들어온 인물을 군주로 추대하는 형식이다. 쟁취와 추대에는 큰 차이가 있다.

그보다 더욱 중요한 것은 군주의 지위에 오르는 인물이 토착민이 아니라 거의 '외래인'이라는 사실이다. 이 외래인 또는 외부세력은 토착민과 같은 종족일 수도 있고 다른 종족일 수도 있다. 아울러 같은 종족이든 아니든 토착민보다 선진문화를 지닌 세력이 분명하다. 이를테면 신석기→청동기, 수렵채집→농경과 같은 앞선 문화를 가진 세력이다.

이들은 천강(天降) 또는 난생(卵生)의 형식으로 강림한다. 천강신화(천손 신화)는 기마민족들인 몽골, 알타이, 스키타이족들의 신화에 많이 나타난다. 우리보다 더 북쪽에 있는 종족들이다. 그와 비교해서 난생신화는 농경민족의 신화들에 많이 나타나는 양상을 보여 남방이나 동남아시아에 흔하며 그들의 사유세계라고 할 수 있다.

아무리 규모가 큰 토착집단이라도 외부에서 선진문화를 보유한 세력이나 막강한 힘을 지닌 세력이 유입되어 이들이 유리한 조건으로 지배적인 위치에 오르고 주도세력이 되면 많은 변화가 일어날 수밖에 없다.

외부세력의 규모가 토착집단보다 훨씬 작다고 하더라도 경제, 사회, 문화 전반에 걸쳐 큰 영향을 미친다. 전통적인 생활양식이 바뀌고 문화가 바뀌면서 새로운 습성, 습속이 생겨나 차츰 성행한다. 그것이 전통적인 습성이나 습속과 충돌하며 큰 혼란을 야기한다. 당연히 성의식과 성행동에도 큰 변화와 혼란이 일어난다는 것이다.

더욱이 외부세력이 토착민들과 다른 종족이라면 혼란은 한결 더 컸다. 우리 신화의 중심이 되는 토착집단들은 틀림없이 그러한 갈등과 혼란을 겪었고 성의 정체성 확립에 큰 영향을 미쳤을 것이 틀림없다. 외래문화에 완전히 흡수되면 성정체성도 사라진다. 전통적인 성정체성이 사라지지 않는다면 성에 대한 이중성을 갖는다.

우리 민족은 형성기부터 그러한 혼란을 피하지 못한 것이다.

이처럼 한민족은 성생활에서도 북방계와 남방계가 서로 크게 달랐다. 성은 본능이기 때문에 어떻게 해서든 남녀가 짝을 짓고 성욕을 해결했으며 후손을 낳아 대를 이어갔지만, 이들 북방계열의 부족들은 성생활이 왕성하지 못하고 상당히 위축됐다.

무엇보다 기후가 문제였다. 그들은 혹한의 빙하기에 눈과 얼음 위를 걸으며 먹거리를 찾아 끊임없이 이동했고 가혹한 추위를 견뎌내고 눈보라치는 허허벌판에서 먹거리를 찾는 것이 가장 급했다. 성행동은 그만큼 관심사에서 뒷전으로 밀릴 수밖에 없었다.

혹한 속에서는 성적 충동도 잘 일어나지 않는다. 온몸을 짐승 가죽으로 감싼 여성에게서 성적 매력이 눈에 띄지도 않으려니와 기온이 낮을수록 남자의 성기는 위축된다. 남자들이 냉수 욕탕에 들어가면 성기가 바짝 위축되는 것도 그 때문이다. 그런 현상을 남자들의 표현으로 '냉수축신(冷水縮身)'이라고 한다. 북방인들이 밖에서 성행동을 한다는 것은 생각하기도 어렵다.

가축을 사육하는 유목민들은 이동 천막에 불을 피워놓고 몸에 좀 온기가 돌았을 때 본능적인 성적 욕구를 억지로 해결했을 것이다. 그들의 인구증가는 남방보다 한결 미미하다. 그처럼 위축된 북방 유목민들의 성적 습성은 정착생활을 한 이후에도 크게 달라지지 않았다.

농경집단은 움집이라는 안정적 주거가 있었고 어느 정도 따뜻해서 몸의 긴장이 풀리고 성적 욕구도 그전보다는 한결 높아졌다. 하지만 3대가 좁은 공간에서 함께 지내며 공간구분도 없는 상태에서 만족스러운 성행위가 어려웠고, 유목민들은 농경집단과 비교해서 상대적으로 규모가 작아서 남자들이 친족 밖에서 여자를 구하기도 어려웠다. 유목민들에게는 다른 무리에서 여자를 약탈해 오는 약탈혼이 성행하기도 했다.

 북방계열의 종족은 한 마디로 성적으로 소극적이었다고 보며 그러한 영향으로 인구증가도 위축돼 남방계열의 놀라운 인구증가와는 현격한 차이를 보인다. 광활한 땅과 적은 인구가 생활을 더욱 어렵게 했으므로 끊임없이 침략전쟁을 일으켰다. 북방민족들은 한 시대도 멈추지 않고 인구가 많고 자원이 풍부한 따뜻한 나라, 중국을 침략했다.

 또한 북방계열은 성생활이 적극적이지 못해서 성과 관련된 별다른 신화나 전설도 많이 남기지 못했다. 우리가 고대사를 탐구할 때 필수적으로 참고할 수밖에 없는 중국의 수천 년 전 고대 사서(史書)들에서도 성과 관련된 기록이 가장 적어서 역사시대 이전 중국 동북지역에 머물렀던 북방 인류의 성생활을 제대로 밝히는 데 많은 어려움이 있다.

 한민족 형성 시기, 이들의 합류와 융합은 가장 중요한 본능적 행위인 성의식이나 성행동에서도 큰 혼란을 겪었다. 그것은 뚜렷한 성적 가치관 정립을 저해했고, 마침내 '성즉리, 성즉음(性卽理, 性卽陰)' 즉 성은 당연한 인간생활이라는 것을 인정하면서도 당당하지 못한 행동이며 감춰져야 할 음습한 행동으로 보는 우리 민족의 성에 대한 이중잣대, 결국 '성의 이중성'으로 굳혀져 가는 계기가 되었을 것이다.

8조금법(八條禁法)

우리나라 최초의 국가인 고조선에는 '8조금법' 또는 '8조법금'이라는 최초의 성문화된 법률이 있었다. 하지만 안타깝게도 현재 전해지는 것은 3개 조항뿐인데 이러하다.

1. 사람을 죽인 자는 그 즉시 죽음으로 갚는다.
2. 남에게 상처를 입힌 자는 곡식으로 배상한다.
3. 도둑질한 남자의 경우에는 몰입(적물, 물품압수)하고 그 집 종이 되며, 여자는 계집종으로 만든다. 속죄하는 자는 50만 전을 낸다.

고대사회는 무척 음란해서 모든 고대국가의 법률에서 그에 관한 조항이 빠지지 않는다. '8조금법'에서도 빠졌을 리 없다. 알려지지 않은 나머지 5개 조항 가운데 음란이 관련된 조항이 있을 것이라는 유추가 가능하다.

사학계에서 위서로 외면하는 <환단고기>에 나머지 5개 조항이 나와 있는데 7번째 조항에 '음란한 짓을 하는 자는 태형에 처한다.' 라고 되어 있다.

중앙아시아 타지키스탄 고고학자로 고조선 연구로 박사학위를 받은 유 엠 부쩐은 8조금법의 4항이 간음에 관한 조항이었을 것으로 추정한다. 사실 여부를 떠나 '음란'이 자주 거론되는 것은 역설적으로 고대사회에 음란행위가 많았다는 것을 말해 준다.

Part 3.
중세(中世)

신과
인간이 맞선
격동의 시대

종교가 성생활을 통제하다

⚥ **먼저** 전제할 것이 있다. 어떻게 시대구분을 할 것인가 하는 문제다. 일반적으로 중세는 5세기부터 15세기까지를 말한다. 17세기까지를 중세에 포함하는 학자들도 있다. 그렇지만 명확하게 구분하기는 어렵다. 이를테면 14세기 말엽과 15세기 초엽에 살았던 사람이 어제까지는 고대이고 오늘부터 중세에 살았다고 하는 것은 웃기는 얘기다. 따라서 이 책에서는 시기에 얽매이지 않고 편의상 대략 구분했다.

중세는 한 마디로 놀랍고도 충격적인 격동의 시대다. 수많은 제국, 왕국의 탄생과 합종연횡(合從連橫), 기독교의 유럽 지배, 치열한 종교전쟁, 유럽을 초토화한 전염병(페스트)의 창궐, 종교개혁,

르네상스, 활짝 꽃핀 문화예술 등 일일이 손꼽기도 어렵다.

중세는 눈부신 건축의 시대로 새로운 건축양식인 로마네스크, 고딕양식을 비롯한 바로크, 로코코양식 등으로 궁전, 성당, 수도원, 요새, 수많은 성이 지어져 유럽의 경관을 완전히 바꿔놓았다.

그런가 하면 전쟁의 시대였다. 기독교와 이슬람교가 끊임없이 충돌했으며 민족과 국가들은 자신들의 지배력과 자원확보, 영토를 넓히기 위한 정복전쟁에 여념이 없었으며 유럽 강대국들은 아프리카와 아시아, 특히 인도를 비롯한 동남아에서 식민지 확보를 위한 전쟁을 필사적으로 펼쳤다.

우리가 큰 관심을 가져야 할 것은 중세의 끔찍하고 가혹한 성의 억압과 진보다. 그 중심에는 문명과 문화가 가장 앞서갔던 유럽을 지배했던 기독교가 있다. 여기서 말하는 기독교는 아직 구교(가톨릭)와 신교(개신교)가 분리되기 전이다.

중동지역에서 창시된 기독교는 당연히 거리가 가깝고 인구가 많은 유럽에 전파하기 위해 적극적으로 노력했다. 하지만 유럽을 중심으로 가장 넓은 영토를 가졌던 로마제국은 노골적으로 기독교를 거부했다. 로마제국은 다신교를 신봉하는 국가였으며 세계에서 제일가는 황제를 거부하고 유일신을 신봉하는 기독교가 도무지 마음에 들지 않았다. 그러나 기독교를 신봉하는 평민들이 많이 늘어나자 기독교 성직자, 신도를 가리지 않고 처형하는 등 가혹하게 탄압했다.

그러나 4세기 초 콘스탄티누스 황제가 기독교를 공인하고 4세기 말에는 테오도시우스 황제가 기독교를 로마제국의 국교로 선언하자 사정이 크게 달라졌다. 기독교를 전체적으로 다스리는 최고의 지도자인 교황이 힘을 얻고 앞으로 나섰다.

초대 교황은 예수 그리스도의 수제자였던 베드로다. 교황은 그리스도의 대리자, 성 베드로의 후계자, 로마의 주교로서 권위가 황제보다 우위에 섰다. 로마에는 교황청이 있었으며 이탈리아 남부 일대에는 교황이 다스리는 땅, 교황령(敎皇領)도 있었다.

교황과 교황청이 있는 바티칸(Vatican)은 세계에서 가장 작은 독립된 국가다. 하지만 세계에서 제일 큰 성 베드로 성당이 있다. 원래 이곳은 로마의 원형경기장이었는데 베드로가 이곳에서 처형당하고 이곳에 묻히자 그 위에 성 베드로 성당을 세웠다.

성 베드로 대성당

아무튼 교황의 권력이 황제들을 넘어서자 기독교는 유럽을 지배하기 시작했다. 기독교의 금욕주의를 추구, 당시 지나치게 문란했던 성을 통제하기 시작했는데 엄격하고 가혹했다.

예를 들자면 부부의 성생활에서 절대로 쾌락 추구를 하지 말고 오직 임신을 목적으로 성행위를 하라는 것이다. 성행위 체위도 엄숙한 자세로 정상위만 사용하도록 지시했다. 성행위 도중에 몸의 움직임까지 통제했으나 몸을 이리저리 돌려 눕는 것은 신에게 영감을 얻은 것이니까 음란행위로 여기지 않았다고 한다.

더욱이 기독교에서는 목요일은 예수가 잡혀간 날, 금요일은 예수가 처형당한 날, 토요일은 성모의 날, 일요일은 주님의 날, 월요일은 망자(죽은 사람들)의 날이므로 성행위를 삼가라고 지시했다. 그러면 화요일과 수요일만 남는데 그날이 부활절이나 사순절, 크리스마스 등 기독교의 기념일이어도 성행위를 삼가야 했다.

그 밖에 유대교 등 다른 종교에서도 금욕을 내세우며 성행위를 할 수 있는 날과 성교 횟수까지 정했다. 또한 모든 성행위는 임신이 목적이어야 한다는 것이었다. 성행위는 은밀한 사적 행위인데 종교가 나서서 이처럼 구체적으로 통제하는 것은 그 당시 성이 난잡해지고, 보통 사람들 사이에서 음란행위가 보편적으로 많았음을 말해 준다.

기독교의 지나친 성의 통제가 얼마나 성과가 있었는지는 알 수 없다. 사생활을 일일이 감시할 수는 없기에 그것은 엄포에 불과했을 것이다. 왜냐하면 역사적으로 성의 문란은 억압하고 통제할수록 오히려 더욱 진보하기 때문이다.

종교전쟁과 전염병

중세 초엽부터 유럽을 위기에 몰아넣은 것은 종교전쟁과 전염병, 특히 페스트(흑사병)의 창궐이었다. 기독교와 이슬람의 종교전쟁은 한창 기세등등하던 기독교를 곤경에 빠뜨렸으며 흑사병의 창궐은 당시 유럽 인구의 30% 이상을 앗아가며 유럽을 쑥대밭으로 만들고 경제구조를 비롯한 모든 사회체제를 바꿔놓았다.

종교전쟁

서기 610년 예언자 마호메트가 이슬람교를 창시했다. 유일신 알라(Allah)를 숭배하는 종교였다. 창시자를 마호메트 또는 무함마드라고도 해서 헷갈리는데 같은 사람이다. 마호메트(Mahomet)의 아랍식 이름이 무함마드(Muhammad)다. 유대교, 기독교, 이슬람교는 모두 같은 뿌리다. 모두 이스라엘의 예루살렘을 성지로 여긴다.

이슬람은 교리나 예배절차, 형식 등이 무척 엄격하고 진취적이다. 이슬람을 성장시키고 널리 전파하자면 이미 유럽에서 확고하게 자리를 잡은 기독교와의 충돌이 불가피했다. 그들은 전쟁을 망설이지 않았다. 기독교 역시 물러설 이유가 없었고 오히려 신도들을 결집할 좋은 기회로 판단했다.

그리하여 중동의 레반트 지역, 유럽 등지에서 두 종교가 심하게 충돌하더니 마침내 큰 전쟁이 터졌다. '십자군 전쟁'이 그것이다. 1095년, 유럽의 기독교도들이 예루살렘 탈환을 위해 원정에 나섰다. 그 무렵 기독교의 가장 중요한 성지인 예루살렘을 이슬람에서 장악하였다.

기독교도들은 분기탱천해서 구름처럼 모여들었고 교황이 이들의 사기를 북돋웠으며 수많은 영주와 귀족들이 앞장섰다. 그들은 스스로 많은 재산을 기부해서 엄청난 비용을 보탰다. 갑옷에는 크게 십자가 표시를 하고 예루살렘으로 향하는 십자가 행렬을 웅장하게 만들었다.

그렇지만 십자군 전쟁은 승패가 갈리지 않고 지지부진한 지구전이 됐다. 먼 원정길에 시련을 겪는 십자군은 차츰 지치고 사기가 떨어졌다. 그런데 그것으로 끝나지 않았다. 신성한 의무를 저버리고 사리사욕에 혈안이 된 십자군이 많아서 전쟁의 승리보다 언약의 궤, 성배(聖盃), 예수의 수의 등 기독교의 보물을 찾기에 혈안이 됐으며 약탈을 일삼았다.

그뿐이 아니었다. 종군위안부라는 많은 매춘부들과 여성들이 합류해서 뒤따르며 그들의 성욕 해소를 도왔으며, 분위기가 어수선하고 규율이 서지 않아 십자군 병사들은 정복한 지역에서 서슴없는 약탈을 일삼고 여성들을 겁탈했다.

문제는 그들의 고향에도 있었다. 남편이나 건장한 청년들이 십자군이 돼서 오랫동안 원정에 나서자 여성들도 성적 욕구에 목이 말랐다. 기독교의 심한 통제에도 은근히 온갖 행태의 간음이 성행해서 온 사회가 성적으로 몹시 문란했다. 얼핏 성이 개방된 듯한 분위기였다.

그 때문에 이른바 '정조대(貞操帶)'가 등장했다. 정조대란 여성의 생식기 부분에 가죽 등으로 넓은 허리띠와 음부를 막고 겨우 소변을 볼 수 있을 만큼의 구멍만 만들어 열쇠로 잠그는 장치다. 전장에 나가는 남자들이 자기 아내나 애인에게 이 정조대를 채워 성행위를 할 수 없게 막았다. 정조대를 착용한 여성들은 몹시 불편할 뿐 아니라 오랫동안 목욕을 제대로 할 수 없어 매우 불결했다. 위생문제가 심각해서 각종 질병에 걸리는 여성들도 많았다.

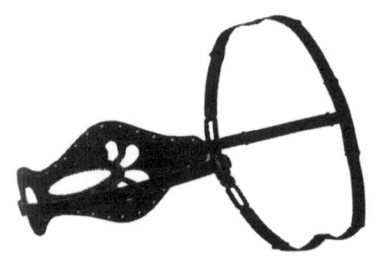

정조대 : 속옷처럼 입을 수 있는 잠금장치로, 착용자의 성교나 자위행위를 방지하고 강간이나 성적 유혹 행위를 막기 위한 목적이 있었다. 남녀 모두를 위한 정조대가 있다.

본능인 성은 어떠한 수단과 방법으로도 통제할 수 없다. '풍선효과'라고 할까 팽창한 풍선을 억누르면 옆으로 삐져나가 다른 부분이 팽창하는 것처럼 통제하고 억압할수록 온갖 편법이 등장하고 또 다른 방향으로 확산돼는 것이 성의 생리다.

서기 1095년부터 1291년까지 십자군 전쟁은 무려 2백 년 동안 지속됐다. 결과적으로 십자군 원정은 실패로 끝났고 기독교와 교황의 권위와 지배력도 한동안 위축될 수밖에 없었고 재정적으로도 궁지에 몰렸다.

흑사병(黑死病)

프랑스의 베르사유 궁전은 화려함과 웅장함에서 세계적으로 손꼽히는 중세에 세워진 궁전이다. 그런데 이 궁전에 한 가지 결점이 있었다. 그것은 바로 궁전 내부에 화장실이 없다는 것이다. 항상 수많은 남녀가 연회를 여는 궁전에 화장실이 없다니? 그러면 용변은 어떻게 처리했을까? 궁전의 구석진 곳들과 드넓은 정원에서 해결했다는 것이다.

그럴 만큼 중세까지도 위생관념이 없었다. 상수도와 하수도도 미비해서 2층 이상의 건물에서는 요강 비슷한 배변용구에 용변을 보고 아래로 쏟아버렸다고 한다. 그 때문에 도로에는 수없이 다니는 마차의 말똥까지 온갖 오물이 쌓여 더럽고 악취가 진동했다. 어느 때나 위에서 쏟아지는 오물을 막기 위해 양산이 처음으로 등장했고 길바닥의 오물을 밟지 않기 위해 하이힐이 등장했다고 한다.

위생관념이 전혀 없었으니 전염병이 창궐할 것은 뻔한 일이었다. 마침내 유럽에 대재앙이 발생했다. 14세기 중엽, 페스트(흑사병)가 발생해서 삽시간에 유럽 전역으로 퍼져나갔다. 처음 발생한 곳은 이탈리아 시칠리아섬의 항구에 들어온 중국의 무역선이었다.

감염된 사람들은 처음 겪는 무서운 전염병에 속수무책이었고 병의 원인도 몰랐고 아무런 예방책도 없었으며 약이 있을 리 없었고 의사들도 무지하기는 마찬가지였다. 헤아릴 수 없는 많은 사람이 엄청난 고통 끝에 겨우 며칠 만에 피부가 검게 변해 숨졌다.

의사들이 할 수 있는 방법은 환자와 정상인을 분리하는 것뿐이었다. 무지한 그들은 환자들을 교회 등에 집단으로 격리했고 정상인들은 그들끼리 한곳으로 모아 격리했다. 그 때문에 흑사병이 더 빨리 감염됐다. 항상 쏟아져 나오는 시신들을 처리하기도 어려워 길거리에 시신들이 즐비했다. 불과 몇 해 사이에 그 당시 유럽 인구의 30~50%가 흑사병으로 숨졌으니 약 2,000만 명이라고 한다.

기독교의 신앙심이 투철했던 유럽인들은 신의 징벌이라고 생각했고 그들에게 치유할 방법은 회개와 기도뿐이었다. 물론 아무리 하느님께 용서를 빌고 기도해도 아무런 효과도 없었다. 마침내 그들은 하느님은 전지전능하다는 기독교에 회의감이 커졌으며 그럴수록 교황과 기독교의 신뢰가 추락해서 궁지에 몰렸다. 그들로서는 어떡하든 대책이 필요했다.

몇 년이 지나면서 흑사병은 차츰 사라졌지만 사상 초유 엄청난 재앙의 후유증은 컸다. 무엇보다 유럽 인구의 3분의 1이 갑자기 사라져 인구가 감소하고 노동력이 크게 부족했다. 지주들은 농노(農奴)를 비롯한 노동자들의 임금을 대폭으로 인상해야 겨우 구할 수 있었고 멸시하던 노동자 계급이 두각을 나타냈다. 또한 식량부족이 극심하고 생산업자들과 상인들이 죽어 산업체계가 완전히 무너

죽음의 승리: 16세기 벨기에 화가 피터르 브뤼헐이 그린 14세기 흑사병의 참상

졌으므로 경제활동이 크게 위축하여 새로운 구조적 변화가 필요했다.

　아울러 신뢰를 잃은 기독교와 교황의 권위와 지배력이 크게 약화해 그들에게도 새로운 변화가 필요했다. 변화하는 구체적 방법은 강경과 온화한 타협, 두 가지다. 기독교와 교황은 그 가운데 독재와 같은 강경한 방법을 택했다. 그리고 그 실천방식은 더욱 가혹한 성의 억압이었다. 사실 그것밖에는 내세울 것이 없었다.

마녀사냥

큰 전쟁, 전염병 창궐을 겪으며 유럽 사회는 크게 혼란스러웠다. 기독교는 신뢰를 잃고 절대적이고 강압적인 교황의 권위도 실추됐고 제국이나 왕국의 정치력도 실망스러웠다. 자연히 민중들의 불만이 팽배했으며 종교와 정치에 반발하고 저항하는 세력들도 늘어났다.

기독교와 정치권에서는 어떻게 자신들의 권위와 권력을 유지할 것인지 대책이 필요했다. 그러자면 사회에 공포 분위기를 조성하고 민중들의 분노를 한 곳으로 모을 희생양이 필요했다. 그러한 목적으로 등장한 것이 이른바 '마녀재판'이었다. 또는 마녀들을 색출하고 처벌하는 '마녀사냥'(Witch Hunt)을 했다.

마녀라고 해서 빗자루를 타고 날아다니는 동화 속의 마녀도 아니었고 확실하게 규정된 마녀는 없었다. 하느님을 믿지 않는 자, 무당 점쟁이 등 미신을 신봉하는 자, 헛소문(유언비어)을 퍼뜨리는 자, 각종 범죄자를 잡아들였다. 처음에는 남녀의 성별이나 신분구별이 없었다.

하지만 그 숫자가 미미해지자 마치 기다렸다는 듯이 음란하고 난잡하다고 소문난 여자, 혼자 사는 여자, 심지어 돈 많은 과부들까지 마녀로 몰아 마구잡이로 잡아들이는 '마녀사냥'이 됐다. 말하자면 만연한 음란행위를 통제하려는 목적도 있었지만, 희생자들은 대부분 하층민 여성이었다. 중세에 잔혹하고 잔인한 학살행위로 손꼽히는 마녀재판은 18세기까지 수백 년 동안 사라지지 않고 북아프리카, 북아메리카 등으로 이어졌다고 한다.

잡아들인 마녀들은 대부분 아무 죄도 없는 정말 억울한 여성들이었다. 더욱이 많은 군중을 모아놓고 공개적으로 진행된 이 재판에서 나무 기둥에 매달아 놓고 불태워 죽이는 화형이나

마녀 화형: 마녀로 판명된 여인을 화형시키는 장면을 묘사한 삽화

목을 잘라 죽이는 참수형의 처벌이 이루어졌다. 재판비용과 형 집행에 들어가는 비용은 모두 처형된 마녀가 물어야 했다. 돈 많은 과부들을 잡아들인 것도 큰 비용을 뜯어내기 위해서였다.

아무런 이유도 없이 잡혀 온 여인들에게 자기가 마녀라는 자백을 받아내기 위해 먼저 끔찍한 고문부터 시작했는데 너무 잔인해서 눈 뜨고 볼 수 없을 지경이었다. 고문을 받다가 죽은 여성들도 꽤 많았다.

지역에 따라 고문하는 방법이 다르기도 했는데 어느 지역에서는 잡혀 온 여성의 손발을 묶고 호수에 빠뜨려 가라앉으면 마녀라고 했다. 손발이 묶였으니 가라앉을 수밖에 없었고 어쩌다가 물 위로 떠올라도 죽였다고 한다. 또 성경을 낭독하게 해서 읽지 못하면 마녀였다. 그 당시 여성들은 대부분이 글을 모르는 문맹이어서 마녀가 될 수밖에 없었다.

또 어느 지역에서는 여성의 옷을 모두 벗겨놓고 온몸을 큰 바늘로 찌르며 마녀라고 자백하도록 강요했다. 심지어 여성을 벌거벗겨 놓고 생식기를 찢어버리기도 했다는 것이다. 무조건 마녀로 만들려는 일방적인 재판 등에서 마녀로 몰려 희생당한 여성이 약 50만 명이라고 한다.

마녀로 낙인찍힌 여성이 화형당하는 것도 군중들에게는 볼거리였다. 나무 기둥에 여성을 묶어놓고 밑에서 불을 붙이면 불길이 몸에 옮겨붙으면서 옷부터 타들어 간다. 그러면 여성의 옷이 다 타면서 나체가 되기 때문이다.

프랑스의 구국소녀 잔다르크(Jeanne d' Arc)도 종교재판에서 이단자로 몰려 화형당했다. 15세기 초 프랑스와 영국은 길고 긴, 이른바 '100년 전쟁'을 치르고 있었다. 그리고 프랑스의 패전으로 기울 무렵, 불과 17세의 시골 소녀 잔다르크가 나타났다.

그녀는 신의 계시를 받았다며 전투에 나섰다. 남자들의 전투에서 어린 소녀가 전투에 앞장서겠다니, 프랑스군은 어이가 없어 반대했지만 전투가 워낙 궁지에 몰려있어서 그냥 내버려뒀던 것 같다. 그런데 그녀가 참가하는 전투마다 프랑스군이 연전연승하는 것이었다. 프랑스 국민은 그녀를 '구국소녀'라며 환호했다.

잔 다르크 :
프랑스의 구국소녀 전쟁 영웅

그녀 덕분에 전쟁이 프랑스에 유리한 쪽으로 기울 때, 그녀는 영국군에 포로로 잡혔다. 영국은 어떡하든지 그녀를 처형해야 됐다. 잔다르크가 19세 때였다. 영국이 일방적으로 종교재판을 열어 그녀를 마술 부리는 마녀라고 우겼다. 또한 신의 계시를 받았다는 거짓말로 기독교를 모욕한 이단자로 몰아 파문시키며 여자가 남장하고 전투를 했다는 등 무려 70개의 혐의를 씌워 화형에 처했다.

잔다르크의 처형 25년 후 샤를 7세는그녀의 명예를 복권해 주었고, 1920년 로마 가톨릭교회에서 성인(聖人)으로 시성(諡聖)됐다.

바티칸과 용병(근위대)

이탈리아에 있는 바티칸(Vatican)은 로마에서 아주 작은 일부분을 차지하지만 엄연한 독립국가다. 국가가 구실을 하려면 병력과 경찰력을 갖추어야 한다. 교황이 있는 교황청과 성 베드로 대성당도 그곳에 있으며 많은 시설이 있다. 이들을 경비하고 안전을 도모해야 하며 치안을 유지한다. 하지만 독립국가이기 때문에 이탈리아의 군대나 경찰은 그 업무를 할 수 없다.

더욱이 15~16세기 프랑스, 신성로마제국 등의 로마침략으로 전쟁이 자주 일어났다. 또한 부패한 기독교와 교황에게 반발하는 세

스위스 근위대 : 바티칸에 있는 스위스 용병(근위대)

력이 매우 위협적이었다. 상주인원이 불과 수백 명밖에 안 되지만 바티칸을 지키고 안전보호와 치안을 수행할 필요성이 제기된 것이다. 1506년 당시 교황 율리오 2세는 근위대를 창설하고 스위스에서 용병(傭兵) 150명을 기용했다. 이것이 바티칸 스위스 용병의 시초다.

그러면 왜 스위스 용병을 기용했을까? 그들이 가장 용맹스럽고 충성심이 강했기 때문이다. 용병이란 대가나 보수를 주고 채용하는 직업군인이다. 그 전, 신성로마제국과의 전쟁 때마다 수백 명의 외국 용병들을 채용했지만, 전세가 불리하면 모두 도망쳤다. 그러나 스위스 용병들은 달랐다.

1527년 신성로마제국과의 전쟁에서 500명의 스위스 용병은 필사적으로 싸웠지만 대부분 전사하고 42명이 남았다. 그런데도 그들은 교황을 위해 싸우다가 모두 전사했다. 이처럼 스위스 용병들의 충성심이 남달리 강해지자 1506년 이래 오늘날까지 500여 년 동안 바티칸의 스위스 용병의 전통을 이어가고 있다.

1,000일의 앤, 개신교 탄생

영국은 16세기 중엽 헨리 8세의 집권시기에도 가톨릭국가였다. 헨리 8세는 항상 가톨릭과 교황을 적극적으로 옹호해서 당시 교황이었던 레오 10세는 헨리 8세에게 '신앙의 수호자'라는 특별한 칭호를 내릴 정도였다. 그런데 헨리 8세가 개신교의 한 종파라고 할 성공회(聖公會, Church of England)를 창시했다. 어찌 된 일일까?

헨리 8세는 영국의 빼어난 군주로 영국해군을 강화해 당시 최강이었던 스페인 함대를 물리쳤는가 하면 영국 최초로 여왕을 탄생시킨 군주다. 그러나 지나친 호색가로 알려진 인물이다. 그에게는 왕비와 정부 여섯 명이 있었으며 그 밖에도 수많은 여성과 성관계를 가졌던 것으로 유명했다. 그 가운데 우리에게 <1,000일의 앤>을 비롯해 많은 문학작품과 영화 등으로 잘 알려진 앤 불린(Anne

Boleyn)이 있다.

　헨리 8세의 첫 왕비는 아라곤 왕국의 공주 카타리나였다. 아라곤(Aragon) 왕국은 유럽 피레네산맥의 중부에 있는 아라곤지방과 카탈루냐, 발렌시아 등지에 걸쳐 존재했던 강력한 왕국으로 12세기부터 18세기 초까지 세력을 떨치다가 스페인왕국(스페인어로 Espana)에 통합됐다.

　카타리나 왕비는 왕족답게 품위가 있었으며 현모양처로 남편 헨리 8세를 빈틈없이 내조했으나 한 가지 문제점이 있다면 아들을 낳지 못하는 것이었다. 딸들만 낳았지만, 그녀들조차 한 명만 남기고 모두 어려서 일찍 죽었다.

　왕위를 계승할 아들을 얻지 못하자 헨리 8세는 왕비의 시녀였던 앤 불린에게 관심을 쏟았다.

　15세에 왕비의 시녀가 된 앤은 미모가 빼어나고 지적 능력이 남다른가 하면 매우 재치 있는 여자였다. 헨리 8세는 앤을 자신의 정부로 삼으려고 했지만, 그녀는 왕에게 좀처럼 몸을 내주지 않았다. 차츰 진심으로 앤을 총애하던 왕은 마침내 그녀를 사랑하게 됐다.

　이러한 왕의 심정을 잘 아는 앤은 자기 몸을 줄 듯 말 듯하며 왕을 애태우면서 갖가지 요구를 했는데 그녀의 목표는 정식으로 왕비가 되는 것이었다. 그러자면 카타리나 왕비가 죽든지 이혼하는 방법밖에 없었다. 하지만 가톨릭국가에서 이혼은 불가능했고 더욱이 카타리나 왕비는 아들을 못 낳는 것 이외에 아무런 결함도 없었으며 절대적인 가톨릭국가였던 아라곤 왕국의 공주 아닌가? 또한 국왕이라도 자신의 결혼에 대해서는 교황의 동의를 얻어야 했다.

앤과의 사랑에 빠진 헨리 8세가 오랜 고민 끝에 내린 결론은 카타리나 왕비와의 '결혼 무효'였다. 왕위를 계승할 아들을 낳지 못해서 카타리나 왕비와의 결혼이 결국 무효라는 교황의 동의가 필요했다.

교황은 헨리 8세의 요구를 거부했다. 물론 그 배경은 매우 복잡했다. 여러 가지 종교적, 정치적 이유와 이해상관이 얽혀 관련 국가들과 고위 성직자들이 치열하게 외교전을 펼친 끝에 나온 결정이었다.

하지만 헨리 8세도 물러서지 않았다. 자신의 요구가 거부될 것을 충분히 예상한 듯 곧바로 '수장령(首長令)'을 선포했다. 그의 주장이란 교황은 로마의 주교일 뿐 관할을 벗어난 초법적이고 불법적인 결정은 받아들일 수 없다며 잉글랜드의 정치적 사안에 간섭하지 말라는 것이었다. 그는 교황의 결정을 거부했을 뿐만 아니라 '잉글랜드 교회(Church of England)'를 창시하며 영국의 국교로 내세웠

헨리 8세

다. 교황과 가톨릭은 즉각 헨리 8세를 파문했다.

'잉글랜드 교회'가 '성공회(聖公會)'다. 성공회의 성격을 놓고 다양한 견해들이 있었다. 그러나 영국을 대표하는 종교로서 개신교로 분류하는 것이 일반적인 견해였다. 당시 종교개혁과 함께 구교(가톨릭)와 신교(개신교)로 나누어지고 개신교의 여러 종파가 나뉘어 활발하게 교세를 확장해 나갈 무렵이었다. 하기는 성공회 나름의 독자성이 있다.

헨리 8세는 그처럼 강경한 태도로 자기의 의지를 관철하고 마침내 앤 불린과 결혼했다. 첫 왕비인 카타리나가 엄연히 생존해 있어서 앤은 두 번째 왕비가 된 것이다. 그에 대해서는 영국 안에서도 호의적이지는 않았다.

앤은 평민 출신이었다. 유럽의 수많은 왕국끼리 서로 얽혀서 각국의 왕과 공주나 왕자들은 반드시 다른 나라의 왕족들과 결혼하는 것이 관례였는데 평민이 왕비가 됐으니 여론이 좋을 리 없었다. 더구나 첫 왕비 카타리나가 아무런 과오도 없이 엄연히 생존해 있는데 또 다른 여자와 결혼한다는 것도 호의적이지 않았다. 그러나 헨리 8세는 자신의 왕위를 계승할 아들을 얻기 위한 어쩔 수 없는 결정이라고 밀어붙였다.

그럼에도 앤이 낳은 첫 아이는 딸이었고 훗날 여왕이 된 엘리자베스 1세다. 그 뒤에도 앤은 몇 차례 임신했으나 모두 유산 또는 사산했다. 첫 왕비 카타리나도 딸 메리(Mary)를 낳은 후, 임신할 때마다 유산하거나 일찍 죽었다.

그 때문에 갖가지 소문들이 나돌았다. 그 당시 출산문제는 모두 여자에게 책임이 있다고 간주했지만, 왕비들이 아들을 못 낳고 유산하고 사산하니까 남자, 즉 헨리 8세에게 문제가 있는 것은 아닌지 의문이 제기됐다. 헨리 8세가 매독 환자라느니 생식기에 문제가 있다는 등의 소문이 나돌았지만 그와 관련된 공식기록은 없다.

앤이 아들을 낳지 못하고 갖가지 요구를 해 오자 그녀에 대한 헨리 8세의 총애도 차츰 시들해졌다. 그는 앤 왕비의 시녀, 제인 시모어에 눈독을 들였다. 워낙 바람기가 많고 성적으로 방탕한 헨리 8세여서 새로운 여자 제인과 성관계를 맺고 나니까 앤이 더욱 싫어졌다. 그는 제인을 정식으로 예우해 주려고 했다.

그러자면 아들도 낳지 못하고 잔소리가 많은 앤에게 어떤 조처를 내려야 했다. 그는 앤에게 억지 누명을 씌웠다. 무려 6명의 남자와 간통했으며 자기 친남동생인 조지 불린과 근친상간을 했다는 터무니없는 누명을 뒤집어씌웠다. 그리고 그것은 영국 국민의 분노를 살 만한 것이었다.

당시 기독교는 구교와 신교로 나뉘어 치열하게 다투느라고 성적 통제가 느슨해져 불륜과 간음이 만연해 있었다. 그럼에도 다른 사람의 불륜에 대해서 분노하는 것이 보통 사람들의 심리다.

공식적인 재판이 있었음에도 재판정에 나선 당사자들이 왕의 지시에 따라 거짓으로 자백하고 위증함으로써 앤의 처형을 확정했다. 아무 죄가 없었지만 앤은 이미 각오한 듯 동요하지 않았다. 그녀의 공개참수형을 앞두고 냉혹한 헨리 8세도 한때 총애하던 왕비의 목을 자르는 것이 양심에 찔렸던지 참수 방식을 약간 바꿨다. 참수형은 죄수를 단두대 틀에 엎드리게 하고 도끼로 목을 자르는 방식이었다. 그런데 도끼날이 좁기 때문에 단번에 자르지 못하고 몇 번씩 도끼질을 했다고 한다. 그래서 헨리 8세는 앤의 목을 긴 칼로 자르게 하고 프랑스에서 최고의 참수 집행자를 초청했다고 한다.

단두대에서 앤은 침착했다. "내 목이 가늘어서 좋겠어요."라는 말을 남기고 단칼에 목이 잘려 나갔다. 그녀가 왕비가 된 지 2년 9개월, 1,000일 만이었다. 그래서 <천일의 앤>이다. 그녀의 뒤를 이어 시녀였던 제인 시모어가 왕비가 됐고 헨리 8세는 제인에게서 아들을 얻었다. 그 아들이 헨리 8세를 계승한 에드워드 6세다.

겨우 9세에 왕위에 오른 에드워드 6세는 왕위에 오래 있지 못하고 15세의 어린 나이에 결핵으로 죽었다. 그의 뒤를 이어 첫 왕비 카타리나가 낳은 메리 1세가 왕위에 올라 잉글랜드 첫 여왕으로 등극했다.

허울뿐인 왕비였던 어머니 카타리나의 한(恨)을 잘 아는 메리 1세는 마치 복수하듯 강력한 통치를 펼쳤다. 그녀는 가톨릭이 국교나 다름없는 어머니의 나라, 스페인 편이었고 자신도 가톨릭 신자였다. 그녀는 가장 먼저 개신교를 노골적으로 탄압했고 개신교 성직자 등 300명 이상을 처형했다. 그리고 아버지 헨리 8세의 수장령을 폐지하고 성공회도 가톨릭으로 되돌렸다.

개신교에 대해 어찌나 가혹했던지 그녀에게 '피의 여왕(Bloody

Mary)'이라는 별명이 붙었다. 하지만 왕위에 오른 지 5년 만에 자궁암으로 세상을 떠났으며 그의 뒤를 이어 엘리자베스 1세가 잉글랜드의 여왕이 됐다. 그녀는 앤 불린의 딸이다. 결국 헨리 8세 3명의 왕비 자녀가 모두 왕위에 오른 셈이다. 엘리자베스 1세는 영국에서 가장 뛰어났던 여왕으로 손꼽힌다. 그녀는 "나는 영국과 결혼했다."라며 수많은 혼담을 모두 뿌리치고 평생 독신으로 살았다.

성 문제가 종교적, 정치적 이슈로 등장한 것은 중세였다. 기독교의 가공할 만한 성의 통제와 억압에도 상류층에서부터 간음이 만연했으며 심지어 철저하게 금욕을 강요하던 교황까지 아내와 정부를 두는 지경에 이르렀다. 역시 성은 억압과 진보를 되풀이한다.

매춘부와 종군위안부

중세 서양에서 매춘은 하나의 산업과 다름없었고 매춘부는 사회에서 공인된 전문 직업인이었다. 그만큼 매춘부들이 많았다. 조금이라도 도시화한 곳은 어디에나 집창촌이 있었다. 웃기는 것은 집창촌 소유주들은 그 지역 영주나 귀족 또는 가톨릭교회였다고 한다. 그들은 금욕을 외치면서 돈벌이가 되는 장사를 했다.

매춘부들은 노란색 옷을 입거나 노란 리본을 함으로써 자신이 매춘부임을 누구나 알아볼 수 있게 했다. 그만큼 당당했다는 얘기가 아니다. 그녀들은 사회로부터 무척 천대받았고 수입도 신통치 않았다.

가정이 몹시 가난한 집의 젊은 여성들이 매춘부가 됐다. 워낙 가난한 농민들이 많던 시대여서 매춘부들이 넘쳐났으며 집창촌의 운

영은 오늘날과 크게 다르지 않았다. 가난한 여성들이 포주에게 목돈을 받고 매춘부가 됐으며 그 빌린 돈을 갚기 위해 매춘을 했다. 하지만 그 목돈을 갚는 것은 쉬운 일이 아니었다. 매춘부들이 많아서 경쟁이 치열했기 때문이다.

치열한 경쟁을 하다 보니 오늘날 '화대'라는 성을 팔고 남자에게 받는 돈이 헐값이었다. 요즘 돈으로 따지자면 불과 몇천 원에 불과했던 것 같다. 심지어 달걀 한 개의 값에 몸을 팔기도 했다고 한다.

포주들은 악랄했다. 매춘부들의 식사도 형편없었고 불리한 조건들이 많았다. 어쩌다가 임신하면 쫓겨났고 손님이 매춘부의 서비스에 불만을 나타내도 쫓겨났다. 물론 독신이어야 했으며 매춘부 생활을 하다가 병이 나서 죽으면 마치 쓰레기 처리하듯 내다 버렸다고 한다.

포주들은 악착같이 돈을 벌어 집창촌 소유주인 영주나 가톨릭교회에 상납금을 바쳤을 뿐만 아니라 집창촌 매춘부들이 귀족들의 연회에 집단 동원됐다. 어처구니없는 일은 교황이 주최하는 연회에 무려 50명의 매춘부가 집단 동원되기도 했다니 그녀들이 그런 연회에서 집단으로 매춘하고 화대를 얼마나 받았는지는 알 길이 없다.

중세에는 공중목욕탕이 있었는데 남녀가 함께 들어가는 혼탕이었다. 남녀가 알몸으로 드나들며 서로 육체를 감상하기에 바빴는데 여성들도 거리낌이 없었다. 그러다가 마음에 드는 남녀가 한쪽 구석에서 성행위까지 가졌다는 것이다. 이런 풍속을 이용해서 매춘부들이 공중목욕탕에 들어가 매춘하는 사례도 많았다고 한다. 중세에 매춘부들이 넘쳐났다는 것은 그만큼 성행위가 일반화됐음을 말해 준다. 또한 여성들에게도 성적 욕구가 있어서 중세의 여성들도 망설이지 않고 적극적으로 성적 욕구를 해소했던 것 같다.

'종군위안부'는 군부대를 따라다니며 군인들에게 성적 서비스를 제공하는 여자들을 말한다. 그녀들도 결과적으로 매춘부들이라고 해도 틀린 말이 아니다. 군대는 보편적으로 남자들로 이루어진 집단이다. 중세에 여군은 없었다.

성이 일반화되다시피한 시대에 긴 세월 목숨을 걸고 싸워야 하며 언제 죽을지 모르는 군대에도 성욕을 해결해 줄 위안부들이 필요했다. 그러한 실정을 이해하고 군대와 종군위안부들이 함께 이동하는 것을 당연하게 허용했다.

종군위안부는 오직 매춘부만으로 구성되지 않고 가난한 일반여성들도 돈을 벌기 위해 많이 참가했다. 이들은 군대를 따라다니며 병사들의 외로움을 달래주고 빨래를 해주고 갖가지 잡다한 일들을 도와주는 등 긍정적인 요소들도 많았다. 병사들은 여성들이 곁에 있다는 것만으로도 사기가 높았다고 한다.

군대의 병력에 따라 종군위안부의 규모도 커서 보통 수백 명, 1천 명이 넘는 경우도 있었다. 군대가 도보로 이동하면 종군위안부들도 군대처럼 대열을 이루고 절도 있고 질서 있게 뒤따랐다.

그녀들은 적군과 대치하지 않거나 전투가 없을 때 또는 병사들이 휴식하는 밤에 성매매했으며 당연히 화대를 받았다. 병사가 돈이 없으면 칼이나 창 등 무기를 담보로 잡았다. 그 때문에 마치 골프가방처럼 여러 개의 무기 묶음을 지니고 다니는 위안부들도 많았다고 한다.

군대와 종군위안부들 사이에는 문제들도 많았다. 가령 서로 진지하게 사랑한다든가 임신해서 아이를 낳게 된다든가 또는 위안부들이 같은 병사를 놓고 쟁탈전을 벌이며 심하게 싸우는 등 골칫거리도 많았다는 것이다.

16세기 전투를 위해 이탈리아로 이동하던 프랑스 군대의 최고 지휘관은 뒤따르는 800여 명의 종군위안부들이 요염하다는 이유로 그녀들을 모두 물에 빠뜨려 몰살시키는 끔찍한 일도 있었다고 한다. 종군위안부는 근대의 제1, 2차 세계대전 때도 있었다.

영주의 초야권(初夜權)

중세 유럽 여러 나라와 러시아 등의 봉건영주들에게는 초야권(初夜權)이 있었다고 한다. '영주'란 국가에서 하사한 영지나 장원을 소유하고 그곳을 다스리는 왕족이나 귀족을 말한다. 각 지역의 제후들, 작위를 가진 귀족들로 일정한 지역을 통치하며 세금을 걷고 재판권, 경찰권 등을 갖는 막강한 권력자다.

13세기에서 16세기까지 모두 그런 것은 아니겠지만 지역에 따라 자기 영지에서 살고 있는 농민이나 노동자, 농노가 결혼할 때 신부의 첫날밤을 영주와 치러야 한다는 것이 초야권이다.

도무지 말도 안 되는 횡포라고 할 수 있지만 평민들로서는 '울며 겨자 먹기'로 신부의 처녀성을 영주에게 바쳐야 했고 영주를 모시는 봉신들도 마찬가지였다고 한다. 그러나 봉신들은 영주에게 큰 비용을 지급하고 초야권을 면제받았다고 한다. 그렇지만 가난한 평민들은 어쩔 수 없이 신부를 영주에게 바쳐야 했다는 것이다.

일본의 후쿠다 가즈히코(福田和彦)가 쓴 <세계 성 풍속 산책>(문병선 옮김, 신세대 1993)에 따르면 1538년 취리히 주의회의 공문서에 아래와 같은 내용이 있다고 한다.
"농토를 소유한 영주는 영지 내의 농민(소작인, 농노)이 결혼할 때 그 신부와 첫날 밤을 즐길 권리가 있다. 그리고 신랑은 영주에게 신부를 제공할 의무가 있다. 만약에 이를 거부하면 신랑은 영주에게 4마르크 30페니를 지급하지 않으면 안 된다."

4마르크가 적은 돈은 아니었던 것 같다. 더욱 기막힌 것은 신부는 영주에게 순결을 바칠 뿐만 아니라 자신을 위해 성행위를 해주는 영주에게 보상까지 해줘야 한다는 것이다. 독일의 바이에른 지

영주의 권리 :
농노 처녀들의 초야권을 가지고 있던 러시아 귀족들의 모습을 비유적으로 그리고 있다. 러시아 풍속화가 바실리 폴레노프 작품이다.

방에서는 보상이 또 웃긴다.

"신부는 자기 엉덩이가 들어갈 만한 크기의 양푼이나 대야 또는 자기 엉덩이 무게만큼 치즈를 바쳐야 한다."고 돼 있으며 신랑은 영주를 위해 옷이나 담요를 상납해야만 했고, 그렇지 않으면 공증인 사무소에서 결혼승인을 해주지 않고 영주의 결혼허가도 받을 수 없었다고 한다. 말하자면 일종의 '결혼세'를 내야 했다.

인구가 많은 영지에서는 항상 결혼식이 열린다. 많은 신부가 영주의 성(城) 문간방에서 차례를 기다려야 했고 영주에게 그들 농민이나 농노의 딸들은 '돈이 들지 않는 창녀' '불특정 다수의 첩'이나 다름없었다.

마음껏 처녀들과 쾌락을 즐길 수 있는 영주는 기뻤겠지만 서로 사랑하는 신랑·신부가 겪어야 하는 심정 고통은 말할 수 없이 컸다. 하지만 은근히 기뻐하는 신부들도 있었다고 한다. 왜냐하면 하층민인 그녀들이 최고의 상류층인 영주와 화려한 침실에서 동침할 수 있었고 그녀들로서는 평생에 한 번 있을까 말까 한 꿈같은 일이 아닌가?

성이 정치적 수단이 됐으며 왕족이나 귀족 등의 상류층과 평민들의 하류층이 뚜렷하게 구분된 것도 중세였다. 더욱이 성적으로 문란했던 것이 상류층이었고 그들은 신분과 지위, 권력을 자기들의 성적 쾌락을 마음껏 누리는 데 이용했다.

여왕의 남성편력

⚥ **중세**는 남자가 지배하는 봉건사회였기에 남성들의 일방적 성적 횡포는 필연적이었고 남자들은 자기가 원하는 대로 얼마든지 성적 쾌락을 즐길 수 있었다. 공식적으로 성에 대한 억압과 통제를 내세웠지만, 실질적으로는 성의 문란이 그 어느 때보다 극심했던 시기였다. 성의 문란은 상류층일수록 더 심했다.

여기서 한 가지 생각해 볼 수 있는 것은 성의 문란, 간음, 간통 같은 음란한 행위들은 남자 혼자서 할 수 있는 행위가 아니다. 반드시 여자와 함께 자행하는 행위다. 다시 말하면 여자들도 성적으로 무척 문란했다는 얘기가 되고 상류층 여성일수록 더욱 심했다. 이를테면 공주 등의 왕족, 귀족 여성과 그녀들을 돕는 시녀 등은 어떠했느냐 하는 것이다.

궁전에서의 생활은 유폐된 생활이나 다름없다. 왕과 왕족, 귀족들이 방탕한 나날을 보낼 때 그들의 아내나 시녀 등 최상류층 여성들은 외롭고 쓸쓸하게 독수공방했을까? 그렇지 않다. 그녀들은 많은 시간을 본능적인 성적 욕구에 몸부림쳤지만 자기들 나름대로 성적 쾌락을 즐겼다.

그녀들이 손쉽게 성적 욕구를 해소했던 방법은 궁전 안에 있는 시종이나 무관들을 은밀하게 유혹해서 성관계를 가졌는데 비밀유지가 문제였다. 유혹당한 남성들은 그 약점을 이용해서 자신의 신분상승이나 특별한 혜택을 얻으려고 했다. 만약에 비밀이 들통나면 여성들이 곤경에 빠져서 어쩔 수 없이 슬며시 그들의 요구를 들어줬다.

비밀유지가 어려워 소문날 것을 겁낸, 중앙에서 멀리 떨어진 어느 성(城)에 유폐됐던 왕비나 공주 등은 그녀들의 시녀를 몰래 밖으로 내보내 젊은 남자들을 유혹해 오도록 했다. 그리고 육체적 쾌락을 즐긴 뒤 밖에서 납치해 온 남자들을 모두 죽이고 시체는 자루에 담아 강에 버렸다고 한다.

절대적 권력을 가진 여왕 또는 공주는 주저없이 당당하게 간통, 불륜, 정사를 즐기기도 했다. 그녀들 가운데 동서양에서 지나친 남성편력으로 역사에 남은 여왕들이 있다. 동양에서는 고대 중국 당나라 측천무후, 서양에서는 러시아 예카테리나 2세가 그들이다.

측천무후

측천무후는 황위를 계승한 네 아들을 차례로 죽이거나 쿠데타를 일으켜 내쫓고 중국에서 처음으로 여황제가 된 인물이다. 그녀가 황위에 올랐을 때는 67세였다. 평균수명이 지금보다 매우 짧았던 고대에 여자가 67세라면 늙은 여인이다. 그런데도 그녀는 남자를 무척 밝혀 황제가 되자마자 '남총(男寵)'을 차렸다. 남총이란 20대의 건장한 청년들을 모아놓은 곳인데 그녀는 밤마다 그곳에서 젊은 남자를 불러들여 성관계를 가졌고 비밀이 새 나갈 것을 우려해서 다음 날 곧바로 살해했다.

여자가 67세라면 성생활은 이미 오래전에 끝났고 성적 매력이 없을 나이다. 그런데 밤마다 젊은 남자를 불러들여 성행위를 한다니, 그녀는 즐거웠을지 몰라도 남자는 큰 고역이었을 것이고 그러고도 아무 잘못 없이 억울한 죽임을 당했다. 측천무후는 그야말로 엄청난 색골, 호색녀였다.

그녀는 침실에서 잠옷을 갈아입히고 잠자리를 돕는 시종도 시녀가 아니라 젊은 남자들을 두었다. 남총에서 불러들인 남자들이 매일 죽임을 당하자 젊은 남자의 숫자가 줄어들어 공식적으로 젊은 남자를 모집하는 공학감이라는 관청까지 두었다. 이곳에서는 중국 전역에서 젊고 잘 생겼으며 키가 크고 풍채가 좋은 청년들을 징발했는데 그 숫자가 무려 3,000명이었다고 한다.

측천무후가 하룻밤도 쉬지 않고 젊은 남자들과 성행위를 하자 곳곳에서 불평하는 소리가 흘러나왔다. 그러자 측천무후는 "젊은 남자와 성생활을 하면 젊음이 회복된다."라고 큰소리쳤다. 사실 그녀는 나이보다는 한결 젊어 보였다.

측천무후에게는 딸 태평공주가 있었다. 그녀에게도 젊은 남자 정부들이 있었다. 그 가운데 장 씨 형제(張易之, 張昌宗)가 있었다. 형제가 모두 정력이 뛰어나고 성적 기교가 빼어난 젊은이들이었다. 태평공주는 어머니의 호색을 잘 알아서 기쁨을 주려고 장 씨 형제를 선물했다.

측천무후는 이미 70대였지만 장 씨 형제와 성관계를 가졌고 그들의 왕성한 정력과 성적 기교에 흠뻑 빠져들었다. 그들 형제도 대단하지만 자기 몸조차 가누기 어려운 70대의 할머니가 과연 얼마나 성적 쾌감을 얻었는지 궁금하다.

측천무후 : 당나라 고종 황제의 황후였지만 황태자들을 연이어 폐위시키고 자신이 황제가 된 여성. 중국 역사상 최초이자 유일한 여황제.

측천무후는 그들과 매일 밤을 즐기면서 기력이 떨어져 아예 정치(政事)까지 맡겼다. 그들은 기회가 왔다는 듯이 정국을 휘어잡고 온갖 횡포와 부정부패, 축재에 몰두했다. 그들 때문에 나라가 크게 기울며 패망의 길에 들어섰다. 측천무후는 죽을 때까지 젊은 남자와 함께 잤으며 오래 살다가 80세에 죽었다. 요즘으로 말하면 100세가 넘도록 살았던 셈이다.

예카테리나 2세

서양에서 동양의 측천무후와 맞먹고 비교되는 인물로 러시아의 마지막 여자 황제였던 예카테리나(Yekaterina) 2세를 손꼽는다. 그녀는 독일(프로이센) 출신이다. 그 당시 유럽의 왕가들은 정략결혼으로 서로 복잡하게 얽히고설켰다. 러시아의 황위 계승자였던 그녀의 남편 표트르 3세도 독일 출신이며 예카테리나와는 6촌 사이였다. 예카테리나는 황후가 되면서 열심히 러시아어와 풍습을 익히고 종교도 개신교(루터파)에서 러시아정교회로 개종하는 등 진정한 러시아 황후가 되기 위한 노력을 다해 러시아 국민들의 인기를 한몸에 받았다.

그러나 남편 표트르 3세는 무능했고 개신교를 추종했으며 고향 독일에 대한 향수에서 벗어나지 못했을 뿐 아니라 성적으로도 문제가 있었다고 한다. 그리하여 두 사람 사이는 원만하지 못해 별거하다시피 하며 각자 정부를 두었다. 예카테리나는 그녀와 정부 사이에서 자녀도 낳았다.

그러다가 쿠데타로 표트르 3세가 쫓겨나 감옥에 갇힌 지 8일 만에 숨지는 바람에 예카테리나 2세가 황위에 올랐다. 측천무후가 쿠데타를 일으켜 스스로 황제가 된 것과 비교하면 예카테리나 2세는 다른 사람들의 쿠데타 덕분에 황제로 추대되었다. 그녀는 러시아 국민 사이에 인기가 좋았으며 통치를 잘해 훗날 예카테리나 대제(大帝)로 불렸지만 남자를 너무 밝혀 서양의 측천무후로 불렸다.

예카테리나 2세는 죽을 때까지 무려 300여 명의 남자들과 성관계를 즐겼다고 한다. 그렇지만 남자 선택은 측천무후와 크게 달랐다. 그녀는 젊고 잘생긴 귀족이나 신하들, 유명한 인물, 군사령관 등 상류층 남자들과 성적 쾌락을 즐겼는데 남자를 선택하는 기준은 까다로웠다.

그녀가 남자를 선택하면 먼저 의사의 건강검진으로 이상이 없으면 지적 능력과 황제를 즐겁게 해줄 소양을 갖췄는지를 검사했고 그다음 황제의 시녀라든지 측근 여성과 시험적으로 성관계를 갖게 해서 성적 능력을 테스트했다. 이 테스트에서 정력과 성적 기교 등은 말할 것도 없고 무엇보다 성기가 커야 했다. 예카테리나 2세가 성기가 큰 남자를 노골적으로 좋아했기 때문이다.

또한 쾌락을 즐긴 뒤 남자에 대한 대우도 달랐다. 측천무후는 젊은 남자들과 성관계를 가진 후 입막음을 위해 그들을 죽였지만, 예카테리나 2세는 상대했던 상류층 남자들을 하룻밤이 아니라 1, 2년 동안 애인으로 삼고 지속적인 관계를 맺었다. 그 뒤에는 막대한 재산과 영지를 주어 보상했다. 거기에는 그러한 애인들을 심복으로 삼는 정치적 계산이 숨어있었다고 한다.

귀족이나 신분과 명성이 높은 남자들은 그녀의 애인이 되면 큰 보상이 뒤따르기 때문에 앞다투어 그녀의 눈에 들려고 치열한 경쟁을 펼쳤다. 하지만 그녀는 67세에 죽었는데 나중에는 이것저것 따지지 않고 젊고 잘생기고 건장한 남자라면 지위와 상관없이 마구 불러들여 밤마다 성관계를 즐겼다고 한다.

예카테리나 2세의 애인으로 마지막이었던 귀족은 그레고리 포템킨(Potemkin) 공작이었다. 그는 예카테리나 2세의 총신으로 우크라이나의 크림반도를 러시아 영토로 편입시킨 인물이며 러시아와

예카테리나 2세 : 독일 출신으로 표트르 3세의 황후이다. 1762년 궁정혁명을 통해 남편 표트르 3세를 퇴위시키고 제위에 등극하여 1796년까지 34년간 러시아를 통치했다.

튀르크의 전쟁에서 러시아의 총사령관이었다. 포템킨 공작이 여자 황제의 관심을 끈 것은 성기가 무척 컸다는 것이다. 그는 예카테리나 2세보다 10세 연하였는데 소문이 날 정도로 큰 성기와 빼어난 성적 기교로 무려 12년 동안이나 널리 알려진 정부이자 내연남 역할을 했다.

　말년에는 정력이 떨어져 황제의 총애가 약해지자 스스로 내연남을 포기하고 채홍사가 돼서 젊은 남자들을 황제에게 알선했다고 한다. 황제는 60세가 넘어서도 밤마다 젊은 남자들과 성적 쾌락을 즐겼다. 어찌 되었든 예카테리나 2세의 수많은 남성편력은 러시아 국민에게도 잘 알려져 그녀가 큰 성기를 가진 말(馬)과 수간하다가 발밑에 깔려 죽었다는 헛소문까지 퍼졌다고 한다.

중세 동양의 성적 관념

중세에 성의 문란이 보편화된 것은 서양이나 동양이나 마찬가지였다. 특히 중국으로 대표되는 동양은 성적 관념이 남달랐다. 이미 남성 중심의 봉건사회가 완전히 자리 잡자, 중국 남성들은 여성들을 폄하해서 쾌락의 도구로 꽃에 비유하며 예쁜 꽃을 찾기에 여념이 없었다. 여성미의 기준도 자주 바뀌고 갖가지 유행이 뒤따랐는데 그 가운데 중세 중국 남성들의 성적 취향을 잘 나타내는 여성미의 하나는 '전족'이었다.

'전족(纏足)'은 여자의 엄지발가락 이외의 발가락들을 어릴 때부터 묶고 동여매 더 이상 발이 자라지 못하게 하는 것이다. 방법은 여자아이가 서너 살이 되면 전족포라는 헝겊을 힘껏 조여 발에 감아 발의 성장을 억제한다. 엄지발가락을 빼놓고 강제로 발바닥 쪽으로 굽혀 꽁꽁 싸매면 발의 모양이 마름모꼴이 된다.

그렇게 2~3년이 지나면 흉측한 모양으로 발 크기가 10cm 정도로 굳어져 전족포를 벗기고 전족용 신발을 신는다. 성인 여성이 나이가 들면 심한 염증, 화농이 생겨 큰 고통을 겪으면서 어린아이의 발처럼 겨우 10cm 크기의 전족이 완성된다. 여자아이를 억지로 장애인으로 만드는 아동학대이며 끔찍한 인권침해, 비인간적 행태였다.

중국 여성들의 이러한 전족풍습은 11세기에 시작돼서 이민족인 원나라가 지배하던 13~14세기에 더욱 활성화되어 중국의 풍습으로 굳어져 20세기 초에도 사라지지 않았다. 그러면 왜 그처럼 끔찍한 전족이 성행하게 됐을까? 여기에 대해서는 여러 견해가 있다.

무엇보다 남성들, 특히 지배층이 우월감을 표출하려는 의도에서 비롯됐다는 견해다. 고대 중국에서 4대 미녀로 손꼽히던 서시(西施)의 발이 작았다는 전설에서 보듯 여성을 꽃, 장난감처럼 여겼던 지배층 남성들은 발 작은 여성을 미녀로 꼽았다는 것이다.

여자는 발이 작아야 미인이며 발이 크면 천민이라는 인식이 굳어지자, 여자들이 앞다퉈 전족을 했다는 것이다. 남자들은 여자의 작은 발을 손바닥에 올려놓는다고 했으며 원나라 때는 여자의 작은 발을 연꽃 같다고 해서 '3촌금연(三寸金蓮)'이라고 칭송했다.

전족 여성들은 노동이나 궂은일을 할 수 없어서 전족은 부유한 여성의 상징이 됐으며 상류층에서 유행하자 평민들도 뒤따랐다는 것이다.

　여자가 도망가지 못하도록 전족을 했다는 견해도 있지만 설득력을 잃은 지 오래됐다. 그보다는 성과 관련 있다는 견해가 훨씬 더 설득력을 얻고 있다.

　전족을 한 여성은 성인이 돼도 어린아이처럼 뒤뚱뒤뚱 아장아장 걸을 수밖에 없다. 풍만한 성인 여성이 그렇게 걸으면 엉덩이가 발달하고 회음부가 특별히 발달해서 질(膣)의 수축력과 조임이 좋아진다는 것이다. 남성들이 전족으로 질 근육이 단련된 여성과 성관계하면 색다른 쾌감을 얻을 수 있고, 고대 중국의 성교본 <소녀경>에서도 성행위의 전족 활용방법을 설명하고 있다고 한다.

　이런 견해를 따르자면 중국의 남성들이 성적 쾌감을 얻으려고 여성들의 인권을 침해하고 끔찍한 장애인으로 만들었다고 할 수 있다. 오늘날도 크게 다르지 않다. 이기적인 남성들의 성적 쾌감과 만족감을 위해 여성들의 인권은 학대당하고 무시당하고 있다. 남성 대부분은 성에 관해서는 대단히 이기적이다. 여자의 입장은 대부분 무시당한다.

일본의 성 풍조

　15~16세기경 일본은 이른바 전국시대(戰國時代)였다. 일본열도

전국이 수많은 작은 나라(國)들로 나뉘어 치열하게 다투고 있었다. 일본에 천황이 있었지만 상징적일 뿐 큰 힘을 발휘하지 못했으며 중앙정부는 막부(幕府)라는 군사정권이 실권을 쥐고 있었다. 막부의 총괄자가 쇼군(將軍)이다. 하지만 쇼군 역시 세력이 매우 약화해 있었다.

일본 각 지역 나라들은 다이묘(大名)라는 지역 영주들이 지배했으며 그의 밑에는 사무라이라는 직업적인 무사들이 있었다. 물론 평민들로 구성된 군사들도 있었다. 다이묘들은 영토를 넓혀 수확을 높이고 노동력을 많이 확보하려고 연합종횡하며 끊임없이 전쟁을 벌였다. 그 가운데는 일본 전국을 통일하겠다는 야심을 가진 다이묘들도 있었다.

이름이 널리 알려진 오다 노부나가(織田信長), 도요토미 히데요시(豊臣秀吉), 도쿠가와 이에야스(德川家康)는 큰 세력을 가진 다이묘들이었으며 전국시대 3대 영웅으로 손꼽히는 인물들이다. 이들의 성격을 19세기 초 에도(江戶)시대, 일본의 어느 작가가 조롱의 새에 비유해서 이렇게 표현했다. 가령 조롱의 새가 울지 않으면

오다 노부나가 "새가 울지 않으면 죽여버린다."

도요토미 히데요시 "어떻게 해서든지 새가 울게 한다."

도쿠가와 이에야스 "새가 울 때까지 기다린다."

세 사람의 성격을 가장 잘 표현한 비유로써 오늘날까지도 자주 인용되고 있다.

도요토미 히데요시는 가난한 농민 가정 출신으로 원래의 이름은 하시바(羽紫)였다. 그는 스스로 다이묘 오다 노부나가를 찾아가 하급 병사가 됐다. 그야말로 보잘것없는 천민이었지만 머리가 총명해서 잔꾀가 많았던 그는 뛰어난 머리로 능력을 발휘해서 마침내 주군을 보좌하는 지위에 올랐다.

주군 오다 노부나가에게는 또 다른 참모 아케치 마스히데(明智光秀)가 있었다. 그는 하시바와는 달리 몰락한 명문 출신으로 현실에 불만이 많았으며 명예를 되찾으려는 야망이 있었다. 이들 참모의 도움을 받아 오다 노부나가는 승승장구하며 전국시대를 끝내고 일본을 통일할 기틀을 마련하기에 이르렀다.

그럴 즈음, 큰 전쟁을 치르기 위해 하시바는 사령관으로 대병력을 이끌고 원정을 떠났다. 워낙 중요한 전투에서 오다 노부나가는 본성에는 아케치 마스히데와 1만여 명의 군사만 남겨놓고 자신도 100여 명을 이끌고 하시바의 지원에 나섰다. 그런데 그때 본성을 지키던 아케치 마스히데가 쿠데타를 일으켰다.

그때 오다 노부나가는 혼노지(本能寺)라는 사찰에서 하룻밤을 보내고 있었는데 쿠데타군의 기습을 받았다. 이것이 일본 역사에서 유명한 '혼노지의 난'이다. 불과 100여 명이 그들을 당해낼 수 없었다. 혼노지가 불에 타고 오다 노부나가도 죽었다. 자결했다고도 하고, 살해당했다고도 한다. 아버지를 보좌하던 그의 아들도 살해당했다. 결국 아케치 마스히데의 쿠데타가 성공했다.

대병력을 이끌고 원정에 나섰던 하시바가 이 소식을 들었다. 그는 즉시 회군해서 오다 노부나가의 본성을 향해 밤낮을 가리지 않고 질주했고 쿠데타군을 진압하면서 오다 노부나가의 뒤를 이어 다이묘가 됐다. 전국시대를 끝내고 일본을 통일한 하시바는 천황으로부터 도요토미(豊臣)라는 품위있는 성씨를 하사받고 스스로 '간바쿠(關白)'라는 일본 최고의 지도자 직위를 만들어 그 자리에 앉았다.

도요토미 히데요시가 일본을 통일했지만 문제가 있었다. 하나는 자신을 지지하고 지원했던 전국의 많은 다이묘에게 내리는 보상이 문제였다. 야심이 컸던 그는 대규모 원정으로 조선을 비롯한 중국을 정벌하고 필리핀까지 정복한다는 계획을 세웠다. 그리하여 많은 영토를 얻으면 그 영토들을 다이묘들에게 나눠주겠다고 했다. 조선의 임진왜란도 그런 도요토미의 야심에서 일어났다.

또 하나의 문제는 남자 부족문제였다. 전국시대가 100년 넘게 지속되면서 남자들이 전쟁에 나가 많이 죽었다. 전국시대가 끝나고 대규모 병력이 조선 원정에 나가면서 속된 말로 남자의 씨가 마를 지경이었다. 어느 곳을 가거나 여자와 노인들을 빼놓으면 장정들은 눈을 씻고 봐도 찾기 어려울 정도로 노동력도 부족했다.

섬나라 일본에서 남자를 구할 방법은 없었다. 제일 나은 방법은 후손을 늘리는 것이었다. 도요토미는 일종의 성개방 정책을 펼쳤다. 남녀가 마주쳤을 때 남자가 원하면 어디서든 즉시 성행위를 할 수 있다는 것이었다. 처음 보는 여자, 유부녀, 과부든 아무 상관이 없었다. 남자는 자신의 신분을 밝힐 필요도 없었다. 즉석에서 성관계를 갖고 돌아서면 그만이었다.

그리하여 일본 전역이 갑자기 성의 천국이 됐다. 일본 여성들의 전통 복장인 기모노에는 속옷을 입지 않는다. 또한 잔등에는 '오비(帶)'라고 하는 마치 베개와 같은 것이 있어서 맨땅이든 밭이든 아무 곳에나 누워 기모노 자락만 젖히면 즉석에서 성행위를 할 수 있었다.

그러다가 여자가 임신하고 아이를 낳으면 아버지가 누군지 알 수 없는 아비 없는 자식이 된다. 할 수 없이 그들은 여자가 성행위를 가졌던 장소를 성씨로 정했다. 산에서 성관계했으면 야마모토(山本), 산기슭이었으면 야마시타(山下), 산에 있는 밭이면 야마다(山田), 숲이었으면 모리(森), 높은 소나무 밑이었으면 다카마스(高松)…. 이런 식으로 대부분 야외였다.

도요토미도 소문날 정도로 여색을 즐겨 여러 명의 처첩은 물론, 수많은 여자와 성관계를 가졌다. 오죽하면 자기 아들에게 "다른 것

18세기에 그려진 일본 춘화 : 두 남녀의 열정적인 성행위를 그리고 있다.

은 나를 닮아도 좋은데 여색(女色)은 닮지 마라."하고 타일렀다.

　참고로 일본 여성들이 기모노 안에 팬티와 같은 속옷을 입은 것은 20세기에 와서였다. 20세기 초엽 어느 백화점에서 큰불이 났는데 고층에서 여성들이 뛰어내리면 기모노가 뒤집혀 음부까지 노출돼 망설이다가 뛰어내리지 못하고 희생이 됐다고 한다. 사다리를 타고 내려오더라도 밑에서 쳐다보면 음부까지 다 보였다고 한다. 그것을 계기로 속옷을 입기 시작했다는 것이다.

성을 강조한 패션

패션(fashion)이란 특정한 시기에 유행하는 복식이나 두발의 일정한 형식이 널리 퍼져 보편화되는 것을 말한다. 대체로 어느 시기에 크게 유행하는 옷의 스타일을 말한다.

인류는 약 7만 년 전 처음으로 옷을 입었다. 패션이 아니라 추위 때문으로 그 당시 옷감이 있을 리 없었고 잡아먹은 동물의 가죽 따위로 온몸을 가려 추위를 막았다. 그러다가 양털과 같은 사육하는 가축의 털을 이용해 실을 뽑으면서 옷감이 등장했다.

옷은 철저하게 기후와 환경을 따르기 마련으로 추운 지역에서는 두꺼운 옷을, 따뜻한 지역에서는 얇은 옷을 입는 것이 당연했다. 또한 계절에 따라 바뀌고 민족이나 종족의 정체성, 취향 등에도 영향을 받고 직업에 따라 복장의 차이를 두었다. 그들이 입는 전통복장은 전통을 유지하면서 색상이 화려해지는 등의 변화를 거듭했다.

옷감을 짜는 일이 가내수공업이라 생산에 한계가 있었으므로 중세까지만 해도 의상들이 대개 비슷했다. 성직자들은 검은 옷을 입고 남자는 저고리와 바지, 여자는 저고리와 치마를 입었지만 서로 비슷한 스타일이었다. 다시 말하면 옷감의 생산이 제한적이었기 때문에 패션이 있을 수 없었다.

18세기 영국에서 산업혁명이 일어났고 가장 먼저 기술혁신이 일어난 것이 옷감을 짜는 방직업이었다. 방직술이 기계화되며 옷감의 대량생산이 가능해졌다. 다양한 종류의 옷감이 대량생산돼야 패션도 가능하다. 요약하자면 패션은 산업혁명 이후에 등장했다고 봐야 옳다.

패션은 여성들이 민감하다. 중세에 상류층과 일반여성들의 입는 옷이 달랐다. 일반여성들은 화려하고 고급스러운 상류층 여성들의 의상을 따라가려고 노력했고 감각적이었던 프랑스 여성들 사이에서 패션이 싹트기 시작한 것은 16세기였다. 그러다가 18세기 산업혁명이 일어나며 영국 여성들이 패션에 앞장섰다.

이 무렵, 패션의 가장 눈에 띄는 점은 성(性)을 강조하는 것이었다. 여성들은 자신을 아름답게 보이려는 욕구도 있지만 그보다 성적으로 돋보이려는 욕구가 강해서 그러한 의상이 패션이 됐다. 풍만한 가슴, 가는 허리, 넓고 풍성한 긴 치마가 보편적인 여성들의 의상이었는데 자신들의 몸매를 더욱 강조하려고 등장한 것이 코르셋(Corset)이었다.

코르셋은 여성의 허리부터 바짝 조여 가슴까지 덮는 것으로 조끼에서 변형되었고 대부분 마치 구두끈처럼 등 뒤에 X자로 얽힌 끈으로 동여맨다. 가는 허리와 유방을 강조하려고 자기 몸보다 작은 코르셋을 착용하고 숨조차 쉬기 어려울 정도로 힘껏 끈을 조여 맸다. 착용한 귀족 여성 혼자서는 끈을 조여 매기가 어려워 하녀가 매어줘야 했다. 하지만 잡아당겨 매다가 갈비뼈가 부러지는 여성들도 있었으며 부러진 갈비뼈에 폐를 찔려 사망한 여성도 있었다고 한다.

16세기 프랑스 국왕 앙리 2세의 왕비였던 카트린은 여성의 굵은 허리를 혐오해서 "허리가 두꺼운 여인들은 궁정 출입을 금한다."라는 명령까지 내렸고 나중에는 그와 같은 법까지 제정했다. 귀족 여성들은 허리가 13인치를 넘어서는 안 됐고, 시녀나 하녀들도 20인치가 넘으면 궁정에서 쫓겨났다고 한다.

여성은 나이가 들수록 또 임신과 출산을 거듭할수록 허리가 굵어지기 마련이다. 그런데 귀족 부인들뿐 아니라 나중에는 궁정에 출입하는 모든 여성이 규칙을 지켜야 하는 바람에 허리가 굵어지는 것을 방지하려고 철제 코르셋, 가죽 코르셋 등이 등장했다.

오늘날 여성들이 좀처럼 브래지어를 벗지 않는 것처럼 그 당시에 여성들은 코르셋을 벗지 않고 밤낮으로 착용했으며 할머니가 돼서도, 죽을 때도 코르셋을 착용했다. 또한 코르셋 착용 후유증으로 여성들은 평생 고통과 갖가지 질병에 시달렸다고 하니 16세기 프랑스 철학자 몽테뉴는 '코르셋은 진정한 고문 기구'라고까지 혹평했다.

이러한 코르셋의 여러 가지 단점 때문에 등장한 것이 브래지어이다. 물론 브래지어는 코르셋보다 훨씬 늦게 등장했지만, 여성들의 가슴을 가려주고 양쪽 유방의 균형을 잡아주는 기능을 하는 일종의 여성용 속옷이다. 예민한 부분인 젖꼭지가 옷에 스치거나 다른 물체에 부딪치는 것을 막아주는 기능도 있다.

코르셋과 달리 몸에 딱 맞고 부드러운 천으로 만들어 착용에 불편함이 없다. 더욱이 테두리는 철사 또는 고체를 넣고 두께가 있는 캡을 넣어 처진 가슴까지 감춰줘 크고 아름다운 유방으로 돋보이게 해주기 때문에 여성들의 필수적인 의상이 됐다.

브래지어 끈 뒤쪽의 후크로 몸을 고정하고 입고 벗는 데 편리하게 만들었다. 그런데 흥미로운 것은 브래지어 후크를 19세기 미국의 유명한 작가였던 마크 트웨인이 처음으로 고안했다는 것이다. 소설가가 어떻게 그런 고안을 하게 됐는지 궁금하다. 요즘은 후크가 없고 끈을 묶는 형식의 브래지어들도 있다.

중세 여성들은 폭이 넓고 바닥에 닿는 길고 풍성한 치마를 입는 패션이었다. 몸에 꼭 끼는 상의와 어울려 여성의 곡선미를 강조해 그런 겉치마와 그 안에 여러 개의 속치마를 입었다. 그런데 이러한 치마도 결점이 많았다.

어쩌다 작은 불씨라도 붙으면 빠르게 활활 타버려 큰 화상을 입거나 목숨을 잃는 경우가 많았고 당시의 교통수단인 마차를 타고 내릴 때 치맛자락이 바퀴에 끼어 상처를 입거나 마차 바퀴에 깔려 목숨을 잃는 경우도 있었다.

그러면 여성의 팬티는 어떠했을까?

여성이든 남성이든 중세의 중엽까지도 팬티라는 개념조차 없었다. 몸에 밀착되는 속옷 자체가 없었다. 특히 여성들은 생리할 때 어쩔 수 없이 기저귀 비슷한 것을 착용했을 뿐 치마 속에는 아무것도 입지 않았고 여러 벌의 얇은 속치마를 입었다. 침략전쟁이 많았던 중세에 적군에게 점령당하면 여자들은 겁탈에 시달렸다. 적군들은 점령지역의 집들을 뒤져 남자가 있으면 죽이고 재물을 약탈했으며 여자들을 닥치는 대로 겁탈했다.

그런 상황에서 여자가 옷을 많이 입고 있으면 질척거리는 시간이 걸려 그대로 죽였다. 여자들은 겉치마만 입고 있다가 적군이 달려들면 재빨리 치마를 올려 성폭행을 받아들여야 목숨을 지킬 수 있었다고 하니까 더더욱 속옷이 필요 없었다.

여자가 속옷을 입지 않으면 음부가 노출돼 함부로 앉기도 어렵고 불편해서 얇고 부드러운 천으로 살에 밀착되는 속옷을 착용했는데 무릎 아래까지 내려오는 드로어즈였다. 이것이 팬티의 시초이다.

그 뒤 옷감이 부드러워지고 길이가 짧아져 음부를 감싸는 팬티가 등장했던 것은 19세기였다. 치마만 들치면 곧바로 음부가 드러나는 것보다 음부를 감싼 팬티를 입는 것이 오히려 남자들에게 더 성적인 충동을 자극했다. 요즘에는 음부의 모습이 드러나는 투명 팬티도 있고 겨우 음부만 가리는 손바닥만 한 팬티, 끈팬티 등 무척 다양하다.

남성들에게도 패션이 있었다. 남자들의 상의는 신분에 따라 비교적 다양했지만, 하의(바지)는 일률적으로 간신히 무릎을 덮는 짧고 몸에 밀착되는 승마복 스타일로 속옷을 입지 않아서 남자의 생식기 부분이 튀어나와 돋보일 수밖에 없었다. 남자들이 이것을 이용해 성기를 두꺼운 헝겊으로 감싸서 여성들의 눈길을 끌었다.

군인들도 투구를 쓰고 갑옷을 입었으나 하의는 무척 허술했고 심지어 전투 중에 성기가 노출돼 큰 상처를 입었다. 그러자 군인의 아내들이 나섰다. 후쿠다 가즈히코의 <세계 성 풍속 산책>에 따르면 이런 노래까지 있었다고 한다.

"나의 그대여! 그것이 상처를 입는다, 큰일이로다.
사랑스러운 나의 것이기에 더욱 소중하게 갑옷을 입히노라."

군인의 아내들은 갑옷처럼 철사로 주머니를 만들어 남편의 성기를 감쌌다. 이것을 '고환주머니'라고 불렀다. 기독교에서도 군인들의 성기를 보호할 도구를 만들라고 명령했다. 아내들은 단단한 주머니를 만드는 과정에서 경쟁적으로 크게 만들었다. 성기가 작은 남편의 아내들은 주머니 안에 멜론과 같은 과일을 넣거나 주머니를 크게 만들어 작은 쇠로 된 상자를 넣은 것 같았다고 한다.

패션은 엄연한 문화로 그 출발부터 성을 강조하는 것에 초점이 맞춰졌다. 더욱이 여성들의 패션은 점점 신체노출을 극대화하는 방향으로 발전했고 남성들의 시선을 끌려는 것이 목적인 경우도 있었다. 그것은 '여성의 상품화'로 가는 첫걸음이었다고 할 수 있다.

기독교의 세속화

중세 유럽에서 절대적 권위를 지닌 기독교는 이슬람과의 종교전쟁, 전염병(흑사병)의 창궐에 따른 대재앙 등의 큰 위기를 맞았다. 그때마다 유럽인들은 전지전능한 기독교 유일신에 의지하며 기대했지만 아무런 도움도 받지 못했다. 그래서 권위가 떨어지고 교황의 지배력도 약화하자 권위를 회복하려고 '마녀사냥' 등의 갖가지 두려운 강압정책을 펼쳤으나 기독교도들의 결집에 큰 효과를 얻지 못했다.

기독교는 과감한 변화와 혁신을 가져와야 했는데 그렇지 못했다. 오히려 기독교와 교황은 더욱 부패하고 타락하며 세속화됐고 15세기경에는 절정에 이르렀다. 도대체 어디까지 타락할 것인지 그 끝을 짐작조차 할 수 없었다.

기독교가 지배하던 서양에서 교황의 권력은 정말 대단했다. 신의 대리인으로서 왕권을 부여할 권한과 군사 동원력까지 갖고 있었다. 더욱 놀라운 것은 사유재산을 소유할 수 있었다. 황제를 능가하는 절대권력자임에 틀림없을 뿐 아니라 공공연하게 아내와 정부를 두거나 수많은 여자를 거느리기도 했으며, 특히나 15세기 '탐욕의 왕'으로 불렸던 교황 알렉산데르 6세는 사생아가 16명이나 됐다.

그는 자녀들과 함께 연회를 즐겼는데 매춘부 50명을 동원했다. 이 방탕한 연회는 교황청 의전관이 작성한 '교황청 일지'에 기록돼 있었으며 대략 다음과 같은 내용이다.

"고급 매춘부라는 단정한 옷차림의 매춘부 50명이 참가한 가운데 바티칸 안에 있는 발렌타인 공작의 호화로운 방에서 저녁 만찬이 열렸다. 처음에 매춘부들은 옷을 입은 채 하인 등 다른 참석자들과 저녁을 먹다가 한 사람씩 옷을 벗었다. 얼마 후 테이블에 있던 촛대가 바닥으로 내려졌고 알밤이 촛대 주위에 깔렸다. 완전히 벌거벗은 매춘부들이 촛대 사이를 기어다니며 알밤을 주웠다. 교황과 공작, 그의 여동생인 루크레치아 등 모두 그 자리에서 이런 모습을 지켜봤다. 마지막으로 가장 많은 매춘부와 성교를 한 남자에게 여러 선물을 줬다. 검열관은 역사상 최악의 교황을 신뢰하려고 무던히 노력했다…."

벌거벗은 매춘부들이 엉덩이를 치켜들고 기어다녔다니 얼마나

알렉산더 6세: 르네상스 시대 교황들 가운데 가장 논란의 대상이 되는 교황이다.

음란한지 정말 가관이었을 것이다. 교황 알렉산더 6세는 교황이 되기 위해 추기경들을 뇌물로 매수했다. 영주에게 재산 헌납을 강요하는가 하면 성직을 매매했다. 이처럼 부패하고 타락한 교황들은 유럽 최고의 재력가인 이탈리아 메디치가문과 결탁해서 메디치가문에서 교황을 배출하기도 했다.

부정부패로 가장 먼저 손꼽히는 교황은 메디치가문 출신의 레오 10세였다. 뇌물을 뿌려 추기경이 됐던 그는 다른 추기경들을 매수해서 교황이 됐고 지나친 사치와 허영으로 교황청의 재산을 탕진했다.

교황 율리오 2세가 성 베드로 대성당을 건축하려고 모아놓은 돈까지 모두 탕진하자 엉뚱한 축재방법을 구상했는데, 그것이 그를 가장 악명높게 만든, 이른바 '면벌부(免罰符 또는 면죄부)' 판매였다. 즉 그동안 지은 죄나 벌을 모두 사면해서 없애준다는 증서를 팔아

기독교의 세속화_247

막대한 재산을 모으겠다는 것이다.

　구실은 성 베드로 성당 건축기금 마련이었지만 축재가 더 큰 속셈이었고 유럽 전역에서 실행된 면벌부 판매는 완전히 다단계판매 형식이었다. 또한 지역마다 판매총책을 두고 총책 직위를 팔았다. 그 가운데 어떤 자는 이미 죽은 사람도 면벌부를 사면 죽기 전에 지은 죄를 모두 사면받을 수 있다는 선전으로 많은 돈을 끌어모았다.

　기독교의 파렴치한 행각에 사방에서 불평불만이 쏟아지고 노골적으로 반발하는 분위기가 팽배한 가운데 독일의 성서학자이자 신부인 마틴 루터(Martin Luther)가 있었다. 그는 부패하고 타락한 교황과 기독교를 비판하는 95개 항으로 된 반박문을 만들어 공표했다. 교황은 그를 파문했지만 그를 지지하는 세력이 유럽 전역으로 무섭게 퍼져나갔다.

　이것을 계기로 기독교의 개혁을 부르짖는 신교가 탄생했다. 자세히 설명하자면 길지만 신교 세력이 놀라운 속도로 확산하며 '종교개혁'이 일어나 마침내 기독교는 가톨릭(구교)과 개신교(신교)로 분리됐다.

　우리에게 그보다 더 중요한 것은 그러한 분위기에서 르네상스(Renaissance)가 일어났다는 것이다. 르네상스는 지금까지 세상을 지배해 온 신에게서 벗어나 인간이 세상의 중심이 되자는 인본주의(人本主義, Humanism) 운동이었다. 그리고 그것을 문화예술로 발현하려는 것으로 인문주의 또는 '문예부흥'이라고도 한다.

그때까지 화가들의 가장 중요한 작품은 대부분 신과 관련한 성화(聖畵)였지만 르네상스와 함께 수많은 천재화가가 등장해서 인물 중심의 그림들을 그리기 시작했다. 특히 아름다운 여인상, 그 가운데서도 여인 나체상이 많았다. 미켈란젤로, 레오나르도 다빈치와 같은 천재화가들이 나타난 것도 이때였다.

문학작품에서는 그때까지 생각할 수 없었던 과감한 성애(性愛) 소설들이 많았다. 이들 소설에서는 성의 노골적인 표현들이 많아서 '호색(好色) 문학'이라고도 한다. 그 시초는 14세기 이탈리아 작가 보카치오(G. Boccaccio)였다. 그는 자기의 작품 <데카메론>에서 인간은 가장 인간다운 생활을 영위할 권리를 갖고 있다면서 쾌락을 찬미하고 육체를 찬양한 인문주의 토대를 마련했다는 평가를 받는다.

14세기 영국 작가 초서(G. Chaucer)도 <칸타빌레 이야기>라는 작품에서 여자 주인공을 통해 "우선 처녀는 그 자신이 어떻게 태어났을까? 우선 그의 어머니가 처녀성을 지키지 않고 아버지의 씨를 받았기 때문이다. 그리고 어떠한 목적으로 인간의 생식기가 만들어진 것일까? 어떠한 이익이 있어 만들어진 것일까? 아무런 목적도 없다고는 말할 수 없다. 실제로 나의 체험을 통해 말한다면 생식과 그 쾌락을 위해서다. 어차피 나는 천한 여자니까 아내로서 창조주가 준 이 멋진 도구를 아낌없이 사용하게 해줘요."라며 중세 성직자들의 위선을 꼬집고 가면을 벗겨 서슴없이 성의 쾌락을 강조했다.

15~16세기 네덜란드의 성서학자이자 철학자였던 에라스뮈스(D. Erasmus)도 '쾌락이야말로 인간이 행복하게 살 수 있는 출발점이고 도착점이며, 인간이 태어나면서부터 함께 갖게 된 선(善)'이라며 쾌락을 옹호하고 종교의 금욕주의를 비판했다.

그들 작가가 말하는 쾌락은 간통, 간음과 같은 비정상적인 성적 쾌락 추구는 아니고 틀림없이 정상적인 부부 사이에서 당당하게 성적 쾌락을 즐기라는 것이다. 오히려 르네상스 시대 유명한 화가들이 춘화라고 해도 이의가 없을 음란한 그림들을 많이 그렸다.

종말론

'종말론'은 인류에게 멸망할 날이 다가왔다는 주장이다. 이러한 주장은 모든 종교에서 내세우고 있지만 특히 기독교의 주장이 가장 널리 알려져 있다. 그들은 성서에 근거를 두고 곧 지구에 큰 환란들이 일어나 인류가 멸망하고 메시아(Messia, 구세주)가 나타나 선택된 자들만 구원한다는 주장을 일찍부터 내세웠다.

고대 아메리카대륙의 마야(Maya)문명이 만든 세계 최초의 달력에서는 2012년 12월 21일을 지구의 마지막 날로 암시하고 있고, 16세기 프랑스의 예언가 노스트라다무스는 1999년 7월, 지구의 종말이 온다고 예언했다.

더욱이 중세 기독교가 부패하고 타락해서 구교와 신교로 갈라서는 혼란이 생겨나자 종말론이 기승을 부렸다. 특히 수없이 등장한 유사종교의 사이비 교주들이 저마다 앞다퉈 종말론을 쏟아냈는데 그 경쟁이 치열해지자 '시한부 종말론'까지 내세웠다.

'시한부 종말론'이란 구체적으로 몇 년 몇 월 며칠에 인류의 종말이 온다면서 신도들을 끌어들이고 그 날짜까지 제시했다. 기독교의 성서에 종말론의 근거는 있지만 정확한 날짜는 아무도 모른다고 했다. 물론 사이비 교주들이 구체적으로 지적한 날짜에는 아무 일도 일어나지 않았다.

우리나라에서도 1992년 다미선교회의 이장림 목사의 주도로 인류 종말의 구체적인 날짜로 1992년 10월 28일에 '휴거(携擧)'가 일어난다며 신도들을 현혹하고 재산까지 모두 처분하게 했다. '휴거'란 '공중 들림'으로 자신을 믿고 따르는 선택된 자들은 일제히 하늘로 떠 올라간다는 허무맹랑한 주장이다. 당연히 그날 아무런 일도 일어나지 않았으며 이장림 목사는 사기죄로 구속됐다. 더욱 웃기는 것은 종말을 주장하는 그에게는 예금통장까지 있었다는 것이다.

르네상스 시대
화가들의 음란한 그림

르네상스 시대에 천재화가, 유명한 화가들이 많이 등장했다. 그들 대다수가 어김없이 여성의 나체를 그렸는데 한결같이 실물과 다름없는 뛰어난 그림들이었다. 그전까지 볼 수 없었던 그런 그림을 감상하는 사람들은 그림 속 여성과 성관계하고 싶은 욕정을 느꼈다고 한다.

여인의 나체화는 한층 더 인기를 끌며 유명한 화가들의 그림이 쏟아져 나왔고 이러한 나체화가 경쟁하면서 춘화나 다름없는 갖가지 음란한 그림들까지 활개를 쳤다. 그러한 그림을 즐기는 상류층에서는 음란화를 대놓고 즐겨도 별문제가 되지 않았다. 하지만 일반 평민들에게는 죄가 되는 큰 문제가 됐다.

어느 여자가 많은 남자와 성행위를 했다면 매춘부 취급을 받았지만, 상류층 남성이나 돈 많은 남성이 그 여자와 동침했다면 그의 정부가 됐다고 한다. 중세에는 계층에 따라 성적으로도 차이가 있었다. 이러한 계급 차별은 상류층에서 음란한 그림을 즐기면 그 그림은 예술이 되지만 일반대중에게 퍼지면 음란한 취급을 받는 모순을 드러냈다.

16세기 초 르네상스의 3대 화가 가운데 한 사람이던 라파엘로(Raffaello)의 제자 줄리오 로마노(G. Romano)라는 유명한 화가가 있었다. 그가 갖가지 체위로 성행위를 하는 그림들을 쏟아놓았다고 한다. 당시 기독교와 교황은 성행위에서 여성 상위 체위와 남자가 뒤에서 하는 후배위를 엄격하게 금지했는데 그는 기독교의 터무니없는 조치에 반발하듯 의도적으로 그러한 그림들을 그렸다.

연인들 : 줄리오 로마노 그림

올림피아를 유혹하는 제우스 : 줄리오 로마노 그림

그런데 화가들의 그림을 통한 저항은 여기서 그치지 않았다. 라파엘로와 가까웠던 판화가 마르칸토니오 라이몬디가 로마노의 성행위 체위 그림을 바탕으로 아예 '체위'라고 이름 붙인 16장의 판화집을 내놓았다. 그러자 이 판화집이 불티나게 팔려 인기 도서가 됐다고 한다.

당황한 당국에서 판화가와 로마노를 체포하려고 했을 때 로마노는 도주하고 판화가만 체포되어 교황의 명령으로 판화집을 모두 수거해 불태웠다. 예술가들이 교황의 위선에 노골적으로 반발하여 이탈리아의 풍자 문학가인 아레티노는 자신의 작품집에 체위의 음란한 판화들을 삽화로 넣었다고 한다. 그런데 이 판화들이 한층 음란했으며 기독교와 교황이 금지하는 후배위 체위들이 중점적이었다. 그의 시 역시 매우 음란했다.

앞서 소개했던 스티븐 베일리 등이 쓴 <섹스>(국내 번역서 SXE)에 따르면 그 대표적인 시를 미국학자가 번역했는데 다음과 같다고 한다.

당신의 손가락을 내 항문 깊숙이 넣어주세요.
음경은 조금씩 조금씩 밀어 넣어주세요.
내 다리를 들고 잘 움직여 주세요.
이제 모든 억압이 사라지도록 세게 쳐주세요.
이것이 더 맛 좋은 향연인 것 같아요.
모닥불 앞에서 피자를 먹는 것보다 말이에요.

'거기'가 마음에 안 들면 뒤에다 해도 괜찮아요.
진정한 남자는 뒤에도 잘해야 해요.

이번엔 내가 당신의 구멍에 당신의 뒤에 할게요.
내 음경을 당신의 구멍과 뒤에 넣으면 행복해요.
당신도 엑스터시를 느끼지요.
위대한 지도자가 되겠다는 생각은 미친 짓입니다.
삽입하는 일 말고 다른 일로 즐거움을 얻으려는 사람도
아무 쓸모 없는 놈이지요.

  조금 길지만 그대로 옮겼다. 성행위의 찬가, 후배위의 찬가 같다. 한 마디로 지나친 외설이며 퇴폐적인 내용으로 성행위와 후배위 체위를 노골적으로 찬미한 것은 기독교와 교황을 조롱하고 비판하는 것이다. 종교의 위선적 금욕주의에 맞서 오히려 다른 그 어느 때보다도 성적 쾌락을 위한 음란이 만연했던 시기가 중세였다고 생각한다.
  한 가지 흥미롭고 의미 있는 사실은 르네상스를 시작한 곳이 바티칸과 교황청이 있는 이탈리아라는 것과 르네상스의 발상지라고 할 수 있는 이탈리아 피렌체가 바로 교황 레오 10세의 가문인 메디치의 터전이라는 것이 상당한 의미를 나타낸다.

궁금해요

메디치가문

중세 서양역사를 얘기할 때 이탈리아 피렌체의 메디치가문을 절대로 빼놓을 수 없다. 메디치가문은 15세기부터 18세기까지 약 300년 동안 유럽의 종교, 정치, 경제, 과학, 문화예술 등의 모든 분야에서 막강한 영향력을 행사한 가문이다. 금융업을 통해 부를 축적해서 전성기에는 요즘 우리 돈으로 약 140조 원의 재산을 모은 당시 세계 최고의 재력을 지닌 가문이다.

금융업으로 재산만 모은 가문이 아니다. 그들 가문에서 3명의 교황을 배출했고 2명의 프랑스 왕비를 배출했을 뿐만 아니라 모든 분야에 이바지했는데, 특히 문화예술을 사랑해서 르네상스의 3대 화가로 손꼽는 레오나르도 다빈치, 미켈란젤로, 라파엘로 등을 꾸준히 적극적으로 지원함으로써 르네상스의 기틀을 마련한 가문이다.

기독교의 천동설을 반대하며 지구가 돈다는 지동설을 내세워 종교재판을 받고 모든 활동을 금지당한 갈릴레오 갈릴레이에게도 메디치가문에서 숙식을 제공하는 등 최선을 다해 보살폈다. 갈릴레오는 목성을 발견하고 그에 대한 보답으로 '메디치의 별'이라는 이름을 붙였다고 한다.

메디치가문은 막대한 재산을 효과적으로 사용했다. 대학, 도서관, 병원, 교회 등을 세워 기증하고 후원을 아끼지 않았다. 가문 스스로 수많은 예술작품을 사들이며 생활이 어려운 예술가들을 지원했다.

'메디치 효과(Medici Effect)'라는 용어가 있다. 서로 다른 분야의 요소들이 결합해서 시너지 효과를 내는 것을 말한다. 메디치가문이야말로 모든 분야에 이바지하면서 유럽 제일의 가문으로 성장했다.

죄악으로 규정됐던 동성애

성의 역사를 다루며 오랜 역사를 지닌 동성애를 빼놓을 수는 없다. 물론 동성애에 대한 시대적 구분은 의미가 없다. 고대사회로부터 오늘날까지 사라지지 않고 오히려 갈수록 표면화되고 떳떳하게 겉으로 드러내며 양성화되고 있다.

동성애란 남성과 남성, 여성과 여성, 동성끼리의 사랑을 말한다. 생물학적으로 극히 드문 성소수자다. 그에 대한 통계자료들은 매우 많지만 대체로 전체 인구의 1~4%가 동성애자라는 것이다. 역사적으로 볼 때 생물학적, 유전적으로 타고난 동성애자들도 있지만 '사회적 동성애자'가 많았다는 것을 반드시 유념할 필요가 있다.

동성애의 역사는 사뭇 길다. 고대 신화에서 신들끼리 동성애도 등장한다. 고대 그리스, 고대 이집트, 바빌론, 동양의 중국이나 인도에서도 동성애가 성행했다. 우리나라도 신라시대부터 동성애가 있었다는 기록이 있고 고려시대, 조선시대는 보편적인 현상이었으며 '비역질'이라는 동성애를 가리키는 우리말도 있다.

고대 그리스 철학자 소크라테스도 소년을 사랑하는 것은 완벽한 사랑이라고 동성애를 찬미했다. 특히 고대 그리스에서는 상류층 남성들이 아내가 있음에도 미소년을 곁에 두고 동성애를 하는 것이 관습이었다. 이것은 생물학적이라기보다 사회적 요인으로 진정한 동성애는 아니다. 그들도 남색(男色)이라고 했다.

중세의 기독교는 동성애를 죄악으로 규정했다. 구약성서에서도 동성애를 죄악으로 여겨 하느님이 징벌한다. 중세 기독교가 동성애에 가혹했던 것은 수컷과 암컷이 짝짓기를 통해 후손을 남기는 성 본능에서 벗어나 동성끼리의 성관계는 임신을 하지 못하고 동성애자들의 후배위 성행위를 죄악으로 여겼기 때문이다. 동성애자로 밝혀지면 정신병자로 낙인을 찍어 중형을 내리거나 처형하는 경우가 많았다.

중세에도 동성애가 줄어들지 않았고 이탈리아에서 30세 이전에 결혼하지 않은 상류층 남성들의 동성애는 중요한 사교행위의 하나였다는 것이다. 대개 소년들을 사귀었는데 상류층 남성이 능동적인 역할을, 소년들이 수동적인 여성 역할을 했다. 그들은 대부분 지속적으로 성행위를 했는데 항문을 이용한 성행위였다.

어느 학자는 당시 이탈리아 피렌체 성인 남성의 약 3분의 1이 동성애를 했다는 것이다. 미켈란젤로나 레오나르도 다빈치 같은 예술가들도 예외가 아니었다고 한다. 그 때문에 르네상스의 발상지인 피렌체를 비롯한 베네치아, 밀라노 등의 대도시에서는 매춘을 적극적으로 장려했다. 젊은 남성들에게 결혼하기 전, 매춘을 통한 성경험을 하게 하려고 집창촌까지 만들었다. 그들은 남성이 여성에게 성적 욕구를 갖는 것이 곧 의무이며 인구증가에 대한 본능이라고 했다. 되도록 동성애를 막으려는 조치였다.

주교를 비롯한 일부 성직자들도 동성애를 즐기는 위선적이고 이중적인 태도를 보였고 가톨릭의 신부나 수녀들은 평생 독신으로 사는 것이 원칙이지만 그들은 그들끼리의 동성애를 했다고 한다.

남성 중심 이슬람국가들은 여성을 철저하게 지배하며 집 밖으로 외출하는 것조차 단속한다. 그 때문에 오히려 동성애가 한층 더 만연했고 남성은 남성들끼리, 여성은 여성끼리만 어울리다 보니까 성적 욕구를 해소하는 데 제한이 있었다. 그리하여 동성애가 성행할 수밖에 없었다는 것이다.

여성과의 접촉이 어려운 유목민 남성들이 성적 욕구를 견디지 못하고 수간까지 했듯이 남성들끼리의 동성애도 사회적 동성애라고 할 수 있다. 대륙 사이를 넘나들며 교역하는 대상(隊商)들도 동성애가 많았다고 한다. 역시 사회적 동성애였다.

생물학적 동성애는 그들이 아무리 성적소수자라도 어느 시대에나 있어 그것을 법적으로 통제할 수는 없다. 그러나 남녀 간 또는 동성 사이의 성행위를 모두 즐기는 양성애자들도 있다. 그들은 물론이고 정상적인 이성애자들까지 동성애를 즐기는 사회적 동성애는 중세뿐 아니라 근대, 현대로 가면서 더욱 확산하고 있다.

근래에 와서는 나라에 따라 차이가 있지만 동성애에 대한 '차별금지법'이 있는가 하면 공식적으로 동성애를 인정하는 나라들이 늘어나고 있다. 아울러 자기가 동성애자라는 사실을 떳떳하게 밝히는, 이른바 커밍아웃(Coming Out)이 보편화됐으며 동성애자들끼리 모여 동성애자(Queer) 축제를 열기도 한다.

카사노바와 사드 백작

중세에 온갖 통제에도 은근히 만연하던 성적 문란과 방종을 잘 나타내는 대표적인 인물로 카사노바와 사드 백작을 지적할 수 있다. 중세 말엽 또는 근세 초에 살았던 이들은 좀 점잖은 표현으로 '바람둥이' '난봉꾼'으로 일컫지만, 실질적으로는 성의 쾌락에 빠졌던 누구도 흉내를 낼 수 없는 방탕한 호색한(好色漢)들이었다.

카사노바

오늘날에도 플레이보이, 바람둥이의 대명사로 불리는 카사노바

(G. Casanova)는 1725년 이탈리아의 베네치아에서 태어났다. 아버지는 희극배우, 어머니는 성악가여서 재능을 물려받았는지 어려서부터 천재였다. 15세의 어린 나이에 성직자로 신부서품을 받았으며 17세에 대학에서 법학박사 학위를 받았다.

일찍이 라틴어, 그리스어, 프랑스어 등 여러 개 언어에 능통하고, 바이올린 연주도 전문가 수준에 이를 만큼 다재다능하고 박학다식했던 성직자, 시인, 소설가 등 못하는 것도 모르는 것도 없는 뛰어난 인물이었다. 하지만 일찍부터 성에 관심이 컸으며 10세 때 이미 외설스러운 시를 썼고 11세 때 동정을 잃었다고 한다.

성직자로서 충실했던 그에게 인생을 바꿔놓는 충격적인 사건이 일어났다. 70세가 넘은 노 주교가 17세의 어린 여자가수와 즐기며 농락하는 것을 우연히 목격한 그는 주교의 위선적인 행동에 충격을 받았다.

카사노바는 어느 귀족 가문의 집사와 가깝게 지내며 그의 딸을 진정으로 사랑했다. 카사노바는 성적 욕망이 솟구쳤지만, 성직자였기에 꾹 참고 있다가 그녀와 헤어졌다. 그런데 그녀가 어느 호색한의 유혹에 넘어가 성행위를 가졌다는 소문을 듣고 큰 충격에 빠져 성직자를 그만뒀다.

베네치아는 그다지 번성한 도시국가는 아니었다. 경제가 침체해 오직 유흥업소들과 집창촌만 즐비할 따름이었다. 카사노바는 과감하게 베네치아를 떠난다. 이때부터 유럽의 여러 나라들을 떠도는 방랑 생활을 했고 다재다능한 그는 마술사, 도박사 등으로 생계를 이어가며 능란한 화술을 이용해서 갖가지 사기행각을 펼치며 본격적으로 여자들을 유혹했다.

카사노바의 호색행각에 대해서는 평가가 엇갈린다. 그는 여자를 신분과 상관없이 모두 평등하게 대했으며 진심으로 사랑했다는 평가가 있는가 하면, 모든 여자를 쾌락의 성적 대상으로 여기고 일방적으로 농락했다는 평가도 있다.

카사노바는 매춘부들과도 여러 차례 성관계를 가졌으며 신분이 낮은 여자들과 많은 성관계를 가졌으니까, 그녀들을 모두 평등하게 사랑했다고는 말하기 어렵다. 그는 친구 집에 머무르면서 도움을 청하러 온 가난한 모녀를 예의주시하다가 딸을 유혹해서 성관계를 가졌고 가난한 가정교사에게 방을 빌려주고 그 대가로 성관계를 갖기도 했다.

그가 성직자였을 때, 교구에 사는 어떤 유지가 카사노바를 자기 집에 머물게 했는데, 17세 된 딸을 겁탈해서 임신까지 시키고 도망쳤다. 이 소녀는 그 때문에 집에서 쫓겨나 결국 매춘부로 전락했다,

그것은 카사노바 호색행각의 시작에 불과하다. 그는 이탈리아 중부지방을 여행하다가 어머니와 큰아들, 두 딸로 이루어진 유랑 가족예술단을 만났는데 이들은 공연비를 못 받아 다른 도시로 이동할 경비가 없었다. 카사노바는 자기가 빌린 마차에 이들을 공짜로 태워주고 그 대가로 큰딸과 성관계를 가졌고 금화를 한 잎 주었다.

그런데 작은딸이 자기도 금화를 갖고 싶다고 했다. 그러자 카사

노바는 작은딸과도 성관계했는데 언니는 12세, 동생은 11세였다고 한다. 또 큰아들이 사실 여자였는데 공연의 필요성으로 아들 역할을 해 온 남장여자였다는 사실을 알게 된 카사노바는 폭로하겠다며 협박해서 15세의 그녀와도 성관계를 가졌다고 한다.

그는 베네치아에서 귀족이나 명문가의 청년들과도 어울렸는데 그들을 데리고 방탕한 놀이를 즐겼다. 매춘부들과 어울린 것은 말할 필요도 없고 일반 처녀와 유부녀까지 유혹해서 강압적으로 성관계를 가졌다니 겁탈과 다름없었다. 그가 어울린 무리들이 여성을 유혹하는 방법은 대체로 납치하는 것이었다. 납치 대상은 사회적으로 무력한 젊고 예쁜 유부녀들이었다. 그녀들이 성경험도 있고 성행위가 능숙해서인지 점찍어 놓았다가 여럿이 집으로 들이닥쳐 치안요원들이라며 사칭하고 눈을 가린 뒤, 자기들의 아지트로 끌고 와 집단으로 윤간하는 것이었다.

여러 날 그러다가 싫증이 날 때 만약에 발설을 하면 죽이겠다고 공갈·협박한 뒤, 역시 눈을 가리고 그녀의 집 앞까지 데려다주었다. 그리고 또 다른 유부녀를 납치해서 윤간하는 악행을 반복했다.

결국 이것이 문제가 됐다. 이런 악랄한 행위를 파악한 베네치아 당국이 그들을 체포했으나 귀족, 명문가의 청년들은 집안에서 힘을 써서 모두 빠져나갔고 카사노바만 구속돼 5년 형을 선고받았는데 1년 조금 넘게 복역하다가 탈옥했다. 그런데 자신에게 5년 형을 선고했던 종교재판관의 애인을 유혹해서 여러 차례 동침했다고 한다. 속된 말로 여자 꼬시는 재주가 비범했던 것 같다.

그 뒤 그는 유럽 각국을 돌아다니며 떠돌이 생활을 했는데 생계가 어려워지자 바이올린 연주와 마술사 그리고 갖가지 사기행각을 벌이면서도 여자들과 인연이 있을 때마다 능란한 화술로 유혹해서 성관계를 맺었다. 그는 스스로 122명의 여자와 사랑(?)했었다고 고백했다.

그 많은 여자와 관계하면서도 여자들이 임신하지 않은 것은 그가 일종의 특수한 콘돔을 만들어 착용했기 때문이라고 한다. 당시 유럽은 지나치게 성적으로 문란해서 매독과 같은 성병이 만연했는데 자신이 만든 콘돔으로 그것을 예방할 수 있었기에 그와 상대한 많은 유부녀도 안심하고 성행위를 즐겼다는 것이다.

난잡한 성생활로 한때 매독에 걸려 크게 고생했으며, 매춘부의 사기에 속아 가진 돈을 모두 털려 궁핍했다고 한다. 40대 중반에

카사노바: 이탈리아 출신의 사기꾼으로 성직자, 모험가, 시인, 소설가를 자칭한 인물이다. 바람둥이의 대표격이자 난봉꾼의 대명사처럼 알려져 있는 인물이다.

이르러서는 성기능 장애가 생겨 73세에 죽을 때까지 그토록 좋아하는 성생활을 못했다고 하니까 글쎄? 천벌을 받은 것이 아닐까?

그는 <나의 인생 이야기>라는 회고록을 남겼다. 위에 열거한 호색행각들은 대부분 회고록에서 스스로 밝힌 것들이다. 어린 10대 소녀들과 많은 성관계를 가졌고 그다음 유부녀들 그리고 매춘부들이었다.

그는 회고록에서 그녀들을 모두 사랑했다고 기록했다. "나는 여자를 위해 태어났다는 사명감을 느꼈으므로 늘 사랑했고 사랑을 쟁취하기 위해 내 전부를 걸었다."하고 "나는 인생을 살아오면서 내가 행한 모든 일이 선한 일이든, 악한 일이든 자유인으로서 나의 자유를 위해 살았음을 고백한다."라고 했다.

또한 "내 관능이 쾌락을 가꾸는 것은 내 삶의 중요한 일이었다. 나에게 그보다 더 중요한 일은 없다. 나는 여성을 위해 태어났다는 것을 인식하고 언제나 여성을 사랑했으며 또 내가 할 수 있는 한 여성으로부터 사랑받으려 했다."고 기록했다.

카사노바가 여성을 함부로 대하지 않고 존중했으며 세심하게 배려하고 자상하게 대한 것은 맞을 것이다. 왜냐하면 그와 관계를 맺은 유부녀들이 그가 버릴 때까지 지속적으로 만났기 때문이다. 하지만 어린 소녀들과 또 다른 여성들 122명과 관계를 맺은 것을 보면 그들을 모두 사랑했다고 보기는 어렵다. 그녀들을 사랑했다는 것은 자기합리화가 아닐까?

사드 백작과 사디즘

사드(M. Sade)는 카사노바보다 15년 늦은 1740년 프랑스에서 태어났다. 카사노바와는 달리 그의 부친은 저명한 영주 귀족가문의 백작이었기 때문에 사드는 태어나면서부터 백작이 됐다. 더욱이 가문의 봉토(封土)가 후작령으로 승격하면서 후작이 됐다. 그러나 사드 백작으로 더 많이 알려져 있다.

일찍부터 플레이보이 기질이 있던 그는 23세에 귀족가문의 여성과 사랑이 없는 정략결혼으로 아내를 마음에 들어하지 않았고 오히려 아내의 여동생, 즉 처제를 유혹해서 성관계를 가졌다. 그 일로 해서 그녀는 수녀가 됐다. 그러면서 사드는 아내와의 사이에 2남 1녀의 자녀를 두었고 스스로 시인, 소설가를 자처하며 여러 편의 소설을 썼다.

그가 쓴 글들은 한결같이 부도덕하고 외설스럽고 쾌락 추구가 가득하고 음란한 퇴폐소설이었다. 하지만 그는 위선적인 인간의 가면을 벗겨 악덕과 패륜 등을 고발하고 조롱함으로써 거짓 없는 참된 인간상을 그렸다고 주장했다.

사드의 본성은 일찍이 드러났다. 28세 때 어린 소녀를 유괴해서 놀라운 행태를 보였다. 어린 소녀가 아니라 매춘부였다고도 하는데 아무튼 이 여자를 강제로 묶어놓고 채찍질하고 칼로 마구 찔러 상처를 낸 뒤 그 상처에 뜨거운 촛농을 흘려 넣는 등 잔혹하게 학대함으로써 가학적인 쾌감을 즐겼다.

그런데 엄청난 고통을 겪었던 여성이 사드를 고소했다. 사드는 돈으로 원만한 합의를 시도했으나 여성은 고소를 취하하지 않았다. '부활절 사건'이라는 이름으로 행태가 알려지면서 프랑스를 떠들썩하게 했으며 높은 신분의 귀족이 저지른 충격적이고 파렴치한 행위로 비난을 받았다. 이 사건으로 사드는 결국 투옥됐다.

그의 가문이 저명한 귀족이었기에 감옥살이를 오래 하지 않고 풀려나 자신의 성(城)에서 칩거하며 또 매춘부를 불러들여 강력한 최음제를 먹였다. 최음제의 독성으로 사경을 헤매다가 간신히 매춘부가 살아났던 사건으로 그는 살인미수 혐의를 받아 이탈리아로 도피했다. 이때 사드는 혼자 도주한 것이 아니라 애인을 동반했다. 그 애인이 수녀가 된 처제였는데 격분한 장모가 나서서 적극적으로 사드의 처벌을 요구했다. 장모 역시 지체가 높은 귀족이어서 프랑스 국왕 루이 16세에게까지 청원한 끝에 사드는 궐석재판에서 사형선고까지 받았다.

그러나 사드는 외국에서 지속적인 도피생활로 위기를 모면하고 34세 때 자기 영지로 돌아와 아내와 함께 숨어 살았지만 그의 못된 습성은 달라지지 않았다. 그의 영지에는 10대의 어린 하녀들 여러 명이 있었다. 사드가 그녀들을 완전히 벗겨 묶어놓고 채찍으로 때리고 상처를 내며 온갖 변태 행위를 즐겼다. 피가 흐르는 모습을 보며 집단으로 성행위를 하기에 이르렀는데, 놀라운 것은 이런 집단적 변태 행위에 사드의 아내도 동참했다는 사실이다.

그의 아내는 하녀들에게 폭력을 행사했는가 하면 자신도 남편에게 폭행당하면서 섹스를 즐기며 그런 가학적, 피학적 행위에서 성적 쾌감을 느꼈던 것 같다. 사드는 그런 엽기적인 어린 하녀들을 상대로 한 변태행위가 들통이 나서 결국 체포돼 구속되고 13년 동안이나 감옥생활을 해야만 했다. 그는 감옥에서 집필활동으로 시간을 보냈다. 그는 이렇게 썼다고 한다.

"인간은 세상에 아무런 이유 없이 우연으로 태어났다. 그러니 인간들이 모두 죽더라도 세상은 아무런 눈물도 흘리지 않고 관심도 없다. 또한 인간의 영혼이나 사후세계 같은 것들은 존재하지 않는다. 아울러 도덕이나 윤리 또한 모두 거짓말이다. 그런 것들은 지배층들이 피지배층들을 속이려고 만들어낸 사기이자 거짓말이다."
"지배층들은 결코 도덕적으로 살지 않는다. 그들이 왜 그런 거짓말을 했는가? 그것은 자신들만 쾌락을 독점하기 위해서다. 그러니 이 세상에서 인간이 추구해야 할 가치가 있는 유일한 행동은 바로 쾌락뿐이다."

사드는 거의 빈털터리가 돼 말년을 요양원에서 보내다가 감옥에서 74세에 사망했다. 그야말로 파란만장한 생애였으며 성적 쾌락에 집착한 나머지 불행한 삶을 살았다.
'사디즘(Sadism)'이라는 용어는 사드의 이름에서 비롯되었으며 성행위의 상대자를 괴롭혀 고통을 느끼는 것을 보며 성적으로 흥분하고 희열을 느끼는 일종의 성도착증이다. 이러한 가학적 성행위는 사드가 시초였던 것 같다. 가학적 성행위를 즐기는 사람을 '사디스트'라고 한다. 더불어 성행위 할 때 체위를 자주 바꾸거나 야릇한 체위를 요구하는 사람도 폭넓게 사디스트라고 부른다.

 또한 가해자만 성적으로 흥분하는 것은 아니다. 성적으로 학대당하며 고통을 느낄수록 더욱 성적으로 흥분하는 피학적 성도착증도 있다. 이것을 마조히즘(Masochism)이라고 한다. 사디즘과 마조히즘의 머리글자를 따서 SM 또는 S&M이라고 하며 가해자를 주인님, 피해자를 노예라고도 부른다.

 변태적 성행위, 즉 일종의 성도착증이 등장한 것은 성적 문란과 방탕이 보편화되면서 정상적인 성행위의 반복에 지겨움을 느낀 것이 이유의 하나이다. 좀 더 성적으로 자극을 받고 새로운 쾌감과 성적 만족을 얻기 위해 등장한 것이 틀림없다. S&M 등은 사라지지 않고 오늘날에도 그것을 위한 전문적인 도구들까지 만들어지며 갈수록 은근히 번창하고 있다.

Part 4.
근대(近代)

성의 타락과 대중문화

플라토닉 러브

근대를 대표하는 역사적 사건은 제1, 2차 세계대전 그리고 여성해방운동과 여성의 사회진출이다. 이들은 인간의 성적 사고와 성적 행태에도 큰 영향을 미쳤지만, 그에 앞서 서양에서는 놀라운 시대적 변화들이 있었다. 이를테면 19세기 낭만주의라는 문예사조를 빠르게 확산시켰다.

그전까지 고전주의, 계몽주의가 주류를 이루고 있었다. 이들 사상은 인간의 이성에 근거를 두었다면 낭만주의(Romanticism)는 인간의 감성에 바탕을 두었다. 고전주의나 계몽주의가 분석을 중요시했다면 낭만주의는 인간의 상상력을 더 중요시했다. 이러한 사조가 오래 가지는 못했지만 한동안 인간의 성적 관념을 크게 바꿔놓았다.

영국에서 잇따라 산업혁명이 일어난 이래 유럽 사회는 빠르게 도시화, 공업화되며 자연은 크게 훼손되고 인성은 점점 각박해지고 메말라졌다. 철학에서는 그러한 상황들을 이성적으로 분석하기에 급급했다.

이러한 현실을 비판하고 나선 인물이 스위스 태생의 프랑스 사상가였던 장 자크 루소(J.J. Rousseau)였다. <사회계약론>, <에밀> 등으로 우리에게 잘 알려진 그가 낭만주의의 시조라고 할 수 있다. 그는 '자연으로 돌아가라'라고 외치며 점점 기계에 얽매이는 인간들에게 자유를 호소했을 뿐만 아니라 이성적 분석에서 벗어나 인간의 감성과 상상력으로 세상을 정신적으로 풍요롭게 만들어야 한다고 주장했다.

많은 사람이 그의 주장에 공감하며 여유롭고 평화로운 시골의 전원풍경을 상상했고 그러한 자연에서 이루어지는 순수한 사랑, 정신적인 참사랑을 동경했다. 이것이 '플라토닉 러브'다. 문학작품들이 곧바로 그것을 반영했다. 너새니얼 호손의 <주홍 글씨> 괴테의 <젊은 베르테르의 슬픔> 등이 플라토닉 러브를 배경으로 한 낭만주의 작품들로 큰 인기를 얻었다.

'플라토닉 러브(Platonic Love)'는 일반적으로 정신적인 사랑을 뜻한다. 성적 욕구, 피부접촉, 성관계 등 남녀의 육체적 관계성이 배제된 감정상태의 연애, 사랑을 의미한다. 어쩌면 그것이 인간들 남녀 간 참다운 사랑의 본질일지도 모른다.

남녀가 처음 만나 한눈에 반해 서로 사랑하고 싶어지는 마음이 만날 때마다 점점 뜨거워지고, 잠시라도 헤어지면 밤잠을 못 이루는 사랑, 잠시라도 떨어지기 싫고 언제나 곁에 있고 싶어지는 사랑, 상대방을 인격적으로 존중하고 배려하는 그러한 사랑이 플라토닉 러브다. 인위적으로 그러는 것이 아니라 자신의 마음에서 우러나는 것이다.

그 무렵, 시대풍조와 함께 많은 사람이 남녀의 육체적 관계에 매몰돼 있었다. 먼저 남자는 여자가 미모인가 글래머인가 성적 매력을 훑어보고, 여자는 남자가 미남인가 건장한가 정력적인가 등을 살펴보면서 마음에 들면 사랑한다고 말했다. 성적 욕구, 성적 충동을 사랑으로 포장하는 것이다. 굳이 그것이 사랑이라면 육체적 사랑이다. 왜냐하면 그들은 기다렸다는 듯이 빠른 시간에 육체적 관계를 맺기 때문이다.

육체적 사랑이 보편화되면서 좀 더 성적 쾌락을 얻기 위해 성 보조기구들이 등장했는가 하면 자극적이고 성도착적인 사디즘, 마조히즘이 등장했다. 아무리 맛있는 음식도 자주 먹으면 맛있는 줄 모르고 마침내 싫증이 나듯이 중세 사람들이 육체적 사랑에 별다른 만족감과 쾌락을 느끼지 못하는 지경에 이른 것이다.

이럴 때 등장한 플라토닉 러브가 신선하게 느껴지고 그러한 순수한 사랑을 해보고 싶은 욕망이 생겨나며 빠르게 퍼져나갔다. 아가페(Agape)적 사랑도 있었다. 아가페 사랑이란 무조건적인 사랑이며 이타적인 사랑을 말한다. 상대의 행복을 위해 자신을 기꺼이 희생하며 사랑은 받는 것보다 주는 것이라는 신념으로 한없이 주는 사랑이다. 서로 유대감과 친밀감을 느끼면 그것만으로도 만족할 수 있는 사랑이다.

플라토닉 러브라고 해서 무조건 성적 관계가 배제되는 것은 아니다. 정성을 다하며 진정으로 상대를 순수하게 사랑하고 육체관계는 의식하지 않지만, 사랑하는 남녀가 만나면서 함께 밤을 지낼 수도 있다. 그러다 보면 서로 애무하고 자연스럽게 성행위로 이어지며 결혼까지 한다. 그러다가 성적인 쾌감과 만족감을 알면 그것에 빠져 정신적 사랑이 육체적 사랑으로 변질될 수도 있다.

정신분석학자 프로이트도 아무리 순수한 사랑이라도 성행위를 배제할 수는 없다지만 그들의 성행위를 육체적 사랑이라고 말할 수는 없다. 문제는 정신이 먼저냐, 육체가 먼저냐에 달려있다고 했다.

낭만주의의 선구자 장 자크 루소는 이렇게 말했다.

"인간은 10세에 과자에 움직이고 20세에 연인에게 움직이고 30세에 쾌락에 움직이고 40세에 야심에 움직이고 50세에 탐욕에 움직인다."

어쩌면 그것이 무릇 인간들의 속성인지도 모른다. 루소 자신도 여성 편력이 심했던 것으로 널리 알려져 있다. 그는 태어난 지 불과 사흘 만에 어머니를 잃고 가정부의 손에 자랐다. 일찍이 성에 눈을 떠 매춘부들과도 성관계를 갖고 연상의 유부녀들과 자의적 타의로 성관계를 가졌다. 많은 사람이 루소의 '자연으로 돌아가라'라는 주장은 곧 인간의 원초적 본능으로 돌아가라는 것이 아닌가 의심했다. 루소 자신도 이상과 현실 사이에서 고심했다고 한다.

  많은 이들이 낭만주의와 같은 이데올로기가 없더라도 순수하고 아름다운 정신적 사랑을 하고 있다. 그리하여 두 남녀가 결혼해서 가정을 이루고 성관계를 통해 자녀를 낳는다. 그러나 육체적 사랑이 훨씬 더 많다는 것이다. 그 때문인지 플라토닉 러브의 풍조는 오래가지 못했다.

궁금해요

근세와 근대

  인류 역사의 시대구분에 있어서 보편적으로 선사시대, 고대, 중세에 이어서 근세(近世), 근대(近代), 현대로 구분한다. 또는 근세와 근대를 합쳐 그냥 근대로 표기하기도 한다. 그러나 반드시 표준화된 것은 아니다. 나라마다 차이가 있고 역사학자들도 차이가 있다. 왜냐하면 자기 나라의 역사적 변화나 큰 사건을 기준으로 삼으려고 하기 때문이다.

  가령 근세라는 개념도 일본의 사학자들이 에도(江戶)시대를 특정하기 위해 설정한 것이라고 한다. 다른 나라에서는 전근대(前近代),

초기근대라는 용어를 쓴다. 영어로는 Early Modern Age 근대는 Late Modern Age라고 한다.

중세와 근세의 구분도 애매하다. 근대는 대체로 18세기 중엽부터 1945년, 제2차 세계대전까지다. 그렇다면 18세기 초엽까지는 근세에 해당한다. 하지만 큰 사건을 중심으로 한 구분은 그럴 수 있겠지만 아무래도 인물중심의 이 책 <인류의 성, 1만 년의 역사>에서는 그러한 구분에 애로가 많다. 따라서 이 책은 18~19세기의 일부분도 편의에 따라 중세에 포함했으며 중세에 이어 근대로 연결했다.

성도착증 확산

성도착증(性倒錯症)이란 비정상적인 방법으로 성적 만족을 얻는 일종의 정신질환이라고 할 수 있다. 심리학적 원인으로는 유아기 또는 소년기에 잘못된 성적 행동으로 생겨나서 성인이 돼서도 비뚤어진 성의식을 갖게 된다. 가학적, 피학적 성행동이나 노출증, 관음증, 소아성애(少兒性愛), 페티시(fetch) 등이 대표적인 성도착증이다.

한때는 자위행위, 구강성교, 동성애 등도 성도착증으로 비정상적인 행위로 간주했었기에 성의학 이론에서는 사회적 규범에 따라 성도착증의 범위가 달라져서 '비정형적인 성행위'라고 정의하고 있다. 사람마다 자기만의 성적 취향이 있어서 그 경계가 애매한 부분이 있다.

성적 욕구는 본능이어서 잘못이 아니다. 다만 성적 욕구를 해소하는 방법에서 일반적, 사회적으로 정상적인 방법과 비정상적 방법이 있을 뿐이다. 우리가 비정상적이라고 판단하는 성도착증은 성 상대자와 합의가 안 되고 거부감과 불쾌감을 주는 경우로 여성들보다 남성이 훨씬 많다.

굳이 그 기준을 말하자면 남자의 경우, 여자의 특정한 부위나 특정한 물건에서 성적 자극을 받는 자, 그러한 행위가 타인에게 심각한 고통을 줄 때, 성적 충동이 지속적으로 일어나 이것을 제어하기 어려울 때, 성행위의 대상이 될 수 없는 어린이나 미성년자에게 강한 성적 충동을 느끼면 성도착증의 증세라고 할 수 있다.

대표적인 성도착증의 하나인 페티시 또는 페티시즘(fetichism)은 여성 그 자체를 좋아하는 것이 아니라 종아리, 발가락, 머리칼, 엉덩이와 같은 특정부위에만 집착하거나 여성의 팬티, 스타킹 등에 집착해서 그러한 물건들을 훔치는 등 손에 넣으려는 행동을 말한다. 그 대상은 특정한 여성 한 명이 아니라 거의 모든 여성이 대상이 될 수 있다.

소아성애는 단계별로 나누는데 5세 이하의 어린아이, 10세 정도의 소녀 그리고 미성년자에게 강한 성적 충동을 느끼고 겁탈하려는 전형적이고 비정상적인 성도착증이다. 가학적, 피학적 성행위에 성적 만족과 쾌감을 얻는 사디스트, 변태성욕자는 말할 것도 없고 몸을 움직이기도 어려운 밀집된 군중 틈에서 여성의 엉덩이 등에 자신의 발기된 성기를 마찰하는 것도 '마찰도착장애'라고 한다. 요즘 만원 지하철에서 그런 성도착행위가 많이 일어난다.

가장 흔한 성도착증 가운데 관음증, 노출증이 있다. 근대에 이르러 이러한 비정상적 행위가 널리 확산했다는 것이다. 왜 그럴까?

19세기, 일본 에도시대 후기에 '우키요에(浮世繪)'라는 일본 민속화의 판화가 유행했다. 일본 전통화에 서양화 기법을 도입해서 그린 그림으로 화려한 색채와 이색적 분위기, 특색있는 그림 내용 등이 눈길을 끌어 당시 서양의 미술가들이 앞다투어 우키요에를 사들였다.

그런데 일본 우키요에 화가들의 작품은 충분히 그럴 만한 가치가 있지만, 당시 일본의 무명 화가들이 생계를 위해 우키요에 춘화를 그렸다. 일본 춘화의 특징은 남녀의 성기를 과장해서 세밀하고 크게 그리고 각종 체위의 성행위 장면이 많다는 것이다. 우키요에 춘화는 독특하고 화려한 일본화 분위기와 함께 일본 전

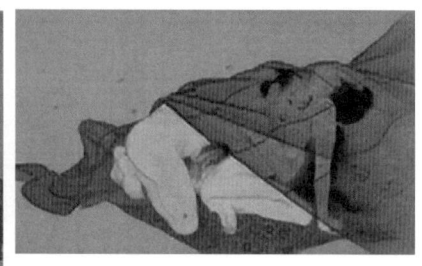

춘정제색 : 일본 우키요에 기타가와 후지마로 작품

통의상을 입은 남녀의 모습이 몹시 이색적이고 자극적이어서 그것을 보는 사람들의 성적 충동을 일으키기에 충분했다.

성적 충동이 일어난다고 당장 성욕을 해결할 수 있는 것은 아니고 성욕을 풀어 줄 대상이 있어야 한다. 일본 남성들은 우키요에 춘화를 구해서 남들 몰래 혼자 보며 흥분해서 자위행위를 하거나 성적 대리만족을 얻었다. 어쩌면 이것도 관음증이다.

19세기 초, 서양에서는 놀라운 일이 일어났다. '사진'을 발명했다. 그때까지 그림만 봐왔던 사람들에게 어떤 대상을 실물 모습 그대로 찍어내는 사진의 발명은 대단한 것이었다. 당연히 흑백사진이었고 처음에는 많은 사람이 가보고 싶어 하는 유적이나 명승지 등의 사진이 신기했다.

사진기술과 사진기가 나날이 발전하며 인물의 모습도 찍었는데 그것이 예쁜 여성의 모습과 여성의 나체사진까지 찍어서 보는 사람들을 즐겁게 했다. 그것도 상업적인 목적으로 갖가지 성적인 자세의 나체사진으로 변화했다. 비록 흑백이더라도 잘 그린 나체화보다 한결 실감이 났으며 크기가 작아서 누구든지 휴대할 수 있었다.

일본에서의 우키요에 춘화와 마찬가지로 남자들은 그 사진들을 몰래 보며 성적 자극을 받았다. 춘화 사진을 갖는 것을 친구들에게 자랑하며 함께 보고 성적 농담을 즐겼다. 관음증은 다른 남녀의 성행위 모습을 훔쳐보는 것인데 여자들도 그런 사실을 잘 알고 있었다. 그러면서 나체 여성처럼 불현듯 노출욕구가 생겨났다.

인간에게는 남녀불문하고 노출욕구가 있다. 인간은 원래 벌거숭이로 태어났기 때문인지도 모른다. 춘화 사진의 감상이 관음증과 관계가 있다면 그것은 노출증이다. 자신의 벌거벗은 모습을 남자들에게 슬쩍 엿보게 하면서 묘한 쾌감까지 얻었다. 오늘날 여성 노출은 상업화가 됐으며 이른바 '바바리맨'이라는 남자들의 공개적인 노출도 흔한 일이 됐다.

역사는 되풀이된다고 하던가? 근대의 성도착증 확산은 낭만주의의 플라토닉 러브 등을 거치며 잠시 주춤했던 난잡하고 음란한 그전 성행태로 되돌아가는 결과를 가져왔다. 인간의 의식수준이 높아질수록 성이 더욱 문란해지는 것은 기이한 일이다.

제1차 세계대전과 여성의 사회진출

19세기 초부터 20세기 초까지 100년 동안 유럽은 아무런 전쟁도 없이 평화로웠다. 이 시기에 유럽 열강들은 자원획득과 관리를 위해 아프리카, 아시아 등지에서 식민지 확보에 여념이 없었고 유럽 내부에서는 제국주의와 민족주의가 팽배했으며 나라마다 이해상관에 얽혀 서로 동맹을 맺기에 바빴다.

이런 상황에서 전 세계를 긴장시킨 놀라운 역사적 사건이 일어났다. 세르비아의 민족주의 청년이 사라예보를 방문한 오스트리아-헝가리제국의 황태자 부부를 공개석상에서 암살했다.

그러나 오스트리아-헝가리제국은 당장 선전포고를 하지 못하고 주저했다. 세르비아는 작은 왕국이었지만 오스트리아-헝가리제국도 병력이 약해 망설일 때 막강한 군사력을 보유한 독일제국이 적극적으로 지원하겠다고 나섰다. 자신감을 얻은 오스트리아-헝가리제국이 세르비아에 선전포고를 하며 전쟁이 시작되었다.

저마다 동맹으로 얽혔던 유럽 강국들이 아연 긴장했다. 프랑스, 영국, 벨기에 등과 러시아가 같은 슬라브족이 많이 거주하는 세르비아를 지원하겠다고 나섰다. 그들은 곧 연합군을 결성했다. 한편 오스트리아-헝가리제국과 독일제국 등은 동맹군을 결성함으로써 바야흐로 제1차 세계대전이 발발했다. 동맹국은 막강한 군사력의 독일제국과 손을 잡고 연합국과의 전쟁을 벌였다.

독일은 프랑스, 영국 등을 공격하기 위해 서부전선을 구축하고 러시아를 막기 위해 동부전선을 구축했다. 그렇게 동서 양쪽에서 전쟁해야 할 형국이었지만 독일은 서부전선에서 쉽게 이길 수 있다고 여겼다. 그리고 거리로 볼 때 멀리 떨어진 러시아는 진군속도가 느려진다고 판단하여 그다음에 집중적으로 공격하겠다는 작전이었다.

독일은 아주 작은 나라 벨기에를 먼저 공격했고 프랑스도 빠른 시간에 독일을 물리치고 승리할 것으로 확신했다. 더구나 프랑스 국민은 전쟁의 승리감을 맛보기 위해 앞다퉈 군대에 지원해서 참전까지 하는 등의 치열한 전투에도 승부는 쉽게 판가름이 나지 않았다.

세계대전은 장기전으로 바뀌면서 양 진영의 각종 신무기 대결로 이어졌다. 양 진영이 개발한 신무기의 대결에서 독일은 세계 제일의 해군력을 지닌 영국을 막아내려고 잠수함을 개발해서 큰 전과를 올렸다.

그러던 중 독일 잠수함이 큰 사건을 일으켰다. 미국의 뉴욕과 영국 리버풀을 오가는 정기 대형 여객선 루시타니아(Lusitania)호를 어뢰로 공격해서 침몰시켰다. 엄청난 사건으로 승객 1,198명이 희생됐는데 그 가운데 미국인 128명이 발생하자 미국이 분노했다.

당시 강대국으로 떠오르던 미국은 일찌감치 윌슨 대통령의 중립 선언이 있었으나 도저히 가만히 있을 수 없는 상황을 맞았다. 그 뒤에도 독일 잠수함들이 영국 인근을 운항하던 미국 상선들을 공격해서 3척이나 격침하자 미국은 더 이상 참지 못하여 연합국 편에 서서 독일에 선전포고를 했다.

미국은 무려 연인원 약 100만 명을 파병함으로써 연합국의 전황을 완전히 우세하게 뒤집어 놓았다. 1918년 독일이 항복하며 제1차 세계대전은 연합국의 승리로 4년 만에 종전을 고했다.

전쟁의 결과는 더없이 참혹했다. 어느 통계자료에 따르면 양 진영을 합쳐 전사자 900만 명, 민간인 사망자 600만 명, 부상자 2,700만 명, 장애인 600만 명, 미망인 400만 명, 고아 800만 명 등 수천만 명의 희생을 남긴 역사상 유례가 없는 대참사였다.

이 전쟁으로 미국에서도 큰 변화가 일어났다. 연인원 약 100만 명이 참전하며 각종 무기 제조공장, 군복 등 군수품 공장, 군용식품을 비롯한 보급품 공장 등의 노동력이 부족해지자 그 자리를 어쩔 수 없이 여성들로 메꿨다.

미국은 영국의 개신교도인 청교도들이 주축이 돼서 세운 나라로 종교개혁과 금욕주의 등을 내세우는 보수파가 대다수였으며 여성은 오직 남편을 내조하며 가정을 지키고 자녀를 양육해야 하며 사회활동이 불가능했다.

그런데 전쟁으로 말미암아 수많은 여성이 남성들의 일자리를 메꾸며 집 밖, 즉 사회로 나왔다. 경제적 지위까지 향상된 미국 여성들은 그녀들의 직장에서 여가시간이나 퇴근하고 나서 남성들만 이용하던 술집, 카페, 식당 등에 드나들며 자유를 만끽했다. 국가경제도 여성을 외면할 수 없었으며 특히 화장품을 비롯한 여성용품이 쏟아져 나오는 등 소비시장에 큰 변화를 불러왔다.

그와 때를 같이 해서 새로운 운동이 일어났다. 뉴욕의 빈민가에서 간호사로 일하던 마거릿 생어(Margaret Saner)라는 여성은 가난한 여성들이 원치 않는 임신을 하여 아이를 많이 낳고 그 때문에 더욱 가난해진다는 사실을 알게 됐다. 생거는 큰 충격을 받고 피임 운동을 시작했다.

그래서 구속까지 됐었지만 그녀는 자신의 주장을 굽히지 않고 '산아제한은 본질적인 여성교육'이라면서 '피임은 여성의 자유라는 목표를 향한 중요한 첫걸음이자 인간의 평등을 향한 첫걸음'이라고 외쳤다. 사실 그것이 남녀평등의 첫걸음이었다.

생어는 당당한 여성 해방운동가로서 갖가지 피임방법을 연구하고 피임약 개발을 위해 제약사들과 끊임없이 접촉했지만 쉽지 않았다. 세계적 발명으로 손꼽히는 먹는 피임약은 그녀의 온갖 노력에도 1960년에야 개발됐다. 생어의 나이 81세 때였다. 그녀는 1966년에 세상을 떠났다.

　임신과 출산은 여성을 가정에 묶어놓는 구속이며 자유를 빼앗는 것이다. 더욱이 전쟁이 기회가 돼서 사회로 나온 여성들이 원치 않는 임신을 한다면 다시 가정으로 돌아가야 한다. 생어의 피임운동은 여성들의 절대적인 지지를 받았다. 마땅한 피임방법이 없던 시대에 남성들의 일방적인 성적 횡포에 대한 경고였다.

성은 피할 수 없는 본능이다

⚥ **미국**은 제1차 세계대전에 참전했지만 유럽과 떨어져 있어 국토에는 피해가 없었다. 덕분에 혼란 없이 여성들의 사회진출이 활기를 띠었으나 유럽은 크게 달랐다. 승전국이나 패전국을 가릴 것 없이 국토가 잿더미로 변하고 많은 인명피해를 입어 그 전과는 전혀 다른 세상으로 변했다.

수백만 명의 젊은 군인들이 전사하고 3,000만 명이 넘는 부상자와 장애인, 전쟁고아들 그리고 남편을 잃은 미망인이 약 400만 명이나 됐다. 군대는 같은 고장 출신(고향)들로 부대를 편성했다고 한다. 그런데 부대가 전멸하며 부대원 전체가 몰살당한 경우가 많았다.

전쟁은 끝났지만 고향에 돌아온 장정은 한 명도 없는 마을이 많았다. 마을에는 살아남은 어린이와 여자 그리고 노인들밖에 없었다. 이러한 현실이 심각한 남녀의 성비 불균형과 한 세대가 거의 사라져 버려 어딘가 텅 비어 있는 듯한 사회적 불안을 초래했다.

국가경제 역시 붕괴해 살아남은 사람들도 희망을 잃고 좌절했다. 그처럼 암담한 현실에서 조금이라도 위안을 얻을 수 있는 것은 성적 행동밖에 없었다. 그럴 때 많은 사람의 관심을 끈 소설들이 등장했다. 예컨대 <채털리부인의 사랑>, <북회귀선>과 같은 작품들이었다.

영국 작가 D.H. 로런스(Lawrence)가 쓴 <채털리부인의 사랑>(Lady Chatterley's Lover)의 줄거리는 대략 이러하다.

상류층 여성인 코니(애칭)는 1917년 제1차 세계대전 막바지에 귀족인 채털리 가문의 클리퍼드와 결혼한다. 그리하여 채털리부인이 됐다. 달콤한 신혼생활 1개월쯤 됐을 때 클리퍼드는 영국군에 입대해서 벨기에 전선에 배치됐다. 하지만 6개월 뒤 그는 전쟁터에서 다치고 하반신 마비와 성불구자가 돼서 돌아온다.

23세의 젊은 아내 코니는 그래도 남편을 사랑해 보려고 하지만, 펄펄 끓는 성적 욕망으로 몸부림친다. 욕정을 참지 못하고 어느 날 남편이 자신의 저택으로 초대한 극작가와 불륜을 저지르지만, 오직 자기만족만을 위한 이기적인 그의 성적 태도에 결국 헤어진다. 그리고 우연히 채털리 가문의 건장하고 남성적인 산지기의 매력에 끌려 그와 불륜행각을 지속한다. 남편 클리퍼드가 이 사실을 눈치

챘으나 그녀는 산지기와의 정사를 멈추지 않는다.

　작가 로런스는 이 작품을 통해 상류층의 위선과 하류층의 비애를 그려내 사랑의 원초적 의미를 되짚어보려고 했으나 노골적인 성행위 묘사와 외설스러운 내용으로 판매가 금지됐다가 수십 년이 지나서야 재판에서 이겨 다시 출판할 수 있었다.

　무엇보다 제1차 세계대전에서 상처를 입어 장애인이 된 인물을 주인공으로 내세워서 당시의 많은 사람에게 공감과 큰 호응을 불러일으켰다. 마치 클리퍼드가 자기 자신이나 자기 친구와 같은 실감을 준 것이다.

　여주인공 코니 역시 성적 욕망에 몸부림치는 것이 당시 남자가 부족한 현실에서 여성들의 심정을 잘 나타냈을 뿐 아니라, 전쟁에서 남편을 잃은 수백만 명의 미망인들에게 마치 자기와 동일시하는 공감을 주었다. 더구나 군인들은 젊은 남성이어서 남편을 잃은 미망인들도 대부분 젊은 여성이었다.

　반드시 <채털리부인의 사랑>의 영향이라고 할 수는 없겠지만 낭만주의와 전쟁의 영향으로 한동안 주춤했던 육체적인 남녀관계가 빠르게 확산했다. 이 흐름은 남성들보다 여성들이 주도했다고 해도 과언이 아니다. 젊은 남자들이 부족해지며 여성들은 남성의 나이를 따지지 않고 억지로 기회를 만들어서라도 남자와 육체관계를 맺으려 했다.

미국 작가 헨리 밀러(Henry Miller)의 <북회귀선>(北回歸線, Tropic of Cancer) 역시 지나친 성 묘사와 외설적이라는 이유로 금지도서가 됐다가 수십 년 뒤에 해제됐다. 소설이라지만 헨리 밀러 자신이 일인칭 화자로 등장하고 인물들이 실명이라서 자전적 이야기, 회고록이라는 지적을 받았다.

이 작품에서 밀러는 프랑스 파리에서 아나이스 닌(Anais Nin)이라는 여류작가 지망생을 만나 뜨거운 육체관계를 이어간다. 두 남녀 모두 기혼자로 배우자가 있지만 아랑곳하지 않는다. 그런 와중에 밀러의 아내 준(June)이 찾아온다. 갑자기 삼각관계가 되었는데도 서로 배척하지 않고 함께 육체관계를 즐긴다. 아나이스 닌의 남편도 자기 아내가 외도하는 것을 알지만 그녀를 변함없이 사랑한다. 이들의 육체적 삼각관계는 변태적이고 비정상적이다.

<북회귀선>은 갖가지 이념이 쏟아지고 성이 범람하는 시대의 고뇌를 찾는 작품이라는 평가를 받았다. '북회귀선'은 지구에서 열대와 온대를 구분하는 위도상의 경계선이다. 그처럼 정상과 비정상을 넘나드는 인간의 성행태를 고발하는 작품이다.

이 작품의 서명인 Tropic of Cancer를 직역하면 '열대의 암'이다. 헨리 밀러는 암은 문명이 가져온 질병의 종착지라며 잘못 들어선 길에서 벗어나 처음부터 다시 시작해 가는 길을 완전히 바꿔야 한다는 것이 작품의 의도라고 밝혔다.

헨리 밀러도 사춘기부터 노년에 이르기까지 한평생 여성편력이 대단했던 인물이다. 16세 때 같은 고등학교에 다니는 여학생과 순수한 사랑을 했었지만 그 뒤 매춘부, 간호사, 극장 매표원, 버스 안내양 등 많은 여자와 성관계를 가졌으며 자신보다 30세나 많은 연상의 여성과 동거까지 했었다고 한다.

26세에 여성 피아니스트와 결혼해서 딸까지 낳았지만 헤어졌다. 결혼기간에도 21세 나이 어린 댄서와 불륜을 자행하다가 피아니스트와 헤어지고 나서 그녀와 재혼했다. 그러나 그녀와도 5년 뒤에 이혼하고 1944년에는 자기보다 30세나 어린 여성 철학도와 재혼해서 남매를 낳았지만 8년 뒤에 또 이혼했다.

1953년에는 자기보다 37세나 어린 예술가와 결혼했다가 1960년 이혼하고 일본의 여가수와 결혼했지만 1977년에 이혼했다고 하니까 그는 도대체 몇 번이나 결혼과 이혼을 반복했는지 셀 수도 없다. 그에게 어떤 성적 매력이 있었는지 몰라도 여자를 유혹하는 재주는 뛰어났던 것 같다.

<북회귀선>에 등장하는 실명의 여성 아나이스 닌은 밀러가 미국을 떠나 프랑스에서 생활할 때 실제로 그의 정부(情婦)였다. 그녀는 작가 지망생으로 유부녀이면서도 밀러와 가까웠다.

헨리 밀러 : 1940

그녀가 적극적으로 나서서 <북회귀선>의 출판을 도왔으며 편집과 교정까지 그녀가 맡았고 자비출판으로 비용까지 제공했다고 한다. 그녀의 남편은 부유한 은행가였다. 오스트리아의 철학자에게 돈을 빌려 출판했다는 얘기도 있다. 밀러는 <북회귀선>으로 20년 무명작가에서 벗어났다.

헨리 밀러가 근대의 사회현상으로 각종 이념과 성이 범람한다고 지적한 것은 상당한 의미가 있다. 근대야말로 이데올로기가 쏟아져 사람들이 정신적으로 어떤 사조를 따라야 할지 골치가 아팠지만 그러한 사조들의 핵심은 '인간의 자유'였다. 그리고 자유를 추구하는 대표적 이데올로기가 바로 민주주의이다.

민주주의는 고대의 그리스부터 시작됐다지만 그 이후 근대에 이르기까지 왕권의 독재와 강압 그리고 특정한 종교에 억눌려 왔다. 제1차 세계대전이 끝나갈 무렵인 1917년 러시아에서는 '볼셰비키 혁명'이 일어나 앞으로 민주주의와 대립하는 사회주의를 태동시켰다.

<채털리부인의 사랑>에서 작가는 숨길 수 없는 인간의 욕정을 드러내기 위해 노골적이고 과감하게 성행위를 묘사했다면, <북회귀선>은 인간의 지나친 성의 탐닉이 보편적인 사회풍조가 돼서 비정상을 넘어 치유하기 어려운 암의 지경에 이르렀음을 고발했다. 그리고 그러한 실상을 노골적이고 숨김없는 성행위 묘사로 표현했다고 봐도 무방하다. 오직 인간만의 비정상적인 성행태는 어디까지 갈 것인가.

타락하는 성

근대에 와서 성은 향락을 넘어 타락 양상을 보였다. 성의 타락을 주도한 것은 왕족, 귀족, 재력가 등의 상류층이 앞장섰다. 국왕까지 비정상적인 성을 즐겼고 대상은 상류층의 귀부인들만이 아니었다.

그러면 그들의 대상은 누구였을까? 매춘부들이었다. 사창가, 집창촌에서 생계를 위해 몸을 파는 하류층 매춘부들이 아니었다. 귀족, 상류층만 상대하는 고급 매춘부들은 상류층의 성적 만족을 위해 그들이 요구하는 모든 비정상적 성적 쾌락을 받아들였다. 또한 그들이 눈에 띄지 않게 향락을 즐기려면 특별하고 비밀스러운 장소를 필요로 했다.

여러 자료에 따르면 저명하고 높은 귀족들은 도심지에서 떨어진 숲속에 비밀스러운 별장을 마련했고 이 별장에서 일주일에 두세 번씩 귀부인들과 온갖 퇴폐적인 향락을 즐겼다. 심지어 프랑스 국왕 루이 15세도 이러한 별장파티를 즐겨 적극적으로 참여했다고 한다.

여기서 그치는 게 아니라 여성들 대부분이 참석자들의 아내여서인지 흥미가 떨어지고 한계가 느껴지자 별장연회의 주최자들이 성적으로 마음껏 다룰 매춘부들을 데려왔다.

하류층의 매춘부들을 동원할 수 없자 집창촌 포주들에게 의뢰해서 고급 매춘부를 부르도록 했는데 고급 매춘부들이 있을 리 없었다. 포주들은 중산층 이상의 미모가 특출한 젊은 미망인 또는 유부녀들에게 큰돈을 약속하고 끌어들여 별장에 공급한 결과는 성공적이었고 비밀연회의 귀족들이 만족했다. 자연스럽게 매춘부 아닌 매춘부들이 단골이 됐다.

경제논리에서 수요와 공급은 상호작용을 한다. 매춘업계에 '마담'이라는 아주 특별한 여성들, 근래의 표현으로 이른바 '전문 뚜쟁이'가 등장했다. 그녀들은 중산층 이상의 품위있는 여성 또는 몰락한 귀족부인 등의 미망인들뿐 아니라 미혼여성들도 선발해서 먼저 사교술, 매너, 상류층 남성들을 접대하는 방법, 성적 기교 등을 가르쳤다. 그렇게 고급 매춘부를 양성해서 귀족들의 별장파티에 공급했다.

귀족 남성들의 반응이 매우 좋았다. 마담들은 그런 기회를 놓치지 않았다. 집창촌이 아니라 큰 저택을 얻어 고급 매춘부들을 거느리고 자신이 직접 상류층을 상대했다. 그녀들의 능력은 상당했고 별장에 고급 매춘부들을 공급하며 여러 귀족과 교류하여 끈끈한 친분을 맺었고 귀부인 못지않은 품위를 지녔다. 그러한 마담들은 자기 저택으로 귀족이나 재력가들을 초대해서 고급 매춘부들과 은밀하게 향락을 즐기게 했다.

　마담들의 매춘 저택에는 성과 관련해서 없는 것이 없었다. 최음제는 물론이고 갖가지 성 보조기구, 모조 성기를 비롯한 채찍, 가죽으로 된 사슬, 가죽 띠 등 가학적, 피학적 성행위를 즐길 도구와 장치들을 완비했다. 또한 그것뿐 아니라 성불구자들도 성을 즐기도록 모든 요구를 들어주는 매춘부가 있는가 하면 '비밀의 방'이란 곳에서는 밖에서 안을 들여다볼 수 있다. 그리고 그 방에서 남녀가 성행위하고 그것을 지켜보며 관음증을 만족시켜 주기도 했다.

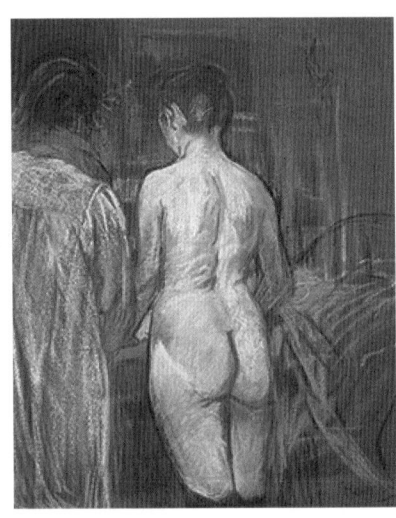

매춘부(Femmes de Maison) :
앙리 드 툴루즈 로트레크
(1893~1895) 작품

근대 서구사회에는 남성들의 성적 욕구를 해결해 주는 매춘부들이 많았다. 매춘 행위가 묵인된 까닭도 있겠지만 성의 타락이 가장 큰 이유였으며 대도시들에는 집창촌이 수십 내지 수백 개가 있었다고 한다. 보통 평민들도 자기가 원하면 얼마든지 성을 즐겼고 매춘부뿐 아니라 남녀 기혼자들이 힘들이지 않고 외도를 했다.

연극에서 여배우가 등장한 것은 17세기였으며 일반대중을 위한 연극공연 대부분은 코미디 등 풍자극이었다고 한다. 우리나라 탈놀이나 마당극이 양반이나 승려들의 위선을 조롱하는 내용과 비슷한 것들처럼 귀족, 성직자 등의 위선을 풍자함으로써 일반대중을 즐겁게 했다.

이러한 연극이 일반대중 사이에 성행하며 객석에 침대가 놓여있는 공연장까지 등장했고 연인들이 침대에서 연극을 관람하다가 즉석에서 커튼만 닫으면 성행위를 할 수 있었다. 침대 공연장이 알려지며 귀족이나 상류층도 찾아와서 즉석에서 성행위를 즐겼다고 한다.

온 사회에 비정상적인 성이 범람하다 보니 여성의 유방을 만지는 유별난 풍속까지 생겨났다. 남녀가 만나서 포옹이나 입맞춤하는 것은 예의와 같아서 아무런 문제가 되지 않았다. 여성의 성적 욕구가 있을 때 입맞춤한 뒤 자기 유방을 남성의 몸에 밀착시켜 비벼대거나 드러내면 남성에게 성행위를 허용한다는 표시가 됐다. 이런 행위는 미혼여성보다 상대적으로 몸매가 뚱뚱하고 풍만한 유방을 지닌 기혼 여성이 대부분이었다고 한다.

성이 신성한 행위가 아니라 모든 사람의 향락을 위한 하나의 '놀이'로 전락했다. 다시 말하면 성이 완전히 타락했고 매춘은 당당하고 떳떳한 여성의 전문직업이 되었다.

미국의 경제대공황과 대중문화의 태동

제1차 세계대전 이후 전 세계는 식량부족과 경제불황에 시달렸다. 잿더미가 된 유럽의 공장들은 생산이 마비됐고 농촌 역시 폐허가 돼 농작물 수확이 줄어들었다. 오직 미국은 경제적으로 대호황을 누리고 있었으며, 무기생산을 비롯한 방위산업과 각종 군수품 생산, 유럽의 전쟁복구를 위한 갖가지 제품생산으로 전성기를 맞았다. 이러한 경제호황이 20년 가까이 지속됐다.

주식시장에 열풍이 불어 국민이 앞다퉈 주식에 투자했다. 그런데 투자가 투기가 되는 등 과도한 투자로 부채가 누적되면서 주가가 급락하고 은행들이 잇따라 파산했다. 은행들의 파산으로 수많은 기업이 자금을 구하지 못해 폐업하는 상황에 이르렀고 미국의 경제대공황이 시작됐다.

기업들이 문을 닫으면서 수백만 명이 일자리를 잃으며 대량실업을 발생시켰고 갑작스러운 엄청난 재해가 일어나 농촌마저 곡물생산의 타격을 입어 식량부족까지 겹쳤다. 이것이 1929년 미국 경제대공황의 시작이었다.

　갑자기 빈털터리 실업자가 되고 먹거리마저 부족한 시민들이 거리를 떠돌았다. 그들이 시름을 달랠 방법은 음주밖에 없었다. 미국은 1919년 전 세계의 식량부족으로 각종 곡물이 원료인 술의 생산을 금지하는 '금주법'을 제정하고 1920년부터 실시하고 있어서 술을 마음대로 마실 수 없었다.

　몰래 불법으로 술을 제조하는 밀주가 성행했고 밀주산업은 유명한 알 카포네(Al Capone) 같은 사람들로 구성된 미국 마피아들이 주도하며 큰돈을 벌었다. 국민의 불만만 사고 마피아만 배를 불리게 해준 금주법은 1933년에야 사라졌다. 다시 살롱을 비롯한 술집들이 생겨나고 루스벨트 대통령의 뉴딜(New Deal)정책 등으로 경제가 서서히 회복됐다.

　대공황 시기의 여자들은 어떠했는가? 사회에 진출하던 여성들도 일자리를 잃고 실업자가 되기는 마찬가지였지만 이미 바깥공기를 쏘인 여성들은 방황했다. 무엇보다 경제적으로 궁핍해 미혼, 기혼을 가리지 않고 생계를 위해 많은 여성이 밤거리에 나섰다. 이른바 '밤거리의 여인' 즉 매춘부가 되었다.

　밤거리뿐 아니라 술집을 출입하며 남자들을 유혹했다. 바꿔 말하면 술집은 매춘의 소굴과 다름없었고 문란한 성적 향락은 잠시 주춤했지만 미국에서도 매춘부들이 가장 많았던 시기이다.

술집을 드나드는 남자나 여자나 희망을 잃은 좌절감을 음주로 달랬는데 그나마 이들에게 큰 위로와 웃음을 주며 기쁘게 했던 것이 재즈(Jazz)로 대표되는 요란한 음악이었다. 음악가들 역시 일자리가 없어 실업자 신세였는데 늘어난 술집에는 서너 명으로 구성된 소규모 악단을 두고 있었다. 특히 연주자들이 경쟁적으로 술집의 악사로 진출했다. 미국 남부에는 흑인 노예들이 많았는데 그 중 뉴올리언스가 가장 유명했다. 흑인 노예의 후손들이 대부분인 도시라서 술집 악단들도 흑인 연주자들이 많았을 만큼 재즈의 본고장이 되었다.

그들의 연주곡은 빠르고 경쾌한 재즈였으며 연주자에 따라 즉흥적 변주가 많고 흑인들의 혼과 정서가 담겨 있어 흑인들을 열광시켰다. 루이 암스트롱이 대표적 연주자로, 그의 트럼펫 연주와 노래는 듣는 이들이 가슴을 뛰게 했다.

다른 지역들에서는 이른바 스윙(Swing) 음악이 유행하기 시작했다. 재즈가 빠르고 경쾌한 리듬이라면 스윙은 재즈를 바탕으로 한 감미롭고 서정성이 강한 음악이다. 재즈가 즉흥성이 강하다면 스윙은 고정된 악보가 있으며 악보에 충실한 음악이다.

재즈가 하층민들 예컨대 사창가의 매춘부들이나 교도소의 죄수들에게도 유행했다면 스윙은 무도회장에서 각종 춤에 곁들여 연주되는 곡이었다. 스윙 악단은 대부분 백인이었고 유명한 악단이자

연주자들인 베니 굿맨, 글렌 밀러 등이 널리 알려져 있으며 상업용으로 만들어져 대중음악의 시초라는 평가를 받았다.

어느 민족 어느 나라든 그들만의 정체성이 담긴 민속음악, 전통음악, 전통악기, 전통춤이 있다. 그들은 오랫동안 자신들의 전통음악을 즐겼다. 그러다가 18세기에 이르러 서양의 현대적인 고전음악(Classic)이 전 세계로 확산되어 이후에 클래식이라는 개념을 확립했다. 음악이라면 자신들의 전통음악과 클래식이 전부였다. 대중음악이라는 개념은 없었다.

그러나 미국에서 재즈, 스윙이 유행하고 계층에 상관없이 하류층까지 함께 즐기는 새로운 개념의 '대중음악'이 알려지며 많은 나라에 전파되었다.

제2차 세계대전과 여성의 상품화

제1차 세계대전으로 가장 큰 피해를 당한 나라는 패전국 독일이었다. 국토는 잿더미가 됐으며 많은 국민이 희생됐을 뿐만 아니라 승전국들의 전쟁피해를 보상해야 하는 책임까지 짊어지고 있었다. 누가 보더라도 독일이 재기하기는 어려웠다.

1919년 패전하면서 독일제국은 멸망하고 곧바로 '바이마르(Weimarer)공화국'이 세워지며 독일 국민은 좌절하고 절망했다. 독일이 좌절감으로 방황하고 있을 때 불현듯이 등장한 인물이 히틀러였다.

히틀러(Adolf Hitler)는 제1차 세계대전 때 독일군에 자원입대해서 여러 차례 직접 전투에 참여한 경험이 있었다. 그의 부대는 600여 명으로 편성돼 있었고 연합군과의 치열한 전투에서 대다수가 전사했고 겨우 60여 명이 남았는데 그들조차 다른 전투에서 전멸하고 겨우 3명이 살아남았다고 한다. 그 3명의 생존자 가운데 기가 막히게 운 좋은 히틀러가 있었다. 그때 그는 자기가 '특별한 사람'이라는 자신감을 느꼈다고 한다.

정치에 큰 야심을 지녔던 히틀러는 '국가사회주의 독일노동당'이라는 정당에 입당, 열성적으로 일하며 남다른 능력을 발휘하여 빠르게 승진해서 중책을 맡았다. 그는 희망을 잃고 좌절한 독일 국민을 어떻게 결집하고 사기를 북돋울 것인가, 고민 끝에 민족주의를 내세웠다.

독일은 게르만(German)족이 세운 나라다. 그래서 나라 이름도 Germany다. 그런데 게르만족의 가장 순수한 혈통은 아리안(Arian)족이라는 것이다. 알려진 바로는 아리안족은 중앙아시아에서 발원해서 서쪽으로는 유럽으로 이동했으며 남쪽으로는 인도에 진출했다는 것이다.

히틀러는 독일이 가장 순수한 아리안족이라며 다른 민족들을 배척하기 시작해 세계에서 가장 우수한 민족인 아리안의 순수한 혈통을 지키려는 조치라고 해서 독일에 거주하는 유대인들을 추방하거나 학살하기 시작했고 집시, 장애인들까지 내쫓았다. 히틀러 일당의 강력한 선전과 선동에 희망을 잃고 있던 독일인들은 호응하며 집결했다.

히틀러는 자기 소속 정당명을 나치(Nazi)당으로 바꿨다. '나치'는 민족사회주의자라는 독일어의 머리글자를 딴 것이다. 이어서 민족주의 이념을 실천한다는 구실로 파시즘(Fascism)을 내세웠다.

'파시즘'이란 이탈리아의 무솔리니가 조직한 파시스트당을 중심으로 형성된 정치적 이념이다. 독재와 전체주의 체제를 내세우며 대중영합주의에 기반한 '결속주의(結束主義)'라고도 하며 히틀러의 '나치즘(Nazism)' 역시 그와 거의 비슷한 이념이다.

히틀러는 제1차 세계대전의 승전국들에 의해 급조된 '바이마르 공화국'이라는 국호를 '독일'로 되돌렸다. 승전국들이 강압적으로 체결한 전쟁 피해보상, 영토분할 등의 각종 조약을 파기하며 그의 독재를 강력하게 만들었다. 그는 독일 최고의 지도자인 총통에 올라 제일 먼저 인접국가 폴란드를 대대적으로 침공하며 제2차 세계대전을 일으켰다.

폴란드는 제1차 세계대전 후 승전국들의 협상으로 독일에서 가장 많은 지역을 할애받은 나라다. 히틀러는 빼앗긴 독일영토를 되찾겠다는 구실로 폴란드를 침공한 과격한 독재자로 제2차 세계대전의 주동자가 되었다.

그를 지지한 나라는 이탈리아와 아시아 정복의 야욕을 가진 일본이었다. 전쟁이 터지자 유럽 국가들에 비상이 걸렸고, 영국, 프랑스, 소련(소비에트 연방)과 일본의 침략을 받고 있던 중화민국(모택동의 中共 이전의 자유중국)이 참여해서 연합국을 결성했다.

미국은 지리적으로 큰 영향이 없어서 중립적 입장이었다. 그런데 일본의 진주만 기습공격으로 막대한 피해를 보자 연합국 편에 합류해서 세계 최고의 막강한 군사력을 동원했으며, 유럽에서 독일과 싸우고 태평양에서 일본과 싸우는 양면 전을 펼쳤다. 바야흐로 제1차 세계대전보다 훨씬 큰 대규모 세계대전이 펼쳐졌다.

1939년부터 1945년 독일이 패망하기 전까지 이 세계대전에 참가한 국가는 무려 30개국이나 됐다. 전쟁피해 역시 엄청나서 약 5천만 명에서 8천만 명이 희생됐다고 한다. 전쟁의 자세한 진행과정은 이 책에서 더 이상 자세하게 설명할 필요는 없을 것 같다.

6년 동안이나 지속된 이 전쟁에서 유럽 전역이 쑥대밭이 되고 전쟁터가 됐다. 역사적으로 전무후무한 대규모 전쟁에서 연합국이든 독일이든, 연일 수많은 사상자를 생겨나게 했고 끊임없이 보충병력을 대량으로 투입했다. 그와 같은 소모전도 큰 문제였지만 뜻밖의 문제들이 있었다. 바로 성과 관련된 문제였다.

여성들의 성문제가 심각했다. 전쟁이 길어지고 18세 이상의 학생들까지 징집되다 보니 마을에는 노인과 어린이 그리고 여성들뿐

아돌프 히틀러 :
오스트리아 태생의 독일 정치인

이었다. 그녀들에게 성적 대상이 될 만한 남자는 찾기 어려웠다. 참혹한 전쟁도 문제지만 여성들도 여러 해 동안 성적 요구를 억누르기에 어려웠다. 엄청난 전쟁으로 경제가 마비되고 모든 사회활동이 멈춰버려 생계가 어려웠다. 그럼에도 각 가정에서 생계를 책임질 사람은 여성들뿐이었다. 그녀들은 종군위안부를 자원했다. 이미 시대풍조에 따라 미혼여성의 정조, 순결 따위는 의미와 가치가 사라진 사회였다. 미혼이든 기혼이든, 여성들은 종군위안부로 나섰다. 치열하게 전투가 벌어지는 지역이 아니라면 전문적 매춘부보다 종군위안부들이 넘쳐났다.

군부대들에서도 병사의 사기를 북돋우려고 군부대 규모에 못지않은 종군위안부 집단을 허용하거나 묵인했다. 부대가 이동할 때 마치 부대를 형성한 듯한 종군위안부 집단을 수용해서 그녀들을 대동하고 공식적으로 함께 이동하는 부대들도 있었다.

긴 전쟁으로 남자들과 오랫동안 떨어져 있는 일반여성들도 성적 욕구에 시달리며 동성애에 빠지고 남자 모조 성기에 집착하기도 했다. 모조 성기는 이미 고대부터 있었다. 고대 인도의 성전인 <카마수트라>에도 나무로 만든 모조 성기를 활용하는 방법을 소개하고 있다.

르네상스 시대에는 유리로 만든 모조 성기가 등장했는데 긴 대롱 같은 공간에 뜨거운 물을 넣어 더욱 실감이 나게 사용했다고 한다. 근대의 사창가에서 매춘부들에게 모조 성기는 없어서는 안 될 필수품이었다.

미국 여성들의 상황은 유럽 여성들과는 차이가 있었다. 미국은 유럽과 태평양에서 큰 전쟁을 수행하는 참전국가지만 본토에서 일어난 전쟁이 아니어서 국민은 전쟁의 참상을 직접 경험하지는 않았다. 하지만 역사상 유례없이 대규모 병력이 동원돼 젊은 남성들을 찾아보기 힘들 지경이었다.

전쟁을 위한 엄청난 물자들을 공급하는 바람에 각종 공장은 눈코 뜰 새 없이 바빴다. 남자들이 없다 보니 여성들의 노동력에 의존하여 수많은 여성을 산업현장에 동원했다. 다시 말하면 미국 여성들의 사회진출을 더 활발하게 만들었다.

집 밖으로 나온 많은 여성이 피로를 씻고 휴식을 즐길 만한 마땅한 방법이 없었고 성적 욕구를 풀어 줄 만한 남자를 찾아보기 어려웠다. 공장의 관리자 등 얼마 안 되는 중년 이상의 남자는 수많은 여성이 서로 차지하려고 노골적으로 쟁탈전을 벌였다.

직장여성 대부분은 살롱(술집)을 찾아가 수다를 떨며 회포를 풀었다. 술집들에는 고급음악이 아닌 그녀들의 몸을 들썩이게 하는 대중적인 음악이 있었다. 대중음악이 확산되면서 그녀들을 열광시켰고 사로잡았다.

남성이든 여성이든 어느 한쪽만 누리거나 어느 한쪽 계층만 즐긴다면 진정한 문화라고 할 수 없다. 여성들이 선도하고 전쟁이 끝나고 돌아온 남성들이 합류하며 미국에서 대중문화는 장차 전 세계로 빠르게 확산하기 시작하여 대중문화 선풍을 이루는 계기를 마련했다.

남성들로 이루어진 군대는 성문제가 심각했고 전투가 벌어지는 지역의 병사들에게는 여러 가지 고뇌가 있었다. 전투에 나가면 언제 죽을지 모르는 상황에서 고향의 가족생각은 말할 것도 없고 어쩌면 영원히 만나지 못할 연인생각 등으로 잠을 못 이루었다. 그러면서 솟구치는 성적 욕구를 생각하지 않을 수 없었다.

두고 온 연인과의 성관계를 회상하는 병사들도 있었고, 아직 성경험이 없는 10대의 어린 병사들도 있었다. 그들도 전투에 참여하면 언제 죽을지 모르는 상황에서 죽기 전에 섹스라도 한번 해보자는 심정으로 종군위안부를 찾았다. 성의학에 따르면 남성들이 평상시 성관계를 할 때 약 1억 개의 정자를 배출한다면 언제 죽을지 모르는 긴박한 상황에서는 2억 개 이상의 정자를 배출한다는 것이다. 유전자를 퍼뜨리려는 남성의 성적 본능 때문이다.

군대 막사의 자기 침상 머리맡에는 미녀의 사진을 붙여놓고 성적 판타지를 가졌는데 이것이 이른바 '핀업 걸(pin-up girl)'이다. 병사들 사이에서 핀업 걸이 대세를 이루며 사진업계에서는 점점 노출이 심한 여성 사진이나 여성 연예인의 성적인 모습을 제작했고 마침내 여성 나체사진까지 등장하자 병사들은 그런 야한 사진을 보며 자위행위를 했다.

말하자면 여성은 성상품이 되었다. 매춘부처럼 직접적으로 몸을 파는 것은 아닐지라도 핀업 걸은 엄연한 상품으로 간접적으로 여성의 성을 상품화하기 시작해 오늘날 여성의 성 상품화 현상의 보편적인 시대현상을 이어왔다.

결혼 적령기

결혼은 인륜지대사, 관혼상제의 하나로 인간이 세상에 태어나서 반드시 치러야 할 통과의례의 하나다. 그러나 근래에 와서 결혼하지 않겠다는 자발적 독신주의, 비혼주의자들이 많이 늘어나고 결혼하더라도 남녀 모두 평균적으로 30세가 넘어서는 것이 보편적인 현상이다.

우리나라의 경우 조선시대만 하더라도 겨우 5~6세 때 부모에 의해 정혼(定婚)하고, 10대 초가 되면 결혼하는 것이 관습이었다. 여성이 19~20세에 결혼하면 늦은 결혼, 즉 만혼이었다. 근대의 서양도 그러했다. 평균적으로 남자는 15세, 여자는 12세에 결혼했지만 신랑과 신부로서 충분히 성적 기능을 했다는 것이다. 고대에도 역시 10대 초에 결혼했다.

개인적인 생각으로는 인간의 평균수명과 관련이 있는 것 같다. 인류의 평균수명은 선사시대 약 30세, 고대에 40세, 중세에 50세, 근대에 60세 정도로 추산할 수 있다. 그렇게 차츰 수명이 길어져 최근에 와서는 평균 80세 전후에 이르고 있다.

결혼 적령기라는 것이 있다. 남자는 성적으로 정력이 가장 왕성하고 여자는 확실한 가임기가 됐을 때가 결혼 적령기로 여자의 출산 기간은 대략 20년이다. 인간의 수명이 짧았을 때는 일찍이 10대에 결혼했고 수명이 길어지면서 결혼연령도 차츰 늦어지는 것 같다. 그렇다면 이것은 자연의 섭리다.

　결혼은 어느 시대에나 남자가 여자보다 평균 2~3세 많은 것이 보편적이었다. 그런데 요즘의 결혼추세를 보면 연상녀와 연하남의 결합이 많다. 이러한 결혼에도 여러 장점이 있다고 한다. 과연 어느 것이 더 효율적인지 생각해 볼 가치가 있을 것 같다.

나폴레옹과 성기

♂ **프랑스** 나폴레옹은 영웅으로 손꼽히는 인물로 생애 또한 파란만장하였다. 헤아릴 수 없는 숱한 전투에 참여하며 군인으로서 파란만장했고, 정치적으로 프랑스 황제가 됐다가 쫓겨나고 다시 복위했으며, 카사노바를 능가할 만한 끊임없는 여성 편력으로 파란만장했다. 나폴레옹은 키가 작았다고 하는데, 그 당시 프랑스 성인남성들의 평균신장은 164cm로 나폴레옹은 168cm이었다. 아주 작은 키는 아니었지만, 영양상태가 좋은 귀족들의 키에 비하면 작았다. 하지만 몸무게는 80kg이 넘어 땅딸막했다. 여성들에게 결코 매력 있는 체격은 아니었지만 카리스마가 있고 리더십이 뛰어나 많은 여성과 어울렸다.

그는 매력적이고 성행위에 적극적인 여자를 좋아했다. 매춘부는 물론이고 궁정의 시녀, 유부녀, 미망인, 여배우, 곡예사 등 직업의 귀천을 따지지 않고 닥치는 대로 육체관계를 가졌다. 대부분 나폴레옹이 여자를 끌어들였지만 신분상승을 위해 여자가 나폴레옹을 유혹하는 때도 많았다. 또한 지위가 높아지며 지속적으로 성관계를 갖는 여러 명의 정부(情婦)도 있었다. 그 때문인지 황제의 지위에 올라 매우 늦은 나이인 35세에 나폴레옹보다 여섯 살이나 위인 조세핀(Josephine)과 결혼했다.

　조세핀은 자녀가 두 명이나 있는 미망인으로 그녀의 첫 남편은 귀족 출신으로 프랑스 시민혁명에 참여했다가 처형당했다. 그녀는 품위와 지적 매력이 있었다. 정치적 능력도 있어서 나폴레옹의 외교정책과 여러 정치적 현안에 참여해서 역량을 발휘했다. 그럼에도 나이 탓인지 나폴레옹과의 사이에 자녀가 없었다. 적극적이고 외향적인 성격이었지만 남자를 몹시 밝혔다. 나폴레옹과 결혼하기 전에 남자관계가 복잡할 정도로 많았고, 나폴레옹도 그런 사실을 모를 리 없지만 그녀의 매력에 푹 빠져 결혼까지 했다.

　조세핀은 나폴레옹이 진짜 사랑한 단 한 명의 여인인지도 모르지만 그들의 사랑은 원만하지 못했다. 나폴레옹은 원정을 떠나면 현지에서 조세핀에게 쉴 새 없이 보내는 편지에는 사랑 얘기와 함께 저속하고 외설스러운 내용이 많았다. 가령 "전투를 끝내고 빨리 달려가서 당신의 아랫배 음모가 많은 그곳에 키스하고 싶소…."와 같은 것이었다.

　문제는 나폴레옹의 정력이나 성적 기교가 생각보다 무척 약했던 것 같다. 그러한 성 능력으로 남자 경험이 많고 남자를 밝히는 조세핀을 만족시킬 수 없었다. 조세핀은 나폴레옹이 결혼 이틀만에 원정을 떠나자 곧바로 젊은 남자를 불러들여 성관계를 가질 정도였다.

이들의 관계는 서로의 필요 때문에 겉으로만 화목해 보이는, 요즘 말로 하자면 '쇼윈도 부부'였다. 황제 나폴레옹에게는 후계자가 필요했는데 조세핀이 아이를 낳지 못하자 별거를 하다가 이혼하고 나폴레옹은 오스트리아 공주와 정략결혼을 했다.

조세핀은 51세에 병석에 누웠다가 세상을 떠났는데 그녀의 사망 소식을 들은 나폴레옹은 이렇게 말했다고 한다.

"나는 단 하루도 그대를 사랑하지 않은 날이 없소. 단 하룻밤도 그대를 내 팔에 끌어안지 않은 적이 없소. 어떤 여인도 그대만큼 큰

조세핀 드 보아르네 :
나폴레옹의 아내이자 프랑스 제국의 황후

헌신과 열정, 자상함으로 사랑하지 않았소. 공감과 사랑, 진정한 감정으로 묶인 우리를 떼어놓을 수 있는 것은 오직 죽음뿐이오."

나폴레옹은 1821년 아직 한창 일할 나이인 52세에 세상을 떠났다. 그가 숨을 거두자 사망원인을 확실히 밝히기 위해 주치의가 부검했는데 그때 그는 나폴레옹의 성기를 절단해서 몰래 가지고 있었다. 그러다가 코르시카 성직자에게 넘어갔는데 어떤 경로를 통했는지 모르지만 꼭 100년 뒤인 1921년 미국 뉴욕의 맨해튼에서 전시됐다.

그리고 이것을 1977년 뉴저지의 어느 비뇨기과 의사가 3,000달러에 사들여 보관하고 있다가 손녀가 상속받았다고 한다. 죽은 남자의 성기를 절단해서 보관한다는 것은 엽기적인 일이다. 하기는 나폴레옹이라는 유명세도 있지만 왜 하필 성기를 떼어냈을까? 나폴레옹의 성 능력이 부실했다는 것을 증명하기 위해서일까?

오르가슴의 비밀

☿ **모든** 동물은 자기 유전자를 퍼뜨려 후손을 번식시키려는 본능으로 짝짓기를 한다. 인간도 마찬가지였지만 일찍이 그러한 성 본능보다는 쾌락 추구가 성의 더 큰 목적이 됐다. 그렇다면 성행위를 통해서 모든 인간이 쾌락을 얻는가? 그렇지 않다. 그것도 남자와 여자가 큰 차이가 있다.

남자의 경우는 정상적인 성행위라면 약 85%가 성적 만족감을 얻는다고 한다. 조루나 지루, 발기부전과 같은 성기능장애가 없다면 생리적으로 남자의 성행위는 절정을 향해 치닫다가 최고의 절정에서 사정하여 성적 쾌감과 만족감을 얻는다. 물론 정력이 약하거나 환경적이고 심리적인 요인 등으로 절정을 향해 가지만 최고의 정점에 이르지 못하고 사정하는 때도 많다.

아울러 상대하는 여자에 따라 만족도가 달라질 수 있다. 이를테면 성행위를 할 때 여자가 지나치게 수동적이거나 마지못해 성행위를 하는 듯 무성의하면 남자도 만족감이 떨어질 수밖에 없다.

생리적으로 여자의 신체에 결함이 있거나 질(膣)이 너무 넓고 수축력이 약해서 질 조임이 잘 안 되면 남자의 의욕이 떨어진다. 여자의 질이 좁고 수축력이 뛰어나 질조임이 감탄할 만한 여자를 '명기(名器)'라고 했다. 명기를 만난 남자는 극치의 쾌감과 만족감을 얻는다고 한다.

그러나 여자의 경우는 다르다. 남자처럼 자의적으로 최고의 정점에 오르는 것이 아니라 남자의 성적 능력에 좌우되어서 남자와 호흡을 잘 맞춰야 한다. 말하자면 남자가 자의적이라면 여자는 타의라고 할 수 있다. 그뿐만 아니라 여자는 심리나 감정 상태가 예민하고 생리적으로도 절정에 오르는 과정이 복잡하여서 여러 자료에 따르면 여자는 성행위를 할 때 약 40% 또는 그 이하의 여자만 최고의 성적 절정감을 느낀다는 것이다.

남녀가 성행위에서 쾌감이 최고의 절정에 이른 상태를 오르가슴(Orgasm)이라고 한다. 비교적 쉽게 오르가슴을 체험하는 남자의 경우보다 여자의 경우에 훨씬 자주 쓰인다. 성행위에서 쾌감이 절정에 달하면 근육이 수축하고 호르몬에 변화가 생기며 긴장이 해소되면서 순간적으로 황홀한 무아지경에 이른다고 한다. 이러한 최고 극치의 성적 쾌감을 한 번만 느끼는 것이 아니라 한 번의 성행위에도 여러 차례 경험하는 여자도 있다.

　매춘부들은 상대하는 남자에게 만족감을 주려고 남자의 사정 직전에 일부러 오르가슴에 도달한 것처럼 몸을 비틀며 신음하거나 비명을 지르는 거짓연기를 하는 경우가 많다고 한다. 또한 매춘부가 아니더라도 상대하는 남자를 사로잡아 애착심을 갖게 하려면 오르가슴을 거짓으로 연기하는 여자들도 있다는 것이다. 병적으로 성관계를 하지 않아도 하루에 여러 번씩 오르가슴에 이르는 질환도 있다고 한다.

　여자가 성관계하면서 모두 오르가슴을 체험하는 것은 아니다. 해부학적으로도 음핵과 질이 멀리 떨어진 여자들은 오르가슴을 얻기 어렵다고 한다. 심리적 요인도 중요하여 긴장하고 수치심을 느끼거나 원치 않는 성관계를 하면 오르가슴을 기대하기 어렵다. 더구나 여자에게 근심, 걱정 등 스트레스가 있어도 오르가슴을 얻기 어렵다.

　어찌 되었든 오르가슴을 느끼는 여자는 절반도 안 되고 오랫동안 부부생활을 해도 전혀 오르가슴을 경험하지 못하는 여자들도 있다. 이러한 상태를 성불감증(性不感症)이라고 한다. 감각이 둔하거나 부부 사이처럼 일정한 패턴으로 지속하는 성행위에 익숙하거나 별 다른 느낌을 갖지 못하는 경우 성불감증이 된다. 오르가슴을 경험하던 여자도 출산 후에는 성불감증을 겪는 경우가 많다고 한다. 성불감증은 당연히 성기능장애다.

근대는 성의 범람 시대였다. 특히 상류층에서는 귀족은 물론 황제나 국왕들까지 성적으로 몹시 방탕했다. 그들과 성적으로 상대했던 여자들이 얼마나 오르가슴을 체험했는지는 알 수 없다. 모르기는 해도 수많은 여자가 오르가슴을 느끼지 못했거나 거짓연기를 했을 것이다. 그럼에도 남자들은 자기 성적 능력이 뛰어나 여자들이 크게 만족하는 줄 알고 쉴 새 없이 숱한 여자들을 품에 안았을 것이다.

그들의 성적 방종이 얼마나 심했던지 자성의 목소리가 나왔다. 가장 먼저 자성을 외친 나라는 영국이었다. 그들은 귀족들을 비롯한 상류층의 성의 문란이 심해지자 평민층에서부터 그들의 위선을 노골적으로 질책하고 나섰다.

더욱이 19세기 중엽, 국왕 조지 4세가 놀랄 만한 여성 편력을 남기고 죽자 그 뒤를 이어 윌리엄 4세가 왕위에 올랐다. 하지만 그는 병약해서 일찍 죽고 빅토리아 여왕이 18세의 어린 나이에 왕위에 오르며 성적인 퇴폐의 정화쇄신 운동이 본격화됐다.

그녀는 무려 60년이 넘게 장기집권했으나 그에 못지않게 유명하게 만든 것은 그의 순애보였다. 남편 앨버트 공과 9남매를 두었으며 전혀 다른 남자를 쳐다보지도 않았다. 남편이 먼저 죽자 그녀는 정절을 지키며 독신으로 살았고 무척 윤리적이었다.

빅토리아 여왕은 먼저 이혼 경력이 있는 귀족이나 외교관의 궁전 출입을 못 하게 했다. 이혼 사실을 숨기고 있다가 사실이 밝혀지면 가차 없이 쫓아냈다. 당시 영국에는 집창촌이 많았는데 국가에서 허용한 공창(公娼)은 인정했지만 1천 개 가까운 사창가를 폐쇄하고 몰래 몸을 파는 매춘 여성들을 색출해서 검거했다고 한다. 아울러 성적 묘사가 노골적인 외설 작품, 퇴폐소설의 출판을 금지했다. 그 야말로 획기적인 퇴폐 분위기 쇄신정책이었다.

　이러한 분위기는 외설 작품의 천국과도 같았던 프랑스에도 큰 영향을 주었다. 정부가 나서서 여성들의 순결을 강조하며 여성 나체화를 금지했고 나체 동상들까지 은밀한 부위를 가리게 했다.

　하지만 성은 억압될수록 더욱 진화한다고 하지 않았던가? 영국에서는 한층 더 노골적인 외설 작품들이 몰래 성행했으며 프랑스도 크게 달라진 것이 없었다. 더구나 제1차 세계대전이 일어나며 성적 문란을 정화하려는 쇄신운동은 오래가지 못하고 흐지부지되고 말았다.

성생활을 연구한 킨제이 보고서

역사상 최초로 인간의 성행태를 학술적으로 숨김없이 그대로 다룬 <킨제이 보고서>(Kinsey Report)가 1948년 미국에서 출간됐다. 처음 출간된 보고서 제목은 '인간 남성의 성적 행위'였다. 역사적인 보고서는 엄청난 선풍을 일으키며 인기 도서가 됐다.

성이 지나치게 문란해져 불륜, 간통, 성폭행 등이 사회적 이슈가 돼도 성 자체가 은밀한 사적 행위이며 겉으로 드러나지 않는 숨겨진 행위였기에 실태에 대해서는 언제나 금기된 상황이었다. 미국은 다민족국가이면서도 보수적 정체성을 가지고 있어 국민의 성생활 실태를 공개적으로 노출한 사례가 전혀 없었다. 다시 말하면 일반적 통념인 성의 윤리와 도덕을 완전히 깨뜨렸다.

보고서를 작성한 미국의 동물학자 킨제이(A.C. Kinsey)는 여러 해

동안 미국인들의 성생활 실태를 연구했다. 첫 보고서를 위해 미국 전역의 교도소에 복역 중인 남성 1만 8천여 명을 인터뷰했다고 한다. 교도소 복역자들이 흉악범이라기보다 1940년대 미국은 기독교 지배력이 절대적이고 폐쇄적이어서 자녀를 낳기 위한 부부의 성행위 이외에는 모두 불법이었다고 한다. 남녀가 합의해 성행위를 했거나 자위행위를 했어도 잡혀와 처벌받았다.

보고서의 구체적인 내용은 학술논문답게 각종 통계와 도표들이 많았지만 혼전순결, 불륜, 난교, 동성애, 매춘 등 성실태를 적나라하게 통계, 작성해서 큰 충격을 주었으며 심지어 성행위의 횟수, 인종별, 국가별로 남자 성기의 크기 비교에 이르기까지 기록돼 특히 종교인, 정치인들이 크게 분노했다.

이러한 내용들이 언론의 관심을 받으면서 저자인 킨제이는 당국으로부터 갖가지 탄압을 받았다. 그럼에도 25만 부가 팔리는 인기 도서가 됐으며 12개국에서 곧바로 번역판이 나왔다. 킨제이의 성 연구소는 록펠러 재단의 연구비 지원을 받았는데 종교인, 정치인들의 비난이 커지자 지원이 중단됐다.

첫 번째 킨제이 보고서 <인간 남성의 성적 행위>가 출간된 지 5년 뒤인 1953년 두 번째 보고서가 나왔다. 이번에는 <인간 여성의 성적 행위>서 더 큰 관심을 끌었다. 더욱이 이번에는 무려 10만 명에 이르는 대상자들을 인터뷰했다.

그전까지 여성의 성적 욕구는 남성에게 의존적이라는 견해가 지배적이었으나 이 보고서에서는 여성도 독자적인 성욕이 존재한다고 지적해서 큰 파문을 불러왔다. 킨제이는 3년 뒤인 1956년 62세에 사망했지만, 그의 보고서를 바탕으로 10여 년 동안 성을 실험연구한 인물들이 있었다.

그들은 성적 흥분의 과정을 밝히면서 "성적 흥분은 흥분-고조-오르가슴-회복의 4단계를 거친다."라고 했으며 남성의 포경수술과 사정 능력은 영향이 없다든가 "오르가슴은 남성의 체력을 고갈시키지 않는다." 또 "여성의 경우 폐경 이후에도 오르가슴은 존재한다." 등을 밝히면서 성행위의 실태연구가 활기를 띠었다.

킨제이 보고서에 대한 전문가들의 비판도 만만치 않았다. 특히 <인간 여성의 성적 행위>는 10만여 명을 인터뷰했다지만 대체로 응답자 선정이 공정하지 못했다는 것이다. 답을 미리 정해놓고 그에 적합한 응답자들에게만 질문을 했다는 것과 지나치게 흥미 위주의 내용으로 논쟁을 불러일으켰다.

그것이 어떠하든 킨제이 보고서가 미국의 대중을 파고들어 1960년대 성혁명의 계기가 된 것은 분명하다. 더욱이 성적인 배우였던 마릴린 먼로가 대중들로부터 엄청난 인기를 얻으며 '섹시의 아이콘'이 됐으며 1953년 휴 헤프너가 킨제이 보고서의 엄청난 대중적 관심에 착안해서 성인용 도색잡지 월간 <플레이보이>를 창간했다.

<플레이보이>는 과감하게 성적인 여성들의 나체사진을 게재하며 무려 700만 부가 팔리는 등 대단한 인기를 끌었다. 이것은 '섹스 심벌'로서 마릴린 먼로의 선풍적인 인기와 함께 여성의 성 상품화와 성산업의 결정적인 촉진제가 됐다.

Part 5.
현대(現代)

여성과
섹스의
상관성

대중문화, 꽃이 피다

제2차 세계대전이라는 대재앙이 휩쓸고 지나간 유럽의 많은 나라가 피해를 보고 초토화됐다. 젊은 남성이 많이 희생됐고 살아서 돌아온 수많은 부상자도 노동력을 잃었거나 정신질환을 비롯한 전쟁의 후유증으로 큰 고통을 겪었다.

생존자들이나 그사이에 성장한 젊은 남녀들도 참담한 현실과 전혀 기대할 수 없는 자신들의 암울한 미래의 희망을 잃고 좌절했다. 그리하여 이들 세대를 가리켜 '잃어버린 세대(Lost Generation)'라고 불렀으며 그들을 '성난 젊은이(Angry Young Man)'로 표현했다.

그럴 때 패기를 잃은 세계의 젊은이들에게 좌절감을 잊고 잠시나마 활기를 되찾을 수 있는 놀랄 만한 새로운 문화가 등장했다. 미국의 대중음악인 팝(Pop)이었다. 그 선두주자라고 할 수 있는 '케 세라 세라'가 전 세계를 휩쓸며 젊은이들을 열광시켰다.

미국의 여배우이자 가수인 도리스 데이(Dolis Day)가 부른 이 노래는 '될 대로 돼라'라는 뜻의 현실적으로 아무것도 할 수 없고 앞날이 어떻게 될지 짐작조차 못하는 세계 젊은이들의 자조적인 심정을 노래했다. '나도 모르겠다. 될 대로 돼라' 라는 식의 체념에 공감하며 소리쳐 노래를 부르고 춤을 췄다.

스페인어 Que sera sera의 본뜻은 그와 다르다는 것이다. '될 대로 돼라'가 아니라 긍정적으로 '잘될 거야'라는 의미라고 한다. 애니메이션 <라이언 킹>에 아프리카 스와힐리어로 '하쿠나 마타타(ha kuna matata)'라는 말이 나오는데 '아무 문제 없어. 모든 것이 잘될 거야'라는 뜻이다. '케세라세라'도 그와 비슷한 뜻이다.

이 노래의 첫머리만 봐도 그 뜻을 짐작할 수 있다.

내가 어린 소녀였을 때 엄마에게 물었죠.
장차 나는 어떻게 될까?
예뻐질까요? 부자가 될까요?
그 질문에 엄마가 말했죠.
무엇이든 될 거야. (Que sera sera)
미래는 우리가 볼 수 있는 것이 아니란다.
잘될 거야. 그래, 잘될 거야. (Que sera sera)

자신의 미래를 묻는 딸에게 "나도 모르겠다. 될 대로 돼라." 하며 귀찮은 듯 무성의하게 대답하는 엄마는 없다. "미래는 어떻게 될지 아무도 몰라. 아무튼 잘될 거야." 하며 딸을 안심시켰을 것이다.

미국의 대중음악 '팝'은 어느 특정한 장르만을 얘기하는 것은 아니다. 서양의 대중음악, 특히 미국의 대중음악을 흔히 '팝'이라고 한다. 사전적 정의로는 '일반대중이 즐겨 부르는 통속적인 성격의 음악을 고전음악이나 각국의 전통음악(민속음악)에 견주어서 이르는 말'로 팝뮤직 또는 팝송이라고 한다.

팝뮤직이 세계적으로 인기를 끌고 있을 때 등장한 대중음악이 '로큰롤(Rock & Roll)'이었다. 로큰롤이 태동한 것은 이미 1940~1950년대였다. 주로 아프리카계 미국 흑인들이 재즈, 리듬 앤드 블루스, 가스펠 등을 혼합한 형태의 팝뮤직으로 미국 남부지방에서 기원했다. 흑인과 백인의 음악이 결합하며 1960년대에 들어서면서 세계적으로 경이적인 선풍을 일으켰다. 젊은이들을 완전히 사로잡는 엄청난 인기를 끌며 전 세계를 휩쓸었다.

이 획기적인 대중음악을 앞에서 이끈 가수는 미국의 엘비스 프레슬리(Elvis Presley)였다. 그는 세계 곳곳에서 무려 5억 장의 음반을 판매해 기네스북에도 오를 정도로 전 세계 젊은이들의 우상이 됐다. 강한 비트와 함께 빠르고 경쾌하며 흥겹게 춤을 추는 역동적인 로큰롤은 젊은이들을 열광시키기에 충분했다.

<잇츠 나우 오어 네버>, <아유 론섬 투 나잇>, <하운드 덕>, <러브 미 텐더> 등 그의 히트곡들은 우리나라에서도 크게 유행해서

1960년대에 젊은 시절을 살았던 사람들은 이 노래를 모르는 사람이 거의 없다.

그가 미국 CBS-TV의 최고 인기 프로그램이었던 '설리번 쇼(Sullivan Show)'에 출연해서 노래를 부를 때 시청률이 무려 82.6%로 미국 역사상 최고를 기록했다. 바레이어티 프로그램인 '설리번 쇼'에는 뒤에 비틀즈, 롤링 스톤스 등도 출연해서 로큰롤의 세계화에 크게 이바지했다.

엘비스 프레슬리에 이어 영국 가수 클리프 리처드의 <The Young Once>가 엄청난 인기를 끌며 세계적으로 선풍을 일으켰다. 그는 로큰롤을 지향하는 가수로서 영국 여왕으로부터 작위까지 받으며 영국의 국민가수이자 세계적인 가수가 됐다.

이들을 능가하는 그야말로 오늘날까지도 세계 최고의 스타로 군림하는 보컬그룹이 영국에서 등장했다. 바로 4인조 록밴드 '비틀즈(The Beatles)'였다. 존 레넌, 폴 매카트니, 조지 해리슨, 링고 스타 4명으로 짜인 비틀즈는 1962년 데뷔해서 1970년 해체될 때까지 세계 음악 역사상 가장 위대한 밴드로 평가받으며 대중음악사에 큰 발자취를 남겼다. 또한 존 레넌을 비롯한 4명 멤버 모두 대중음악 최고의 아티스트로 평가받고 있다.

비틀즈가 전 세계 젊은이들을 하나로 결집하면서 로큰롤은 최고의 전성기를 누렸다. 이들의 음반 판매도 단연 세계 1위, 그다음 2위가 엘비스 프레슬리, 3위가 클리프 리처드였다.

여담이지만 우리나라 아이돌의 'K-Pop'이 전 세계 젊은이들에게서 선풍적인 인기를 얻는 것은 경탄할 만한 일이다. 노래도 노래지만 이들의 현란하면서도 일사불란하고 절도 있는 안무가 크게 호감을 사는 것 같다. 가수 싸이의 '강남스타일'도 그러하다. 말춤 같은 독특한 안무를 모르는 젊은이는 세계적으로 거의 없다.

젊은 세대들의 취향이 시대에 따라 바뀌듯 대중음악도 자주 바뀌는 경향이 있다. 비틀즈가 해체되고 로큰롤이 주춤하면서 크게 떠오른 대중음악이 미국의 '힙합(Hip Hap)'이었다. 물론 힙합은 음악 하나만을 뜻하는 것은 아니다. DJ, B-Boy(Break Boy), 그래피티, 패션 등 미국의 대중문화 대부분을 일컫는 말이다.

힙합 음악만 하더라도 음악형식부터 그 전의 대중음악과는 차이가 있다. 격렬하고 격정적일 뿐 아니라 혼까지 빼낼 듯 제정신이 아니라 내가 아닌 다른 인간으로 만들어 놓는 마력을 지녔다. 젊은 세대들이 힙합에 빠질 수밖에 없는 것은 당연해 보인다. 그 혼미한 정신상태와 환각을 유지하기 위해 진짜 마약이 젊은이들 사이에서 퍼져나갔다.

힙합은 하류층의 대중음악이었다. 더욱이 힙합에서 활용되는 '랩(Rap)'은 중얼대는 말과 노래의 경계선에 있다. 강력하고 반복적인 리듬(비트)에 맞춰 가사를 중얼중얼 읊조리듯 멜로디 없이 내뱉는다. '랩'이 곧 힙합이라고 말할 정도로 특징적이고 중요하다.

멜로디 없이 중얼거리는 것도 창법의 일종이라지만 노래를 잘한다, 못한다의 기준이 없다. 톤과 발성, 리듬을 타는 재능, 래퍼(Rapper)의 개성 그리고 가사의 내용 등이 가장 중요한 기준이 된다.

랩의 이러한 특성은 기성사회와 자신들의 현실에 불만이 많고 자기중심적인 젊은 세대의 취향에 딱 들어맞았다. 자기주장을 떳떳하고 당당하게 내세우기보다 욕지거리를 내뱉듯 중얼거리는 것도 젊은 세대들의 심정을 대변하는 것 같았다. 래퍼들이 정상적인 가수들을 물리치고 톱스타가 되면서 그들의 경쟁도 치열해졌다. 미국 동부지역을 대표하는 뉴욕의 래퍼와 서부지역을 대표하는 LA의 래퍼들이 경쟁하며 살인극을 벌였다.

미국 하류층 실생활을 얘기하듯 중얼대는 랩에는 기성사회, 기성체제에 대한 반항과 전쟁을 반대하는 반전 등을 욕설하듯 투덜대고 성적 자유를 내뱉는 온갖 외설스러운 내용들도 있다. 젊은이들이 동조하고 열광하기 딱 좋은 내용이 대부분이다.

로큰롤이 사회의 다양한 분야에 큰 영향을 미치며 음악양식의 벽을 넘어 삶의 방식도 바꿔놓았다면 힙합이 세계의 대중문화, 특히 젊은 세대들의 사고방식과 생활방식을 바꿔놓았다. 그들의 지향하는 삶의 방식에서 가장 중요한 핵심적 요소는 어떠한 침해도 받지 않는 '자유'였다. 그 자유에는 '성의 자유'도 포함돼 있으며 그것을 스스로 실천에 옮기려고 했다.

그와 함께 1960년의 먹는 피임약이 개발되고 도색적이고 외설스러운 성인잡지 <플레이보이>, <펜트하우스>, <허슬러> 등이 잇따라 발간되고 모두 매월 수백만 부씩 팔리면서 이른바 '성의 혁명'을 부채질했다.

성행동의 사회적 쿠데타, 성혁명

성혁명(Sexual Revolution) 또는 성해방(Sexual liberation)을 어떻게 이해해야 할까? 근본적으로 은밀한 사적 행위인 성행동에 혁명이나 해방이라는 표현이 가능한 것인가? 하지만 그것은 현실이었다. 1960년대부터 1980년대에 이르기까지 인간의 성문제는 획기적인 변화를 겪었다.

지난 19세기 영국 빅토리아 여왕이 제기한 정상적인 성행동, 순수한 성, 미혼여성의 순결, 일부일처의 숭고한 사랑 등 이른바 '빅토리아이즘'에 선전포고라고 할 사회적 쿠데타가 바로 성혁명이라고 말하는 전문가들이 많다. 본질적이고 전통적인 성적 태도에 대해 도전하는 사회운동이다.

요약하자면 전통적인 남녀의 일부일처제 결혼관계에서 벗어난 성관계를 수용하자는 것이며 산아제한, 즉 피임을 위한 약물복용, 공개적인 여성의 노출, 포르노그래피, 혼전 성관계, 동성애, 자위행위, 소아성애, 낙태의 합법화 등을 허용하자는 충격적인 성적 쿠데타라는 것이 전문가들의 한결같은 견해다.

이런 불법적이고 비정상적인 성적 일탈 행위들을 사회에서 받아들이자는 것인가? 좋게 말하면 '성의 해방'이며 '성의 자유'지만 더없이 무질서하고 무책임하며 성적 대혼란이 야기될 것이 분명한 무한한 개방이 사회적 이슈로 떠오르게 됐는가? 거기에는 그럴 만한 이유가 있다.

1960년 효능이 확실한 경구용 피임약이 개발됐다. 많은 여성이 자기 의지에 의한 산아제한이 가능해졌으며 원치 않는 임신의 공포에서 벗어날 수 있었다. 여성들도 자기 성적 욕구를 억누르지 않고 얼마든지 해소할 수 있었다. 더욱이 미혼여성들은 정신적, 육체적으로 큰 부담 없이 마음에 드는 남성이 있으면 즉흥적으로도 성관계를 가질 수 있었다. 피임약이 여성들에게 성적 자유를 가져다주었다.

이 시대, 즉 1946~1964년 사이에 태어난 베이비붐 세대의 젊은 남녀들은 만남-플러팅-교제(연애)-결혼-성관계의 전통적인 순서를 거친다. 그런데 지금은 그런 통념이 사라졌다. 미혼남녀들은 이성을 만나서 서로 호감을 느끼면 먼저 상대의 성적 매력을 탐지하고 느낌이 통하면 곧바로 성관계를 가졌다. 그와 같은 혼전 성관계가 일반화되었다. 중요한 것은 상대의 이성적 판단보다 '느낌'이 우선이 되었다.

　사회 분위기가 그처럼 남녀관계에서 성관계가 일반화되다 보니 생물학적으로 성적소수자인 동성애자들도 자기 성적 태도를 밝혔다. 그들뿐 아니라 남성과 남성, 여성과 여성이 성적으로 서로 즐기는 동성애자, 양성애자들도 많았다.

　'소아성애'는 성도착증인 어린이 대상의 성행동을 말하기보다 아직 미성년인 10대들을 가리킨다. 시대의 변화에 따라 성의식이나 태도도 달라지며 10대들도 성적으로 조숙해져 성에 대한 호기심이 커지고 경험해 보고 싶은 욕구가 강해졌다. 중고등학생들이 자기들끼리 성관계를 갖는 일이 빈번해졌다.

　10대의 어린 소녀와 기성세대 남성들이 사랑한다는 구실로 성관계를 갖는 경우도 흔해졌고, 심지어 20대 또는 그 이상의 성인 여성, 기혼 여성들조차 10대의 어린 소년 또는 미성년 제자와 지속적으로 성관계를 경우도 적지 않게 드러났다.

　남편이 있는 유부녀, 미망인, 이혼녀 등의 여성도 솟구치는 성적 욕구를 감추지 않았고 외도와 불륜이 보편적인 현상이 되었다. 흔히 말하는 내연남, 내연녀가 넘쳐났고 이혼도 많이 늘어났다.

　성의 범람시대가 되었다. 성관계를 갖다가 임신하면 여성들은 크게 망설이지 않고 낙태를 했다. 낙태는 법적으로 금지돼 있었지만, 여성들은 자신이 원하면 얼마든지 불법적으로 낙태를 했다.

　성개방 풍조에 기름을 부으며 이바지한 것이 외설스러운 성인잡지들이었다. 선두주자는 <플레이보이>였다. 1953년, 킨제이 보고서의 2편인 <인간 여성의 성적 행위>가 발표되면서 선풍적인 인기를 끌자, 거기서 아이디어를 얻은 휴 헤프너(Hugh Hefner)라는 인물이 선정적인 성인용 월간지 <플레이보이>를 창간했다.

미녀 모델들의 야릇하고 성적인 포즈가 가득한 이 성인잡지가 날개 돋친 듯이 팔리며 미국인들의 반응은 뜨거웠다. 그러자 이탈리아계 미국인이 영국에서 <플레이보이>보다 더 야한 <펜트하우스(Penthouse)>를 발간했다. 역시 선풍적인 인기를 끌자, 그는 미국으로 건너와 다시 발간함으로써 <플레이보이>와 치열한 경쟁을 펼쳤다. 경쟁의 핵심은 어느 성인잡지가 더 야하고 도색적으로 외설스러운가 하는 것이었다.

경쟁은 거기서 그치지 않았고 다시 미국에서 <허슬러>(Hustler)라는 완전한 포르노 잡지가 창간됐다. 결국 세 성인잡지가 피가 터지는 경쟁을 벌이면서 갈수록 외설적 수위를 점점 높였다. 여성 모델들의 선정적인 모습에서 나체사진으로, 다시 완전한 알몸에 음부까지 드러낸 사진에서 마침내 여성들이 음모가 클로즈업된 사진까지 한계가 없었다. <허슬러>는 매력적인 남성 모델들의 성기까지 드러낸 사진들을 실어 잡지를 보는 여성들까지 열광시켰다.

켄터키주에서 '허슬러'라는 스트립 바를 운영하던 래리 플린트(Larry Flynt)라는 인물은 포르노가 분명한 도색잡지 <허슬러>를 발간하면서 유명한 인물이 됐다. 낯 뜨거운 포르노 잡지여서 거리의 가판상들이 판매를 거부할 정도였다. 음란성이 지나쳐 래리 플린트는 여러 차례 기소돼 법정에 섰지만, 당당하게 '표현의 자유'를 내세우며 조금도 굽히지 않았다.

<플레이보이>나 <펜트하우스>가 주로 중류층 이상 백인들을 겨냥했다면 <허슬러>는 육체노동자 등의 하류층을 겨냥했다. <허슬러>가 유명해진 것은 대통령 부인의 나체사진을 실었기 때문이다. 케네디 전 대통령 부인이었다가 케네디가 피살되고 그리스의 선박왕 오나시스와 재혼한 재클린이 요트에서 알몸으로 일광욕하는 모습을 실었다.

래리 플린트는 매스컴에서도 '가장 악명높은 외설물 제작자'로 낙인이 찍혔으나 그는 "경쟁자들이 항상 외설을 예술로 가장하나 우리는 어떠한 가식도 없다."고 주장했다. 그는 1978년 백인우월주의자의 총에 맞아 반신불수가 됐다.

인간의 성이 더할 수 없이 문란해지고 무차별적으로 범람하는 이유가 '성혁명' 때문이라며 반기를 드는 인물들이 있었다. 대표적인 인물이 미국의 여성주의 활동가이며 작가인 케이트 밀러(Kate Millet) 이다. <성의 정치학>이라는 논문으로 박사학위까지 받은 그녀는 성혁명에 정면으로 반대하고 나섰다.

그녀는 성혁명이 사회를 괴롭히는 최악의 거짓말이라며 '성의 자유'를 통한 성해방은 사회를 파괴하는 사악함을 추구하는 것이라고 주장했다. 특히 그녀는 성의 자유가 불러오는 일부일처제의 붕괴와 가족의 파괴를 노골적으로 반대했다.

성혁명은 성적인 난잡함, 에로티시즘, 매춘, 낙태, 동성애 등을 조장하여 일부일처체를 파괴하고 결혼의 유대를 깨고 남녀 사이의 분열을 심으며 가족까지 파괴한다고 했다. 성의 난잡함을 추구하는 사회는 죽어가는 사회이며 성을 우상화하는 것은 신뢰, 우정, 가족을 파괴하는 것이라고 외쳤다.

그녀는 섹슈얼리티란 결혼을 전제할 때 최고의 미덕에 속하고 생식능력을 발휘한다며 성욕 대신 사랑으로 성적 욕구를 지향해야 한다고 주장했다. 또한 그것은 사랑하는 가족을 만드는 자선의 힘이 된다고 했다. 일부일처제는 가장 사랑하는 사람에게 모든 것을 주며 자유를 잃지 않는 미덕으로 번성한다고 말했다.

출산은 자신보다 자녀를 더 사랑하도록 가르친다며 피임약 등으로 출산율이 점점 떨어지는 것을 우려했다. 정욕은 파멸로 이끌지만 사랑은 끝없는 미덕을 고양한다며 성해방 풍조에 휩쓸리지 말고 참사랑을 해야 한다고 강조했다.

성해방이 우리의 영혼을 파괴할지도 모른다는 주장은 상당한 설득력이 있다. 그런데도 그녀의 주장은 성개방이라는 거센 파도와 같은 사회의 흐름을 막아낼 수는 없었다.

1996년, 프랑스 영화 <파리에서의 마지막 탱고>(Last Tango in Paris)가 개봉됐다. 파리행 여객기에서 우연히 만난 남녀 주인공은 공항에서 곧바로 호텔로 향한다. 그들은 어디 다녀오느냐, 어디로 가느냐, 직업은 뭐냐 따위의 의례적인 질문을 하지 않을 뿐 아니라 이름도 나이도 묻지 않고 열정적으로 육체관계를 갖는다. 그리고 호텔을 나와 남남처럼 헤어진다.

그들 사이에는 오직 '느낌'만 있을 뿐이다. 어쩌면 그것이 당시 젊은이들의 영혼이 없는 육체관계인지도 모른다.

 궁금해요

먹는 피임약 개발

하나의 의약품이 역사를 바꿔놓았다면 믿을 수 있을까? 하지만 그것은 사실이었다. 1960년 경구 피임약(먹는 피임약)이 개발되면서 세계의 성문화가 크게 바뀌었다.

여성의 임신과 출산은 활동을 저해하는 족쇄나 다름없었다. 더욱이 가난한 가정일수록 성 이외에는 즐길 만한 마땅한 레크리에이션이 없으므로 더 많은 자녀를 낳아 한층 더 가난해졌다. 원치 않는 임신이 많아서 여성의 피임은 이미 고대부터 꾸준히 시도됐다.

그러나 20세기에 이르기까지 효과적이고 확실한 피임방법을 찾지 못했다. 20세기 초 간호사 출신의 여성해방 운동가였던 미국의 마거릿 생어(M. Sanger)가 여성의 자유를 구속하는 임신에서 벗어나기 위한 산아제한을 주장하며 피임약 개발을 위해 여러 제약사에 의뢰하며 온 힘을 기울였으나 성과를 얻지 못했다.

세계적인 화학자 칼 제라시(Carl Djerassi) 박사가 오랜 연구와 실험 끝에 마침내 큰 성과를 거두었다. 그는 제약회사 신텍스(Syntex)를 통해 '에노비드(Enovid)'라는 경구 피임약을 내놓았다. 1960년에 이르러서야 먹는 피임약 개발에 성공해 무섭게 팔려나갔다. 제라시 박사는 획기적인 성과로 무려 27개의 명예박사 학위를 받으며 세계적인 화학자가 됐을 뿐만 아니라 제약회사 신텍스에서 개발자로서의 지분을 확보하여 부자가 됐다.

오늘날 여성들의 먹는 피임약은 크게 세 종류로 나눠 성행위 전에 먹는 사전 피임약, 성행위 뒤에 먹는 사후 피임약 그리고 갑작스럽게 성행위를 하게 됐을 때 임신을 막는 응급 피임약이 있다. 이들 먹는 피임약은 분명한 효능이 있지만 갖가지 부작용과 후유증을 동반했다.

임신과 출산은 여성의 기능이지만 반드시 여성에게만 있는 것은 아니다. 남성도 성행위 때 콘돔을 사용하거나 정관수술로 임신을 피한다. 근래에는 남성용 피임약도 개발됐다. 성행위에서 정자를 죽이거나 기절시켜 수정하지 못하게 하는 방법이다.

먹는 피임약의 개발은 분명히 여성의 자유에 이바지해서 성행위도 자유로워져 20세기 후반부터 성개방 풍조를 가져왔다는 것은 피임약 개발 못지않은 의미가 있다.

젊은 세대의 히피 문화

⚥ **멋대로** 기른 장발과 수염, 되는 대로 주워 입은 듯한 청바지와 허름한 패션, 마치 넋 빠진 사람처럼 생기와 초점을 잃은 눈동자, 샌들을 신고 뚜렷한 목적지가 없이 방랑자처럼 걷는 젊은이, 좀 과장해서 표현하면 마치 좀비와 같은 젊은 군상들이 '히피족'의 전형적인 모습이었다. 20세기 문화의 변천을 얘기할 때 빼놓을 수 없는 것이 젊은이들의 '히피 문화'다.

'히피(Hippie)'는 1960년대 후반, 미국 서부의 대도시 샌프란시스코에서 태동해 대도시들을 휩쓸고 전 세계로 퍼져나가 1970년대까지 이어졌던 대표적인 청년문화였으며 그전까지 볼 수 없었던 새로운 사회운동이었다. 그들 젊은이 행색은 미국 원주민인 아메리칸 인디언 모습과 비슷했다.

그들이 지향하는 가치는 결코 외면할 수 없었으며 시대의 흐름을 바꾸기에 충분했다. 미국뿐 아니라 전 세계 젊은이들이 지닌 의식과 태도, 삶의 방식 등이 담겨 있어 그에 공감하고 동조할 만한 설득력을 지니고 있었다.

히피가 지향하는 가치는 '자유 그리고 사랑과 평화'라고 할 수 있다. 히피 문화가 태동하던 시기는 베트남 전쟁이 한창이었으며 전쟁에 참가했던 미군들의 희생이 엄청났음에도 미국이 고전하고 있을 때였다. 전쟁터에서 돌아온 젊은 군인들도 대부분 PTSD(외상후 스트레스장애)를 비롯한 각종 정신질환에 시달렸으며 부상자들은 정상적인 사회활동을 못했다. 그리하여 정신적으로 방황하던 많은 젊은이가 마약을 찾았다.

그런 현실에서 히피가 내세운 것은 '반전(反戰)'이었다. 즉 전쟁이 아니라 사랑으로 충만한 세상을 만들자는데 공감하지 않을 젊은이는 없었다. 그뿐만 아니라 젊은이들이 온갖 사회적 구속에서 벗어난 모든 자유의 쟁취를 외쳤다. 기존의 사회규범, 기존질서, 기성세대의 낡은 가치관 등을 거부했다.

사랑과 평화를 지향하며 이념으로 표출되는 기존의 지배문화를 거부하고 자연으로 돌아가자는 신비주의를 외치기도 했다. 그를 위해 히피들은 신비로 가득 찬 인도를 찾아가고 불교의 신비주의에 몰두했다.

과학과 업적 만능주의, 전통적인 문명을 뒤쫓는 기존의 문화도 거부했다. 히피 문화는 분명히 새로운 문화이며 사회운동으로 모든 보수적 가치와 물질문명을 적대시하며 정신적 가치를 지향했다. 그에 따른 히피 문화에 반발하고 비판하는 세력에게는 무저항으로 맞섰다.

히피들은 미국 원주민 아메리칸 인디언들이 백인에게 자기들 땅을 빼앗기고 이리저리 옮겨가듯 일정한 거처 없이 떠돌며 '히피 빌리지(Hippie village)'를 조성하고 공동생활을 했다. 히피들은 대부분 일정한 직업이나 하는 일이 거의 없었다. 그들은 아무것도 하지 않는 것을 'sit-in'이라고 하며 그것을 전혀 부끄럽게 생각하지 않았다. 어쩌면 히피의 정신세계는 '허무주의'일지도 모른다.

히피 문화가 지금까지 볼 수 없었던 새로운 청년문화이며 모든 보수적 가치와 기존체제를 거부하는 특이한 사회운동이라는 것을 부인할 수는 없지만, 그들에게 많은 문제점이 있었던 것도 사실이다. 무엇보다 크게 비판을 받는 문제점은 난교(亂交)와 마약이다.

성개방 풍조와 함께 현대인들의 성행태가 난잡하고 무질서하더라도 '난교'까지는 아니다. 난교는 동물들의 짝짓기에서나 볼 수 있다. 히피들이 자연으로 돌아가라고 외치며 원시로 돌아가자는 것인가? 인류의 난교는 원시인류에서나 볼 수 있었던 성행태다. 무리를 지어 사는 동물들, 예컨대 침팬지가 난교한다. 무리를 지어 공동생활하는 히피들이 침팬지를 닮아가는 것일까?

히피들은 공동생활을 통해 남녀가 혼숙하며 성행위를 즐거움, 쾌감을 얻기 위한 레크리에이션으로 여기는 것은 아닌지, 그들이 '사랑'을 주장하나 그들의 난교는 사랑의 본질과는 거리가 멀고 어떤 고뇌나 망설임도 없었으며 기존사회에 대한 반발심도 없었다.

 비슷한 시기에 성적으로 큰 혼란을 가져왔던 성혁명의 영향을 받은 것일까? 성혁명은 혼전 성관계를 허용하고 전통적인 일부일처제를 벗어난 성관계를 수용해야 한다고 주장했다. 아무튼 난교는 비인간적인 성행태로 비난받아 마땅했다.

 마약은 오늘날까지도 미국의 가장 큰 고민거리의 하나가 되고 있다. 효능이 뛰어난 신종 마약이 나오면 미국에서부터 유행할 만큼 마약의 천국이다. 따라서 마약 밀매조직들은 미국을 최대의 시장으로 집중적인 공략을 한다.

 마약을 직접 제조해서 공급하는 대규모 조직들은 카르텔을 결성하고 치밀하게 온갖 수단을 통해 마약을 유통한다. 마약 카르텔은 어느 지역에나 있지만 미국을 공략하는 조직은 남미의 콜럼비아, 중남미의 멕시코 등이 대표적이다.

 이들 조직은 규모가 강력해서 정부를 상대로 테러를 저지르는가 하면, 마약을 단속하겠다는 정치인이나 판사와 검사 등의 법조인, 사회운동가, 인권 운동가들까지 서슴없이 암살한다.

 또 실제로 고위층들이 마약 카르텔과 연결돼 있다. 미국은 이들을 단속하기 위해 해당 국가에 수사관들까지 파견하지만, 큰 성과를 얻지 못했다. 해당국들에서도 마약 카르텔의 보복이 두려워 그들을 체포하는데 선뜻 나서지 못한다. 마약 카르텔들은 자체적으로 군사들까지 양성한다.

강력한 단속에도 미국 젊은이들에게는 마약복용이 보편화되고 있다. 히피 집단도 큰 어려움 없이 마약을 구해 상습적으로 복용했다. 마약중독에서 오는 많은 부작용을 겁내지 않고 마약을 복용하는 이유는 환각상태에서 황홀함을 만끽하기 위해서다. 환각상태에서 난교를 하면 더욱 황홀한 쾌감을 얻기 때문에 마약이 많은 미국 젊은이를 정신적으로 병들게 하고 있다.

모든 것이 급변하는 현대사회에서 히피 문화가 영원할 수는 없었다. 그들 집단은 여러 가지 이유로 시들어갔다. 그 가운데 히피족들이 나이를 먹는 것도 큰 이유였다. 히피 생활을 할 때는 20대였지만 나이가 들면서 30대를 넘긴 히피들이 많아졌다.

여러 해 동안 히피 생활을 하면서 자신들의 목적이나 목표가 없는 생활에 회의를 느낀 20대 중반을 넘어선 청년들도 있었다. 그런데 이들의 사고방식과 생활방식이 달라진 것이다. 그들을 가리켜 히피와 상대적으로 '여피'라고 불렀다.

여피(Yuppie)'는 Young Urban Professional의 머리글자 Y.U.P에 Hippie의 ie를 붙인 조어로 도시의 지식노동자 젊은 직장인, 사무직 회사원을 뜻한다. '여피'들은 뜻밖에도 단정한 슈트에 흰 와이셔츠 그리고 넥타이를 착용한 전형적인 사무직 노동자의 차림새를 선호했다.

그것은 기성세대 샐러리맨과 다름없는 스타일로 히피에서 벗어났을 뿐만 아니라 오히려 히피에 반대하는 듯한 모습이었다. 그렇더라도 전통적이고 보수적인 기성세대의 샐러리맨은 아니었다. 여전히 히피의 영향으로 그들은 권위주의에서 벗어나 이기적 개인주의 성향을 보이고 있었다.

자신을 가꾸기에 충실해서 명품의 정장을 착용하고 갖가지 명품들을 지니려고 했으며 세련되고 부유한 스타일을 갖추려고 했다. 다시 말하면 물질만능주의에 충실했다.

이기적으로 자신을 위한 투자에 큰 노력을 기울여 여행, 강습 참가를 비롯한 각종 자격증과 면허증 따기에 열중했으며 갖가지 취미활동과 스포츠 활동 등 체력단련도 게을리하지 않았다. 그리하여 자신을 남들보다 돋보이려는 의지를 드러냈다. 그들은 틀림없이 히피가 아니었으며 기성세대와도 차이가 있는 독특한 세대였다. 다만 그들은 자신들의 개인주의적 성향에 따라 결혼은 되도록 늦게 하려고 했다. 왜냐하면 아직 미혼이었을 때, 자기가 하고 싶은 모든 것을 다해 보고 후회 없이 마음껏 즐기다가 결혼하겠다는 것이다.

그러면 후회 없이 마음껏 즐기겠다는 것이 무엇인가? 물론 개인적 취향에 따라 차이가 있겠지만 섹스가 포함된 것은 분명하다. '성의 자유'만큼은 히피에서 완전히 벗어나지 못했다.

외도와 불륜의 자리

☿ **1960년** 먹는 피임약 개발은 많은 사회적 변화를 가져왔다고 강조했다. 여성들이 원치 않는 임신을 피하면서 출산율이 낮아졌고 여성들의 사회진출이 활발해지고 목소리가 커지며 어느 나라에서나 '남녀평등'이 사회적 담론이 되기도 했으나 부작용도 만만치 않았다. 피임약 개발뿐 아니라 비슷한 시기에 성혁명, 히피 문화 등이 성해방을 가져오고 한 걸음 더 나가 성개방 풍조를 가져왔다.

젊은 세대들은 말할 것도 없고 기혼남녀들까지 이러한 풍조에 편승했고 사회활동을 하며 가정에서 남편 내조와 육아에만 전념하던 여성들이 밖에서 많은 남성들과 어울리면서 그녀들의 억눌렸던 '성의 자유'를 실감이 나게 했다.

남편이라는 한 남자만 알던 기혼 여성들은 밖에서 여러 남자와 접촉하며 저절로 자기 남편과 비교하게 되었다. 사회적 지위, 경제력, 품성 등은 말할 것도 없고 외모를 비롯한 남성적인 매력, 성적 매력까지도 은근히 비교할 수 있었다. 유부녀인 줄 알면서도 이성적으로 접근하는 남자들도 적지 않았다.

일반적으로 기혼 남성들은 한 가정의 가장으로서 우월적 위치에서 아내와 자녀를 다스리며 지배하는 습성을 가졌다. 그런데 밖에서 만난 남자들은 동등한 위치에서 여성인 자신을 존중해 주고 관대하고 배려심이 높았으며 정신적, 물질적으로 도움을 많이 주기도 했다.

기혼 여성들에게는 가정에서 여러 문제가 있기 마련이라 가까이 있는 친절한 남성에게 자기 고민을 솔직하게 털어놓고 조언을 듣는 경우가 많았다. 그런데 그 남성이 남편보다 훨씬 뛰어난 성적 매력까지 지니고 있다면 왠지 가슴이 설레고 그 남성에게 빠져들 수 있다.

기혼 남성들의 외도는 본능적이다. 유인원 고릴라와 침팬지는 짝짓기에서 큰 차이가 있다. 고릴라는 우두머리 수컷이 무리에서 암컷을 독점하기 때문에 고환이 작다. 다른 수컷들과 정자경쟁을 할 필요가 없기 때문이다. 반면에 침팬지는 난교의 짝짓기를 한다. 무리에서 모든 수컷과 암컷들이 자유롭게 짝짓기하기 때문에 당연히 정자를 생산하는 고환이 크다.

인간은 고릴라보다는 크고 침팬지보다는 작다. 이것은 몸집 크기로도 구별할 수 있다. 수컷과 암컷의 몸집 차이가 클수록 비례해서 수컷이 암컷을 독점하고 서로 비슷하면 대개 일부일처다.

　인간은 남자가 여자보다 평균 키가 15~20% 정도 크다. 그것은 본능적으로 그만큼 외도성이 있다는 것이다. 기혼 남성이라도 자기 유전자를 많이 퍼뜨리려는 본능으로 자기보다 나이 어린 가임성 있는 여성을 선호한다. 그래서 본능적으로 외도할 가능성이 높다. 성인 여성은 난자생산이 제한적이다. 평생 약 400개의 난자밖에 생산하지 못한다. 본능적으로 자신을 임신시킬 수 있는 남자 선택에 신중하다.

　인간은 성행위에서 그러한 성적 본능보다 성을 통해 쾌감을 얻으려는 쾌락 추구가 압도적으로 강해서 성적 행동들이 음란하고 난잡해지며 시대에 따라 풍조가 달라졌다. 현대는 본능적으로 여성들도 성의 관심이 높아져 기혼 여성이라도 남편의 일방적인 성행위에 불만이 있거나 성적 욕구가 강할 때 그것을 굳이 숨기려 하지 않았다. 그럴수록 다른 남자와 성관계를 갖고 싶은 욕망이 높아져서 기회가 왔을 때 피하려고 하지 않았고, 기혼 여성이 적극적일 때도 많아졌다. 그럴 경우, 남편이 아닌 다른 남자와 육체관계를 갖는 것이 외도이며 불륜이다.

　그러한 성개방 풍조가 확산하며 기혼 여성들의 외도가 수치스러운 행동이 아니라 성적 자기결정권의 성향을 보이며 일반사회에서 보편적인 현상이 됐다. 외도하는 기혼 남성들이 내연녀, 애인을 갖고 외도하는 기혼 여성들은 내연남, 애인을 두었다.

남편이 아닌 다른 남자는 기혼 남성일 수도 있고 이혼한 남성, 미혼 남성도 있다. 남편과의 성관계는 지속적인 행위여서 항상 일정한 패턴의 도식적 행위이며 신선한 느낌이 없으므로 별다른 감흥과 희열을 얻기가 쉽지 않다. 아내와의 일상적인 성행위를 여러 가지 핑계로 피하는 남편들도 있다.

외도하는 기혼 여성은 아무래도 평소와 다르기 쉽다. 달라진 아내의 태도를 감지한 남편은 곧 아내를 의심하고 추궁한다. 남편의 외도는 아내가 그것을 알게 되더라도 일반적으로 남편이 용서를 빌면 한두 번은 용서한다. 그러나 아내가 외도했을 때 남편은 좀처럼 용서하지 않는다. 그것도 본능과 관계가 있다. 자기 여자가 다른 남자와의 육체관계란 남편의 처지에서 자기 유전자가 아닌 다른 남자의 유전자를 받아들인다는 것이다. 남자로서 그것을 용서하기란 쉽지 않다.

남편이 아내의 외도를 의심하는 것이 '의처증'이다. 아내의 외도가 사실이어서 정상적으로 의심하는 때도 있지만, 아내가 외도를 하지 않는데도 의심하는 것이 정신질환인 의처증이다.

남편이 의처증이 있으면 잘못된 의심일지라도 아내는 그의 착각에서 벗어나기 어렵다. 정신질환이기 때문에 남편은 자신의 판단에 확신을 갖고 온갖 방법으로 아내를 추궁한다. 아내가 아무리 부정해도 소용없다. 마침내 폭력까지 동반하면 아내는 남편의 가혹한 폭력을 멈추게 하려고 거짓으로 자백한다. 그러면 남편은 자기의 판단을 확신하고 지속적으로 아내를 괴롭힌다. 전문가들은 그릴 경우, 최고 방법은 이혼밖에 없다고 입을 모은다.

그와 반대로 아내가 터무니없이 남편의 외도를 의심하는 것이 '의부증(疑夫症)'이다. 밖에서 활동하는 남편에게 하루에도 수십 통씩 전화하고 직장의 여성사원과 업무와 관련한 대화를 해도 두 사람의 관계를 의심하고 추궁한다.

남편은 퇴근하면 곧바로 귀가해야 한다. 사원들끼리 회식을 하더라도 끊임없는 아내의 전화확인에 시달려야 한다. 집에 놀러 온 아내 친구를 다정한 얼굴로 쳐다만 봐도 친구가 돌아간 다음에 추궁당한다. 남편은 정상적인 활동이 불가능하고 정신적으로 고통을 벗어나기 힘들다. 역시 이혼이 최고의 방법이다.

남편이든 아내든 외도와 불륜 때문에 세계적으로 살인사건이 끊이지 않고 갈수록 범죄가 늘어나는 추세다. 남편이 외도하는 아내를 살해하고, 아내가 남편의 내연녀를 살해하는 경우가 많이 늘어난다. 아내의 내연남이 남편을 살해하거나 아내가 내연남과의 관계를 지속하려고 직접 남편을 살해한다. 이러한 불륜이 관계된 사건이 끔찍한 살인사건의 대다수를 차지한다.

요즘 국내 각종 TV에는 범죄 수사물들이 넘쳐난다. 필자도 그러한 프로그램을 자주 시청하는 편인데 놀라운 사실이 있었다. 주로 살인을 저지르는 흉악한 범죄자들에게 한결같이 여자가 있다는 사실이었다. 젊은 흉악범도 여자 친구나 동거하는 여자가 있고 나이 많은 범죄자들에게도 내연녀와 애인, 동거녀가 있었다.

얼굴에 '범죄자'라고 쓰여있는 것은 아니지만, 그들 남자는 대다수가 일정한 직업이 없고 생활태도나 습성이 정상적인 남자들과 다른가 하면 사기성이나 거짓말이 뻔히 보이는데도 여자가 있다. 어떤 정신상태에서 그런 남자와 사귀게 됐는지 의심스러웠다.

섣부른 판단인지는 모르지만, 남자의 거짓말에 속아넘어가거나 호감을 느끼고 사랑했다기보다는 성적 호기심과 기대감이 앞섰을 것이다. 그런 심리에 남자가 적극적으로 달려들어 먼저 육체관계를 받아들였을 것이다. 모두 성행위에 신중성이 모자란 시대풍조 탓이라는 생각이다.

부부 아닌 남녀가 함께 살기, 동거

동거는 사전적으로 법적으로 부부가 아닌 남녀가 한집에서 부부관계를 가지면서 같이 삶을 뜻한다. 사실혼(事實婚)과는 차이가 있다. 사실혼은 혼인신고는 하지 않았지만 분명한 혼인의사를 가지고 있으며 실제로 주민등록상 주소지가 같고 남녀 양쪽 가족의 행사에 참여하는 등 결혼생활의 실체를 갖고 있어야 한다. 그러한 관계를 지속하면 법적으로도 부부로 인정받는다.

동거는 남녀가 결혼의사가 전혀 없더라도 얼마든지 가능하다. 법적으로도 아무런 구속력이 없다. 언제든지 부담 없이 헤어질 수도 있으며 재산분할 등의 법적, 경제적 책임이 없다. 동거라는 형태가 갑작스러운 남녀관계는 아니지만 근래와 와서 세계적으로 늘어나는 추세를 보이며 새로운 성문화로 자리를 잡고 있다. 동거라는 형태가 점점 대세가 되는 것은 여러 이유가 있다.

무엇보다 젊은 세대들의 만혼 현상을 지적할 수 있다. 결혼평균 연령이 높아져 우리나라는 2022년 기준으로 남자는 33.72세, 여자는 31.26세로 남녀 모두 30세를 넘기고 있다. 일본도 우리와 비슷해서 남녀 모두 30세를 넘기는 추세다. 미국은 남자 31~32세, 여자 29~30세로 선진국일수록 만혼 현상이 두드러진다.

큰돈이 필요한 결혼비용, 주택마련을 비롯한 자녀가 생겼을 때 양육비 등 경제문제, 여성의 임신 기피 현상이나 갖가지 사회현상과 풍조도 만혼을 부추기는 중요한 요인이 된다. 비혼주의, 자발적 독신주의자들이 늘어나는 것도 만혼현상에 큰 영향을 미친다.

1970년대만 하더라도 평균 결혼연령이 20대 초반이었던 것과 비교하면 늦게 결혼한다. 30대 후반에야 결혼하는 남녀도 적지 않다. 예전에는 남녀가 결혼이 늦어 노총각, 노처녀 소리를 듣게 되면 주변에서 결혼을 다그치는 질문을 했는데, 이제 그러한 질문은 대단한 실례. 일반적으로 말하는 결혼 적령기가 아무런 의미도 없는 것이 오늘날의 실정이다.

선진국들이 많은 유럽은 여러 나라에서 이미 오래전부터 동거가 보편화됐다. 국가에서는 동거를 하나의 결혼형태로 규정하고 결혼한 부부와 똑같이 각종 복지혜택을 부여한다.

프랑스는 이미 1999년부터 동거계약을 신고만 하면 사회보장 급여, 상속 등에 혜택을 주고 결혼한 부부와 동등한 권리를 인정한다. 우리가 잘 아는 프랑스의 실존주의 사상가이자 작가들인 장 폴 사르트르(J. P. Sartre)와 시몬 드 보부아르(S. Beauvoir) 여사는 20대부터 동거하기 시작해서 평생 별다른 마찰 없이 이어가다가 두 사람 모두 세상을 떠났다.

영국도 남녀의 동거는 물론 동성 커플의 동거까지 세금, 연금, 상속 등에서 결혼한 부부와 별다른 차이 없이 법적 권리를 허용하며, 덴마크는 동거하는 남녀가 아이를 낳았을 때 정부가 먼저 양육비를 지급하고 만일 그들이 헤어지면 아이를 맡지 않은 비양육자에게서 양육비를 징수한다고 한다.

20대 청년들의 동거 비율이 50%를 넘어서 보편화된 스웨덴은 젊은이들에게 결혼했느냐는 질문조차 하지 않는다고 한다. 그들은 동거를 그들의 말로 '삼보(Sambo)'라고 하는데 그 뜻은 '함께 사는 사람들'의 줄임말이라고 한다. 그들의 각종 복지혜택이나 사회보장은 오히려 다른 나라들보다 앞서 있어서 평생을 정식으로 결혼하지 않고 삼보(동거) 상태로 사는 커플들이 많다고 한다. 결혼하려는 젊은이들도 결혼 전에 몇 년 동안 삼보를 거친다.

동거에는 여러 형태가 있다. 반드시 미혼남녀만 동거하는 것이 아니라 중년, 노년의 남녀도 동거하는 경우가 있다. 자녀를 모두 출가시키고 배우자를 사별한 외로운 남녀 노인이 동거하고 중년의 이혼한 남녀가 동거할 수도 있다. 또한 경제적, 지리적 부담 등으로 젊은 남녀가 합의로 동거할 수도 있다. 혼자 사는 미혼자가 주거

제공 등을 조건으로 내세워 동거할 이성을 SNS 등을 통해 공개적으로 구하기도 한다.

형제나 자매, 남매 등 같은 혈육이 동거하기도 한다. 그래서 일본에서는 미혼남녀의 동거를 '동서(同棲)'라고 하며, 혈육끼리 같이 사는 것을 '동거'라고 한다. 같은 집에 세 들어 사는 사람도 동거라고 할 수 있다. 하지만 보편적인 동거는 미혼남녀가 생활을 공유하며 함께 사는 것이다.

그들의 동거도 결혼을 전제로 하거나 결혼비용, 주택 등을 마련하지 못하고 결혼 전에 동거부터 시작하는 커플들도 있다. 그런 경우를 제외하고 아무런 조건 없이 동거하는 커플의 경우, 여성의 '혼전순결'을 생각해 볼 필요가 있다.

성개방 풍조로 성의 자유가 당연시되는 현대사회에서 솔직히 미혼여성의 순결의 가치는 의미가 상실된 지 오래됐다. 종교국가나 지독한 폐쇄국가가 아니라면 간통죄까지 폐지되고 '성의 자기 결정권'이 보장돼 있다. 혼전순결은 아무도 간섭할 수 없고 오로지 미혼여성 자신의 결정에 달려 있다.

일본의 최근 자료를 보면 미혼남성은 약 40%가 여자의 혼전순결이 필요하다지만 일본의 미혼여성들은 겨우 약 29%만 혼전순결에 동의한다. 우리나라를 보더라도 미성년이라고 할 수 있는 남녀 고등학생들의 성경험도 무시해 버릴 수준을 훨씬 넘어섰다. 이성적 판단 없이 철부지처럼 고교생끼리 성관계를 가졌다가 원치 않는 임신하고 아이까지 낳는 사례가 적지 않다.

결혼 전 동거, 즉 혼전 동거를 하는 커플들이 있다. 서로 결혼할 의지는 있으나 아직 결정을 하지 못한 상태에서 상대방과 삶을 공유해봄으로써 결혼했을 때 과연 원만하고 화목한 결혼생활을 할 수 있을지, 일종의 시험결혼, 결혼실습과 같은 동거다.

이 과정을 통해 서로의 사고방식, 습관이나 취향, 취미, 생활태도, 어떤 음식을 좋아하고 싫어하는지 등을 파악할 수 있다. 다행히 서로 잘 맞는다거나 사소한 차이점들은 충분히 수용할 수 있다면 기꺼이 결혼하겠지만, 아주 작은 차이에서 문제가 발생한다.

가령, 약속을 자주 어겨 신뢰감이 없다거나 목욕을 잘 안 한다거나 지나치게 게으르다거나 코를 심하게 곯다거나, 성미가 급해 자주 화를 내고 폭력성까지 엿보인다면 선뜻 결혼을 결정하기 어렵다. 그럼에도 혼전 동거는 결혼생활을 위한 좋은 선택이 될 수 있다고 말하는 전문가들이 많다. 그 밖에도 동거에는 여러 가지 장점들이 있다. 법적, 금전적 책임이 없으며 어느 때든 합의로 깔끔하게 헤어질 수도 있다. 그와 반대로 단점들도 적지 않다.

자칫하면 순간적으로 결정한 동거가 자신의 생애를 좌우할 수도 있다. 동거하다가 어떤 이유로든 헤어졌을 때 동거경험은 훈장이 아니라 지울 수 없는 상처로 남는다. 여자가 어떤 남자와 동거했다는 사실을 알고 그런 여자와 선뜻 결혼할 남자가 과연 얼마나 있을까? 동거경험이 있는 남자도 크게 다르지 않다. 동거경험은 큰 핸디캡이 될 가능성이 높다.

비혼 출생이 많이 늘어난다. 비혼 출생이란 결혼하지 않았지만 아이를 낳은 여성을 말한다. OECD는 약 42%, 우리나라도 5% 가까이 된다. 그 가운데는 비혼 동거하는 커플이 많다. 2022년 통계청 통계에 따르면 34.7%가 '결혼하지 않고도 아이를 가질 수 있다'고 응답한 것으로 나타났다.

성적 자유가 너그러운 현대사회에서 미혼남녀 동거는 무조건 반대할 일도 아니며 무작정 찬성할 일도 아니다. 어디까지나 당사자들의 문제다. 자기 미래의 삶을 좌우하는 동거에 대해 좀 더 신중한 이성적 판단이 중요하다.

기간과 의무를 정해놓은, 계약결혼

예식장에서 결혼식 진행순서에 영원히 사랑하겠다는 것을 다짐하는 '혼인서약'이라는 절차가 있다. 이어서 '성혼선언문'을 낭독하고 신랑과 신부의 결혼이 합법적으로 이루어졌음을 공개적으로 선언하는 것이다. 이것이 일반적인 결혼인데 '계약결혼'은 그와 다르다.

계약결혼은 '기간이나 의무 등을 미리 정해놓고 하는 동거'로 풀이한다. 동성도 있지만 대개 남녀가 서로 갖가지 조건을 제시하고 합의가 되면 계약하고 결혼해서 함께 사는 일종의 개인적 결혼형태다. 계약조건은 개인에 따라서 저마다 다를 수 있어서 계약결혼을 법적으로 인정하기도 어렵고, 그렇다고 자유로운 개인 행위를 불법행위라고 통제할 수도 없다. 계약결혼은 일종의 '동거'라고 보는 것이 마땅하다. 그런데 몇 해 전부터 이러한 계약결혼이 부쩍 늘어났으며 우리나라도 예외가 아니어서 <계약결혼>이라는 TV 연속극도 있었다.

대표적인 계약결혼은 프랑스의 사르트르와 시몬 드 보부아르의 평생 동거를 들 수 있다. '동거'라고 했지만, 그들 스스로 계약결혼 했다고 밝히고 있다. 프랑스의 대표적인 지성인으로 실존주의 철학자이며 작가인 사르트르는 자신이 정식으로 결혼하면 그것은 '부르주아적 결혼'이라며 저항했다. 학창 시절에 실존주의 철학자와 작가를 지향하는 보부아르를 만나 함께 살며 동반자 관계로 삶을 공유했다.

사르트르는 보부아르보다 두 살 위였다. 그들이 사상적으로 동지가 되고 서로 친밀한 관계가 되자, 사르트르가 먼저 결혼하자고 청혼했다. 그러나 사르트르가 부르주아적이고 일반적인 결혼과 그런 제도를 몹시 싫어한다는 것을 잘 아는 보부아르가 청혼을 거절했다고 한다. 그리고 그들은 계약결혼에 합의했다.

계약결혼은 국가가 합법으로 인정하는 기존의 결혼형태가 아니다. 사르트르와 보부아르는 서로의 신뢰를 바탕으로 2년 동안 부부관계를 갖기로 합의했다. 계약조건은 세 가지였는데 그 내용이 독특하고 이색적이다.

    1. 서로가 다른 사랑을 하는 것을 허용할 것
    2. 거짓말하지 말고 서로에게 솔직할 것

3. 경제적으로 독립된 생활을 할 것

　서로 얼마든지 다른 이성을 사랑할 수 있다니, 경제적으로 독립 생활을 하자니, 보편적 견해로서는 도저히 정상적인 결혼조건으로 볼 수 없지만 두 사람이 합의한 계약결혼이었기에 가능했다.
　사르트르는 여성 편력이 다채로웠다. 정상적인 결혼이었다면 불가능한 일이다. 보부아르의 남성편력도 사르트르에 뒤지지 않았다. 그녀 역시 수많은 남자와 관계를 맺었다. 자신보다 훨씬 어린 연하의 남자도 있었다. 어찌 보면 이것도 계약결혼 조건에 충실했다는 것일까? 그들은 2년의 시한부 계약결혼이었지만 아무런 갈등 없이 계속해서 2년씩 연장하다가 결국 평생을 함께 했다. 한 사람이 죽기 전에는 절대로 헤어지지 말자고 약속했다.
　1980년, 74세의 사르트르는 앞이 안 보일 정도로 노쇠해서 병실에 누워 임종을 맞았다. 그에게는 셀 수 없을 정도로 많은 여자가 있었지만, 병상에서 그의 손을 잡고 눈물을 흘린 여성은 보부아르 단 한 사람뿐이었다고 한다. 보부아르는 사르트르가 세상을 떠난 지 6년 뒤인 1986년에 눈을 감았다.
　그들의 계약결혼은 프랑스 젊은이들의 한결같은 선망이었다. 남녀의 정신적, 육체적 결합일뿐 아니라 자유를 마음껏 구사하며 자신들의 이상을 함께 추구했다.
　근래의 현대사회에서 계약결혼이 많이 늘어난다. 특히 연예인들이 앞장서고 있다. 결혼과 이혼이 빈번하고 즉흥적인 경우가 많은 할리우드에서 보편화되는 것 같다. 계약조건도 완전히 개인적이다. 가령, '성관계는 일주일에 3번 이상 갖는다.'가 첫 번째 조건인 사례도 있었다. 아울러 '다른 애인이 생기면 즉시 이혼한다.'든지, 재산이 많은 그들로서 이혼할 때 재산분할을 하지 않는다는 조건은 빠지지 않는다.

  이름이 널리 알려진 톱스타들인 그들은 서로 뜨겁게 사랑하기 때문에 결혼한다면서 결혼 계약조건에 '검은 머리가 파뿌리가 되도록 백년해로….'와 같은 조건은 절대로 없다. 그래서 결혼한 지 겨우 몇 달 뒤에도 서슴없이 이혼한다. 그들은 몰래 성관계를 가졌다가는 당장 소문이 나고 좋지 않은 소문이 되기에 계약결혼을 내세워 잠시 공개적으로 관계를 맺는 것 같다.

  보부아르는 사르트르와 함께 실존주의 철학자와 작가로서 세계 곳곳에 명성을 높였지만, 여성운동가로도 유명하다. 그녀가 쓴 <제2의 성>은 세계적인 명저로 우리에게도 잘 알려져 있다. 그녀는 이 저서에서 '여자는 태어나는 것이 아니라 만들어지는 것이다.'라는 명언을 남겼다.

  이 명언은 오늘날에도 유효하다. 여성은 시대의 변화에 따라 그 모습이 끊임없이 변한다. 그렇게 시대에 맞춰 만들어진다. 더욱이 성관념, 성행동 등은 더욱 민감하다. 더 이상 변화가 불가능할 만큼 막다른 골목에 다다른 오늘날 여자의 성이 또 어떻게 변화할 수 있을지 지켜볼 일이다.

성교육

　성이 범람하고 갈수록 음란하고 난잡해지는 오늘날, 올바른 성교육은 필요하다. 우리나라 초등학교 어린이들도 성교육을 받는다. 그러나 어린이들, 특히 성의 실체를 인지하는 청소년에게 성교육 내용은 왠지 부끄럽고 듣기 민망하다.

　성행위의 구체적인 과정, 임신 등을 가르칠 때 남자의 성기를 바나나 따위를 이용해서 설명하지만, 오히려 웃음을 자아낸다. 성교육에 열중하는 학생도 곧잘 오해받는다. 하지만 효과 있는 성교육은 실행과정이 전혀 쉽지 않아서 학생이나 성교육하는 교사나 모두 적당히 넘어간다. 과연 얼마나 효과가 있을지 의문이다.

　이미 여러 해 전 성이 개방된 유럽의 덴마크는 성교육 과정에서 청소년들에게 포르노 비디오를 보여줬다. 성행위를 하는 남녀의 성기가 클로즈업돼 보이고, 온갖 체위와 비정상적이고 변태적인 성행위를 청소년들에게 보여줘서 어쩌자는 것인가? 당연히 학부모들이 앞장서 반발했다.

　그러나 성교육 담당자들은 그러한 퇴폐적이고 난잡한 성행위를 청소년들에게 보여줘 그와 같은 성행위를 해서는 안 된다는 것을 강조하려 했다고 해명하자 학부모들도 수긍했다고 한다.

　스웨덴에서는 성교육은 평생교육이라고 한다. 따라서 노인들까지 성교육을 받는다고 한다. 스웨덴의 성교육 핵심은 성을 감추고 피하는 것이 아니라, 인간의 가장 기본적인 욕구로 이해하고 나이와 성별에 관계없이 인정하는 것이라고 했다.

성교육 전문가들도 "성교육은 전 생애에 걸쳐 이루어진다. 나이와 상관없다. 나이에 따라 내용과 표현이 달라질 뿐이다. 많은 사람이 나이가 들어서도 더 좋은 성생활을 하게 된다."고 했다. 그러한 방침이 효과가 있는지 스웨덴은 노인들도 활기차게 성생활을 한다고 한다.

우리나라의 성교육도 미래지향적인 검토가 필요할 것 같다. 내용이 과감하더라도 청소년들이 거부감없이 받아들이도록 성교육 선진국들의 실태를 적극적으로 벤치마킹해서 과감하게 활용할 필요가 있다.

에이즈와 비아그라

무엇이든 지나치면 모자람만 못하다는 말이 있다. 음란하고 난잡한 성이 지나치게 범람하자 천벌이 내려진 것일까? 16세기 유럽에서는 갑자기 악명높은 성병인 '매독'이 유행하며 많은 사람을 공포에 몰아넣었다.

매독은 성적 접촉으로 감염되는 무서운 성병으로 온몸에 발진과 궤양이 생겨나고 자칫하면 목숨까지 잃는 무서운 병이다. 임산부가 매독에 걸리면 태아에게도 100% 감염된다고 한다. 잠복기간이 길어 오랫동안 증세를 못 느끼다가 10~20년 뒤에도 발병하는 공포의 성병이다.

매독이 유럽에서 유행한 것은 신대륙을 발견한 콜럼버스와 선원들이 유럽으로 돌아온 뒤부터라는 것이 지배적인 견해다. 그들이 아메리카대륙에서 원주민 여자들과 성관계를 하며 매독을 옮겨와 유럽에 전파했다. 아메리카 원주민들도 그들에 의해 천연두 등의 강력한 전염병에 걸렸다. 그러한 전염병으로 면역력이 없는 원주민들이 속수무책으로 당해 잉카제국과 같은 강국들이 멸망하는 실마리가 됐다.

그 당시 유럽도 매독의 지식이나 치료법을 몰라서 갈수록 환자들이 늘어나 19세기에 이르러서는 매독이 만연했다. 유명인들도 예외는 아니었다. 세계적인 작곡가 베토벤도 매독 환자였다는 주장이 있으며 천재 작곡가 슈베르트는 매독에 걸려 겨우 31세에 요절했다. 독일의 철학자 니체, 프랑스 인상파 대표적인 화가 마네, 시인 보들레르, 소설가 모파상 등도 매독 환자였으며 매독 또는 매독이 원인이 된 합병증으로 사망했다.

워낙 성이 문란하던 시대여서 일반여성에게 감염되기도 했지만, 대다수의 매독 환자는 매춘부와의 성관계에서 감염됐다. 인간의 성을 통한 쾌락 추구에 대한 자연의 강력한 경고라고 할 수 있다.

그런데 20세기 후반에 와서 매독보다 더 무서운 성병이 전 세계를 공포에 몰아넣었다. 바로 '에이즈'였다. 에이즈(AIDS, 후천성 면역결핍증)는 혈액과 체액으로 전염되는 감염성 질환이다.

'HIV'라는 인간면역결핍 바이러스가 있는데 이 바이러스에 감염되면 우리 몸에 있는 세포들이 파괴돼서 면역력이 크게 떨어진다는 것이다. 그 때문에 각종 감염성 질환과 종양들이 발생해서 마침내 죽음에 이른다고 한다. '에이즈'란 HIV로 인해 면역력이 떨어져서 갖가지 감염성 질환과 종양들이 나타나기 시작하는 상태를 말한다.

우리 몸에서 HIV가 발생하는 원인은 성접촉이 가장 큰 원인이며 오염된 주사기를 계속해서 여러 사람에게 사용하거나 혈액제제를 투여할 때, 또 그런 주사기에 찔리거나 칼에 빈 상처 등이 있을 때 감염되기 쉽다. 일단 에이즈에 걸리더라도 초기에는 별다른 증상이 없다가 갑작스럽게 증가해서 합병증을 일으켜 사망한다는 것이다.

에이즈는 1981년 처음으로 의학계에 보고됐다. 발상지는 아프리카의 우간다(Uganda)였다. 이어서 빠르게 아프리카 전역을 휩쓸고 전 세계로 전파돼 2010년 기준으로 무려 4천만 명 이상의 희생자를 냈으며 처음 발생한 지 40여 년이 지난 지금도 해마다 130만 명 이상의 에이즈 환자들이 발생한다. 그 때문에 에이즈는 한동안 '죽음의 병'으로 불렸다.

아프리카에는 빈곤국가들이 많고 의료환경이 열악해서 발생 이후 걷잡을 수 없이 퍼져나가 아프리카 전역에 에이즈가 창궐했다.

최다 발생지역은 우간다와 탄자니아지만 대부분의 다른 나라들도 크게 다르지 않았다. 에이즈가 한창 기승을 부리던 1999년 UNFPA(유엔인구기금)의 자료에 따르면, 아프리카에서 15세 미만의 미성년 에이즈 환자만 하더라도 약 800만 명이나 된다. 어머니가 에이즈에 걸렸으면 태어나는 어린이들도 에이즈 환자가 된다.

아프리카 중동부의 우간다와 탄자니아는 국경을 맞댄 인근 국가이며 케냐(Kenya)도 인근 국가다. 따라서 케냐도 에이즈 최다 발생 국가의 하나다. 케냐는 에이즈로 약 50만 명이 희생됐으며 약 150만 명의 환자들이 있는데 그 가운데 70% 이상이 18~25세의 젊은 이들이다. 또한 어린이 환자가 20~30%에 달하며, WHO(세계보건기구)는 케냐에서 신생아의 약 30%는 어머니로부터 감염된 에이즈 양성자들이라고 한다.

인도양을 향한 케냐의 몸바사 항구-케냐의 수도 나이로비-우간다의 수도 캄팔라-콩고로 이어지는 도로를 '에이즈 하이웨이'라고 부를 만큼 에이즈가 가장 창궐하는 지역이다.

아프리카가 에이즈 온상이 된 것은 대부분 가난하고 열악한 의료환경과 부족한 위생관념 때문이었다. 이를테면 아프리카의 여러 나라들은 여자아이가 성인식을 하면 생식기의 음핵을 제거하는 '할례'를 하는 풍습이 있다. 그런데 칼 한 자루로 여러 명의 여자 아이를 시술하다 보니 에이즈에 걸리고 만다.

에이즈는 아프리카에서 동남아시아로 전파됐는데 인도가 최다 발생국가가 됐다. 2005년 기준으로 에이즈 환자가 무려 약 570만 명으로 세계 1위였다. 우리나라도 1만 명 이상의 에이즈 환자가 있으며 해마다 1,000명 가까이 새로운 환자들이 발생한다. 우리나라의 에이즈는 주로 외국인들과 동성애자들에 의해 감염되는 것으로 알려졌다.

에이즈가 이처럼 세계 곳곳에서 죽음의 병이 되다 보니 WHO(세계보건기구)에서는 1998년부터 매년 12월 1일을 '세계 에이즈의 날'로 지정하고 각종 행사를 열어 경각심을 높이고 있다. 다행스러운 것은 근래에 와서 '에이즈 백신'도 개발됐고 에이즈 치료제도 개발돼 완치율이 높다고 한다. 아직 약값이 비싸 빈곤국가들에서는 여러 국제단체의 지원에도 여전히 에이즈의 고통에 시달린다.

오늘날 에이즈는 이제 '죽음의 병'은 아니지만 지나치게 무분별하고 난잡해진 성의 절제를 촉구하는 강력한 경고가 되는 것은 분명하다.

에이즈는 위력을 잃었지만 언제 또 새롭고 무서운 성병이 갑자기 나타나서 인류를 위협할지 모른다. '성의 자유'를 탓할 것은 아니지만 자유에는 반드시 책임과 대가가 뒤따른다는 사실을 잊어서는 안 된다.

에이즈가 성을 절제해야 할 필요성을 알려줬다면 '비아그라(Viagra)'는 그와 달리 남성들의 성을 활성화해 준 현대의 신약이다. 이 약품은 효능이 확실해서 남성들의 발기부전 등의 성기능장애를 말끔하게 해결해 주고 성기능이 저하된 노인들도 성생활을 즐기게 활기를 불어넣었다.

비아그라가 처음부터 남성들의 성기능장애를 해결하기 위해 개발된 것은 아니었다. 미국의 국제적 대형 제약회사인 '화이자(Pfizer)'는 심장병 환자들을 위해 혈액공급을 원활하게 하는 약재를 개발하려고 연구를 거듭한 끝에 '실레나필(Sildenafil)'이라는 화합물을 개발했다.

　이 화합물 성분을 임상실험했지만 기대했던 만큼의 성과가 없어서 시약을 수거하려고 했다. 그런데 임상실험에 참가했던 남성 환자들에게서 뜻밖의 부작용이 나타났다. 그들의 음경발기가 확실하게 오랫동안 유지되는 것이었다.

　이 사실에 착안한 연구진은 1998년 남성 성기능장애 치료제 '비아그라'로 개발출시해서 대박이 났다. 고혈압 치료제를 개발하다가 엉뚱하게 남성 성기능장애 치료제로 용도를 바꿔 전 세계에서 선풍적인 인기를 얻으며 어마어마한 수익을 올렸다.

　비아그라 효능은 확실한 것으로 알려졌다. 수많은 유사제품이 잇따라 출시되어 그 가운데는 어느 부분에서는 비아그라보다 더 뛰어난 효과가 있는 제품도 있다. 비아그라가 한번 복용으로 음경 발기가 3시간 지속된다면 12시간이나 지속되는 유사제품도 있다.

　비아그라는 전문의약품으로 원래 혈액순환 개선을 위해 개발됐던 약품이어서 성기능장애를 극복하려고 사용했을 때 특히 심혈관 질환이 있는 남성에게는 자칫 부작용이 나타나는 사례가 많다. 그 밖에도 여러 부작용이 있어서 반드시 의사의 진료를 받고 사용해야 한다. 대개 성행위 30분~1시간 전에 복용해야 효과가 있다고 알려졌다.

　성행위를 통해 쾌락을 얻으려는 인간의 욕망은 어떠한 방법으로도 통제되지 않는다. 그 욕구가 지나치면 에이즈와 같은 무서운 질병을 얻기 쉽고, 부족하면 그것을 보완하기 위해 비아그라와 같은 치료제가 나온다. 성은 인간의 본능이어서 영원하다. 다만 시대에 따라 성의 풍조가 끊임없이 변화할 뿐이다.

여성폭력의 전형, 여성 할례

할례(割禮)란 인위적인 시술을 통해 남자와 여자의 생식기를 변화시키는 행위를 말한다. 이러한 할례가 일반화된 것은 기독교 구약성서 창세기 편에 "너희 남자들은 모두 할례를 받아라. 이것이 너와 너의 후손과 나 사이에 세운 내 계약으로서 너희가 치러야 할 일이다."라는 구절에 근거한다.

이 대목은 하느님이 아브라함(Abraham)과 맺은 계약으로 그를 조상으로 하는 유대교나 이슬람교에서 그의 실천에 충실했기에 종교적 영향이 크다. 아울러 그러한 근거에 민속적 의식과 의학적 용도가 더해져 오늘날까지 할례가 이어진다.

기독교 구약성서는 약 6,000년에 이르는 고대 이스라엘의 역사이다. 하느님이 아브라함과 계약을 맺으면서 할례를 언급했다는 것은 그 전부터 할례라는 의식이 존재했음을 말해 준다. 할례는 약 4,000년 전 고대 이집트에도 있었다고 하며 5~6세기 동로마에도 있었다고 한다.

남성 할례는 흔히 '포경수술'로 큰 문제가 되지 않는다. 어린 나이에 시술하는 경우가 많은데, 남자 성기의 귀두 부분을 덮고 있는 표피를 잘라내는 것이다. 남자가 지속적으로 귀두가 덮인 포경상태에 있으면 여러 단점이 있다. 귀두와 표피 사이에 이물질이 끼어 상처가 생기고 불결할 뿐 아니라 갖가지 성병에 노출되기 쉽다.

포경은 사춘기쯤 되면 성기가 커지면서 저절로 표피가 벗겨진다. 성인이 돼서도 안 벗겨지면 시각적으로도 보기 안 좋을 뿐 아니라 성행위 때 몹시 불편을 겪는다. 성병에 쉽게 걸리기도 한다. 포경수술을 하면 여러 장단점이 있지만 시술도 간단하고 건강상으로도 별다른 문제가 없다. 또한 반드시 하지 않아도 된다. 아프리카나 중동지역의 포경수술은 종교적인 이유 때문이다.

문제는 여성 할례다. 국가적, 사회적으로 큰 문제가 되는 여성 할례는 명백한 여성학대라고 할 수 있는데, 지금도 아프리카나 이슬람 국가 등 여러 나라에서 실행되고 있어서 안타까움을 더 해주고 분노마저 느끼게 한다.

여성 할례는 여성의 외부생식기를 제거하거나 부분적으로 절단하거나 봉합하는 것이다. 여성이 14세쯤 돼서 성기능을 갖게 됐을 때 생식기의 음핵과 소음순 등을 제거하거나 잘라내고 지역에 따라서는 소변을 보는 곳만 남기고 아예 생식기를 봉합해 버린다고 한다.

할례의 시술행태도 큰 문제가 되고 있다. 대부분의 시술은 부족 공동체에서 시술을 전담하는 나이 많은 여성이 행하지만 부족의 점술사나 원로 노인이 행하기도 하고 심지어 할례를 받은 소녀가 자기보다 어린 후배나 동생을 시술하는 때도 있다는 것이다.

의료 전문성이 전혀 없는 비전문 일반인들이 시술하는 것도 문제 지만 더 큰 문제는 녹슨 칼, 면도날, 심지어 깨진 유리조각 따위로 마취도 없이 시술한다는 것이다. 더할 수 없이 비위생적인 시술로 고통은 말할 것도 없고, 통증이 지속되고 각종 질병에 노출되는 것은 불을 보듯이 뻔하다.

잔인한 생식기 변형으로 성기능장애가 심각해서 성행위 때 쾌감 보다는 고통스러워 우울증에 빠지게 된다. 아프리카의 페미니스트들은 할례, 결혼, 노동을 아프리카 여성들이 평생 겪어야 할 '3대 고통'으로 간주하고 있다.

여성 할례는 기독교의 성경에도 없고 이슬람교의 성전 쿠란에도 없다. 할례를 받은 여성은 성기능이 감퇴해서 성행위를 하더라도 성감(性感)을 못 느끼고 자칫하면 평생을 후유증의 고통에 시달린다. 소변을 볼 때도 무려 15분 이상이 걸린다고 하니까 얼마나 고통스럽겠는가? 그런데 왜 사라지지 않는 걸까?

고대에 이르러 남성 중심의 가부장 사회가 되면서 남성들은 여성을 소유물로 생각하는 우월의식을 가졌다. 여성의 순결을 강조하자 여성을 결혼시켜야 할 가정에서는 그녀의 순결을 확실히 하려고 할례를 했다는 견해가 있다.

성적 방종과 출산을 막기 위해 여성 할례는 여러 민족에게서 관습화됐다. 고대나 중세의 여성노예들에게는 당연하게 할례를 시행했다.

여성 할례의 목적은 여성성기의 훼손이 그 목적이고 여성의 성기 훼손은 남성들의 순결에 대한 강박관념이 원인이다. 남성들이 주도하는 여성성기 훼손에는 또 다른 이유도 있다고 한다.

이미 수천 년 전에 여성 할례를 실행했던 고대 이집트는 그들의 신화와 같은 전설을 믿었다. 그것에 따르면 인간은 남녀가 각기 상대방 성의 정령을 몸에 지니고 있다는 것이다. 여성의 음핵에는 남자의 정령이, 남성의 성기 표피에는 여자의 정령이 있다고 믿었다. 여성은 음핵을, 남성은 성기의 표피를 잘라내야 마침내 완전한 여성과 남성이 될 수 있다고 믿어 할례를 하게 됐다는 그야말로 신화 같은 얘기다.

여성의 음핵은 성적으로 가장 예민한 곳으로 성적 쾌감을 얻는 데 핵심적인 부위다. 아프리카에서는 여성들이 음핵의 자극을 통해 성적 쾌감을 얻기에 할례를 해야 성욕을 막는다고 믿는다.

2016년 UNICEF(국제 아동 구호기금) 자료에 따르면 아프리카와 중동을 중심으로 30개국에서 적어도 2억 명이 여성 할례를 경험했다고 한다. 15~49세의 할례를 한 여성은 소말리아가 무려 98%로 가장 높고, 기니 97%, 지부티 93%, 시에라리온 90%, 말리 89%, 이집트와 수단이 각각 87%였다.

아프리카 나일강 유역과 사하라사막 인근국가들 그리고 중동의 이슬람국가들에서 종교적 이유와 오랜 관습 등에 따라 오늘날에도 여전히 자행된다. 유니세프의 통계에 따르면 현재 27개국에서 하루에 약 6,000명, 연간 약 200만 명의 소녀들이 더없이 비위생적인 방법으로 시술을 받는다고 한다. 정말 끔찍한 악습이 사라지지 않고 여전히 성행한다.

몇 년 전이었지만 이집트 언론의 27세 한 여성기자가 자신이 중학생이었던 13세에 겪은 할례경험을 외국 매스컴에 솔직히 털어놓아 화제가 됐었다. 그녀는 이렇게 고백했다.

"몹시 아팠다. 살해당하는 줄 알았다. 큰 굴욕이다. 강간이나 마찬가지다. 나는 그때의 고통을 아직도 잊지 못한다. 할아버지 집에서 여름방학을 보내던 어느 날 숙모에게서 '결혼식에 가니 샤워하라.'는 이야기를 들었다. 2세 밑의 여동생과 함께 차를 타고 도착한 곳은 민간진료소, 아무런 설명도 없이 수술대와 책상밖에 없는 작은 방으로 안내됐다. 수술대 위에서 숙부와 숙모 등 4명이 손발을 움직이지 못하게 잡았다. 30분 정도 울며 반항했으나 그뿐, 여동생과 사촌 2명 등 4명이 수술을 받았다. 할아버지가 '축하한다'라며 키스를 해 줬다. 수술을 결정한 게 할아버지라는 사실을 나중에야 알았다. 나를 지켜줘야 할 사람인데 아무것도 하지 않은 고교 교사이던 아버지(58)를 원망했다. 통증은 여러 해 동안 없어지지 않았다. 충격을 이기지 못해 2년여 동안은 가족이나 친척에게 말도 할 수 없었다."

여성 할례의 끔찍한 모습은 상상만 해도 몸서리쳐진다. 시술 중에 출혈과다로 사망하기도 한다. 할례를 하지 않으면 남자들이 순결하지 못한 여자 취급을 해서 결혼하기도 어렵다고 한다. 할례한 여자가 결혼할 때도 엄청난 고통을 겪어야 한다. 왜냐하면 겨우 소변을 볼 곳만 남겨놓고 봉합했던 생식기를 다시 절개하는 시술을 하기 때문인데 고통도 엄청나다고 한다.

아프리카 일부 지역에서는 결혼하는 여성은 남편의 성적 쾌감을 위해 여성생식기의 질 입구를 좁히는 수술도 한다. 그런데 결혼해서 아이 나오면 질 입구가 넓어져 다시 꿰매는 시술을 하는데 고통이 말할 수 없이 크다고 한다. 이 시술은 남편의 성적 쾌감을 위해 아이를 낳을 때마다 되풀이된다니 정말 잔혹한 행위다.

여성 할례의 국제적인 비난이 갈수록 높아지고 지난 1998년 '유엔 난민지위협약'이 여성 할례를 여성박해로 인정하자, 아프리카에서 할례를 법적으로 금지하는 국가들이 생겨나며 감소현상을 보였다. 2008년 '유엔 아프리카 경제위원회'는 매년 2월 6일을 '세계 여성 할례 철폐의 날'로 정하고 아프리카의 여러 나라에서 강력한 철폐운동을 벌인다. 2012년 유엔총회에서도 여성 할례를 인권침해로 규정하고 이를 금지하는 결의안을 채택했다.

여성 할례가 종교적, 민속적 의식이라지만 궁극적 목적은 여성의 순결과 성적 방종을 막으려는 남성들의 횡포라고 할 수 있다. 그 때문에 온갖 제제와 압력에도 오늘날까지 사라지지 않고 있다.

 TIP

불륜의 8가지 이유

미국 메릴랜드 대학 연구진이 <성 연구 저널>(Journal of Sex Research)에 불륜을 저지르는 8가지 이유를 밝혔다. 재정적, 감정적, 시간상으로 소모되는 비용이 큰 것을 감수하면서 많은 남녀가 불륜을 저지르는 이유는 무엇일까?

1. 분노= 배신한 파트너에 대한 복수
2. 성적 욕망= 현재 파트너와의 관계에 만족하지 못한다.
3. 애정 결핍= 현재 파트너에 대한 열정과 관심이 부족하다.
4. 방치= 파트너의 사랑, 존중, 관심이 부족하다고 느낀다.
5. 헌신 결여= 파트너 중 한 명의 헌신이 부족하다.
6. 상황= 만취, 휴가, 스트레스 과잉 등의 특수한 상황에서 저지른 행동
7. 자존감= 여러 사람과의 관계를 통해 자존감을 높이려 한다.

8. 다양성= 가능한 많은 사람과 관계를 경험해 보고 싶은 욕심
성별의 차이도 있었다고 한다.

남성은 주로 성적 욕망, 상황, 다양성 등이 불륜의 동기가 됐다면 여성은 파트너의 방치가 가장 흔한 원인이다. 남편과의 판에 박힌 성생활, 다양하고 새로운 성에 대한 갈망 등이 여성을 불륜으로 이끈다는 얘기다.

그러면서도 대부분 현재 결혼생활의 파탄을 원치 않는다고 한다. 남편을 사랑하지 않는 것도 아니지만, 다만 남편이 아닌 다른 데서 성적 만족감을 찾는다. 미주리 대학 사회학과의 어느 교수는 이것은 '자기의 욕망을 우선시하는 여성이 늘고 있다는 뜻'이라고 했다.

넘쳐나는 성폭력

북유럽 덴마크는 남녀평등, 성개방, 각종 복지혜택 등이 안정적으로 정착된 세계적인 복지국가다. 덴마크 국민에게 사회적인 불만은 없을 것 같지만 성폭행이 만연해서 사회적으로 큰 문제가 된다고 한다. 그 원인 가운데 하나는 남녀평등으로 성폭행 기소가 거의 없고 성폭행 고발건수도 낮다는 것을 지적하고 있다.

 국제인권단체인 국제 앰네스티(Amnesty International)도 보고서를 통해 덴마크의 그 같은 현실에 대해 '성폭행에 대한 구시대적인 정의' '피해자에게 책임 돌리기' '성폭행범의 높은 무죄 방면 비율' 등을 원인으로 꼽았다. 덴마크 정부 공식집계에 따르면 매년 약 5,100명의 덴마크 여성이 성폭행 또는 성폭행 미수를 당한다고 했다. 한 대학 연구에 따르면 2017년 성폭행 피해자 수는 2만 4천 명에 달했다. 그러나 경찰에 보고된 같은 기간의 성폭행 건수는 890건에 불과했고 이 가운데 535건이 기소되었으며 94건만이 유죄 선고를 받았다고 밝혔다.

앰네스티 보고서는 잘못된 조사방향, 부적절한 의사소통 등으로 성폭행 피해자가 사건신고 후 엄청난 트라우마를 겪는다면서 피해자들은 경찰과 사법 당국자들에게 비난을 듣고 수치심을 겪을까 두려워해 성폭행을 신고하지 않는다고 말했다고 했다. 덴마크가 '동의 없는 성관계'를 성폭행으로 보는 게 아니라, 강제성이나 신체적 폭력이 개입됐는지 피해자가 저항할 수 없었는지를 중심으로 성폭행을 정의한다면서 이것이 사법제도 전반에 영향을 미친다고 설명했다.

덴마크뿐 아니라 세계의 모든 나라에서 성폭행, 성범죄가 넘쳐난다. 몇 년 전 성폭력을 고발하는 피해여성들의 '나도 당했다'라는 이른바 '미투(Me Too)' 캠페인이 전 세계에서 펼쳐졌던 것도 만연한 성폭력을 말해 주는 사례였다.

'미투' 캠페인은 이탈리아 출신으로 미국에서 활동하는 로즈 맥고완이라는 45세 여배우가 촉발해 트위터 등 SNS를 통해 전개됐는데, 그녀는 할리우드의 거물 영화제작자 하비 와인스타인이 자기에게 저지른 성범죄를 고발했다. 와인스타인은 30여 년 동안 수많은 여성 배우 등을 상대로 성폭력을 일삼았다는 사실이 드러났고, 미국은 물론 전 세계적으로 성폭력을 고발하는 캠페인을 벌이는 계기가 되었다.

'미투'는 우리나라에서도 적극적으로 펼쳐지며 많은 여성이 '나도 당했다'라는 성폭행의 실태를 구체적으로 고발해서 가해자로 널리 알려진 남성들이 스스로 물러나거나 극단적 선택을 하는 경우까지 있었다.

성폭행과 성폭력은 같은 의미로 이해해도 무방하다. 성폭행은 강간 또는 강간미수를 뜻한다. 폭행이나 협박을 통해 상대방의 의사를 무시하고 강제적으로 성관계를 갖는 행위다. 성폭력에 해당하지만 '성추행'과는 차이가 있다. 성추행은 강간과 같은 강압적인 성행위를 갖는 것은 아니더라도 상대방에게 성적 수치심이나 혐오감을 일으키는 추행을 뜻한다. 상대방의 의사와 관계없이 신체를 만지거나 강제로 입을 맞추는 행위 등이다. 물론 성폭력과 성폭행에는 법적으로 강간행위에 따라 차이가 있다.

'성폭력'은 상대방의 의사와 달리 성적인 유무형의 모든 폭력 행위를 일컫는다. 상대방은 정신적으로 큰 충격을 받고 강한 스트레스와 우울증에 시달리다가 극단적 선택을 하는 경우도 있다. 우리나라에서 사회적 문제가 되는 데이트 폭력, 스토킹 등도 성폭력이다. 상대방을 제압하려는 우월심리, 습관적 폭력성, 특히 남성의 경우는 여성을 자신의 소유물로 여기는 그릇된 의식이 원인이다.

'성폭행'은 상대방 의사를 무시하고 강압적으로 성행위를 하는 것을 말한다. 강간, 준강간, 유사 강간, 강도강간 등이 여기에 해당한다. 요즘은 성폭력을 포함해서 모두 '성폭행'이라는 표현을 쓴다.

성폭력이든, 성폭행이든 사실이 인정되면 성범죄로 모두 법적 처벌을 받는다. 우리나라에는 '성폭력범죄의 처벌 등에 관한 특례법'도 있다.

'집단성폭행'도 있다. 이를테면 가출한 청소년 또는 그들이 함께 모여있는, 이른바 '가출조직'를 상대로 집단적으로 성폭행하는 것이다. 성폭행은 남자가 여자한테 행하는 경우가 대부분이다. 보편적으로 힘이 강한 사람이 힘이 약한 사람을 성폭행하기 마련인데 나이와는 관계가 없다.

성폭력은 성적 욕구가 근본적인 원인이다. 근래에는 SNS, 채팅 등을 통해 온갖 방법으로 여성을 유혹한 뒤, 서로 만나면 태도가 돌변해서 폭력, 협박 등 강압적인 방법으로 상대방을 제압해서 강간하는 경우가 무척 많다. 대개 여성이 피해자가 된다.

성범죄는 성과 관련된 범죄로서 성폭력과 성매매로 구분된다. 강간죄, 강제추행죄, 준강간, 준강제추행죄, 강간 등에 의한 치사상죄, 미성년자·심신장애자 등에 대한 간음죄, 업무상 위력 등에 의한 간음죄, 혼인빙자 등에 의한 간음죄, 미성년자에 대한 간음·추행죄, 성매매에 관한 죄 등이 모두 성범죄에 속한다.

성폭력이든 성폭행이든 모두 성범죄다. 외국에서도 성범죄가 갈수록 많이 증가해서 사회적 문제가 된다. 더욱이 지속적으로 여성들을 납치해서 성범죄를 자행하고 살인까지 하는 연쇄 성폭행 살인범들이 많다. 우리나라에도 연쇄적으로 성범죄를 저지르는 흉악범들이 적지 않다.

　오지를 혼자 또는 둘이 함께 여행하는 여성들이 주요대상이 된다. 지나가는 자동차를 얻어 타는 히치하이크가 성범죄의 아주 좋은 수단이 된다. 성범죄는 선진국, 후진국을 가리지 않고 자행되며 특히나 인도는 성범죄로 악명높은 나라다. 여성이 혼자서 여행하다가는 큰 낭패를 당하기 쉽다.

　성폭력이 빠르게 늘어나자 국가마다 형량을 늘리는 등 갖가지 대책을 내놓지만 나라와 민족마다 역사적, 종교적, 문화적 배경이 달라서 성범죄자의 처벌도 저마다 다르다. 특히 이슬람국가들은 대부분 피해자가 법적 도움을 못 받는다고 한다.

　성범죄 처벌이 강화돼도 성범죄를 완전히 막기는 어렵다. 우리나라의 경우, 성폭행 피해자의 나이가 갈수록 낮아져 2022년 여성가족부의 자료에 따르면 성폭행 피해자의 평균연령이 13.9세였다. 청소년의 성조숙증과 성에 대한 호기심 등도 영향이 있다.

　성은 인간의 본능이며 성의 자유가 보편화된 현실에서 성을 통한 쾌락 추구를 타의로 억제할 수는 없다. 바다에 밀물이 있고 썰물이 있듯, 성행태에도 밀물과 썰물이 있어서 타락하고 퇴폐한 성행태는 쓸려가고 더욱 정상적인 성행태가 밀려드는 시대가 오기를 기대할 뿐이다.

성산업은 멈추지 않는다

성산업(性産業, Sex Industry)이란 특정한 성을 대상으로 한 화장품, 패션, 미용과 이용, 네일샵, 성형 등을 포함하지만 흔히 섹스와 관련된 모든 것을 상품화해서 판매하는 경제행위를 말한다. 그와 관련된 각종 서비스도 포함해 구성된 산업을 말한다. 성의 상품화는 이미 오랫동안 멈춤 없이 성장을 계속해 왔다.

성산업은 특성상 대부분 여성을 상품화한다. 대표적인 예가 직접적으로 성을 팔고 사는 성매매, 즉 '매춘'이다. 매춘은 이미 고대로부터 시작된 매우 긴 역사가 있다. 일찍이 매춘이 없었던 민족이나 국가는 거의 없다.

오랜 역사를 두고 매춘이 성행해 오며 도저히 막아낼 수 없자 아예 국가적으로 공창(公娼)을 두는 나라들이 많았지만 그와 상관없이 사창(私娼)들이 번성했다. 지금도 온갖 단속에도 특정한 국가들을 제외하고 대부분 국가에 수많은 사창이 뿌리를 내리고 있다.

남성 고객들이 직접 찾아가는 홍등가 집창촌이 있는가 하면, 길거리에서 고객을 유혹하는 이른바 '거리의 여인'들도 있고 숙박업소에서 손님의 요구에 따라 매춘부를 불러준다. 호스티스라는 여종업원들이 있는 유흥업소에서는 손님의 숙소까지 따라가 성매매하는 업소가 많았다. 우리나라에는 찻집(다방)의 여종업원들이 커피 배달이라는 구실로 손님의 숙소를 찾아가 성매매하는 이른바 '티켓다방'도 한때 번성했다.

성매매와 관련해서 인신매매가 이루어지는 범죄행위도 있다. 가출소녀들을 납치해서 사창가에 팔아넘기는 조직적 범죄가 대부분이다. 그렇게 팔려간 소녀가 강제로 성매매하면 대부분 청소년으로 짜인 범죄조직이 성매매 현장을 덮쳐 성 매수자인 남성을 협박해서 뜯어낸다. 우리나라에서는 성매매가 불법이라 매수자는 약자가 된다. 더욱이 미성년과 성매매를 했다면 중벌이 불가피하여서 협박에 꼼짝없이 당한다.

성매매 여성, 즉 매춘부들이 외국으로 원정을 가서 성매매하는 경우도 흔하다. 해외여행을 하는 남성들이 매춘업소를 찾는 것도 흔하다. 한때 일본 남성들이 우리나라에 와서 성매매하는 것을 '기생관광'이라고 했다. 외국에는 상류층 사교클럽이라는 이름으로 정치인이나 사업가들만 상대하는 고급 매춘도 있다.

일본에는 성행위를 관객들에게 직접 보여주는 '실연극장'도 있었다. 간단한 속옷 차림의 여성이 무대에 등장하면 관객들 가운데서 그녀와 성관계하고 싶은 남성들이 앞을 다투어 무대로 몰린다.

남성들만 성매매하는 것은 아니다. '호스트 바'라는 곳은 대개 여성들이 남자 매춘부를 골라서 성매매하는 곳이다. 일단 술판을 벌인 뒤, 여러 명의 젊은 남성들이 들어서면 여성 각자가 자기 취향에 맞는 남성을 선택해서 함께 술을 마시다가 성매매한다.

마사지업소는 남성용도 있고 여성용도 있다. 남성용은 여성 마사지사가, 여성용은 남성 마사지사가 알몸에 수건 한 장만 걸친 손님을 마사지해 준다. 팔다리부터 마사지를 시작해서 차츰 은밀한 부위들을 슬며시 자극한다. 미국에는 동남아시아 여성들이 마사지하는 업소들이 많다.

성매매는 아니지만 외국에는 바(bar), 클럽, 살롱 등 여러 형태의 술집들이 있다. 그 가운데 스트립쇼를 하는 규모가 큰 업소들이 많다.

엿보기 쇼하는 업소도 있다. 빙 둘러 작은 창들이 있는 원형의 룸에 완전 나체의 여성이 들어가 성행위하듯이 몸을 비틀며 눕고, 엎드리고 온갖 음란한 자세를 보여준다. 작은 창들은 모두 작은 방이어서 남성이 한 명씩 들어가 그 모습을 감상한다. 남자들의 성적 호기심과 관음증을 노린 것이다.

여성들을 상대로 한 스트립쇼도 있다. 이런 클럽에는 여성 손님만 들어갈 수 있다. 여성들이 술을 마시고 있을 때 완전히 벌거벗고 성기까지 노출한 남성이 등장해서 여성들만 앉아있는 테이블 사이를 돌며 여성들 가까이 다가가 성기를 내민다. 여성 손님들은 마음껏 웃어대며 음란한 분위기를 즐긴다.

두서없이 성적 일탈의 여러 사례를 늘어놓았지만, 성산업의 일부에 불과하다. 그것들이 성산업의 서비스 분야라면 흔히 '야동'이라는 포르노그래피 동영상을 얼마든지 볼 수 있다. 우리나라에도 케이블TV와 위성채널에는 여러 개의 성인 채널들이 있다. 성기노출은 흐릿하게 모자이크 처리했지만 갖가지 체위로 성행위를 하는 모습을 어린이, 미성년들도 쉽게 볼 수 있다.

외국 대도시의 거리에 포르노 비디오를 감상하는 업소들이 있다. 주로 남성들이 고객이지만 남녀가 칸막이에 들어가 함께 감상하며 온갖 성적 행위를 즐기기도 한다. 음란물들을 제작하고 공급, 유통하는 업체들도 모두 성산업 업체들이다. 갖가지 퇴폐업소들에는 성매매 여성들을 비롯한 세계적으로 수백만 명의 여성들이 종사한다. 자료에 따르면 세계 성산업 규모는 연간 약 4,000억 달러라고 한다. 우리 돈으로 환산하는 500조 원이 훨씬 넘는다. 선진국에 들어섰다는 우리나라 1년 예산과 맞먹는다. 우리나라도 성산업 규모가 연간 약 20~30조 원으로 사교육비 규모와 비슷하다고 한다.

도대체 인간의 성적 일탈은 어디까지 갈 것인가? 이미 갈 데까지 갔다는 느낌이다. 그렇다면 더 이상 변화할 가능성도 끝장났다는 말인가? 그렇지 않다. 근래에 와서 '섹스돌(real doll)' '섹스로봇' 등이 실용화되며 큰 관심을 끈다.

섹스돌 또는 전신인형은 정교하게 만들어진 실물 크기의 여자 인형을 말한다. 이 인형은 촉감뿐 아니라 여성의 음부까지 세밀하게 만들어진 것도 있어서 성행위가 가능하다. 독신남성들에게 큰 인기를 끌며 우리나라에도 애용자들이 적지 않은 것으로 알려졌다. 그 때문에 전신인형의 수입을 놓고 한때 논란이 되었다.

'섹스로봇(sex robot)'은 성행위가 가능하게 설계된 로봇을 말한다. 그것은 인간 실물이 아니라 기계적 도구지만 스웨덴, 덴마크, 노르웨이, 핀란드 등 북유럽국가들을 비롯해 여러 나라들에서 여러 해 전부터 실용화되고 있다. 외국의 저명한 미래학자들은 앞으로 사람끼리의 성관계에 대처해서 섹스로봇의 시대가 될 것이라고 입을 모은다. 더욱이 지금까지 성관계할 수 없었던 장애인들도 성행위를 즐길 수 있다는 것이다.

유럽에는 섹스로봇으로 영업하는 업소들도 있다. 젊은이들은 섹스 대체물이 많아서 굳이 이성 친구를 사귈 필요가 없다고 말한다. 섹스로봇은 여러 장단점과 병폐에도 이제 피할 수 없는 현실이다. 인공지능(AI) 활용이 활발해지면서 쾌락, 고통, 애착 그리고 부끄러움까지 모든 감정이 실려 실제 인간이 아니면서 인간 같은 섹스로봇이 등장한다고 한다. 섹스로봇에 반대하는 비판도 있다. 스웨덴의 페미니스트들은 섹스로봇은 여성의 인권을 말살하고 학대하는 것이라며 섹스로봇의 사용을 금지해야 한다고 주장한다.

이제는 섹스로봇뿐 아니라, '가상섹스'까지 등장하고 있다. 가상섹스란 컴퓨터에 의해 만들어진 가상공간에서 상상으로 이루어지는 성행위를 말한다. '가상현실(Virtual Reality)'이라는 디지털 세계는 무한한 가상의 현실을 만들어낸다.

섹스로봇이든 가상섹스든 실제와 유사하나 실제가 아닌 기계적 인공환경일 뿐이다. 젊은 여성의 몸매는 신이 빚어낸 최고의 예술품이다. 기계적 도구들이 쾌감을 증폭시킨다 해도 따뜻한 온기와 숨결, 체취 그리고 탄력 있는 피부의 접촉으로 이루어지는 인간과 인간의 직접적 육체관계에서 오는 희열과 쾌락, 환희를 과연 얼마나 흉내를 낼 수 있을지 의문이다.

인간의 성역사는 '성의 억압과 진보의 역사'이다. 성은 어떠한 억압에도 행태는 끊임없이 변화하며 진화한다. 18세기 프랑스의 사상가이자 교육학자였던 장 자크 루소는 일찍이 "본능을 규제하는 일은 그 본능을 죽이는 일보다 더 어렵다."라고 했다. 외모지상주의가 여전하고 점점 더 거칠어지는 이성혐오 현상이 만연한 현실에서 인간의 성행동이 또 어떤 성의 역사를 만들어낼지 지켜볼 뿐이다.

참고문헌

* 류달림, <중국의 성문화> (강영매 외 옮김, 범우사, 2000)
* 장영란, <위대한 어머니 여신-사라진 여신들의 역사> (살림출판사, 살림 총서 11, 2003)
* 레너드 쉴레인, <지나 사피엔스> (강수아 옮김, 들녘, 2005)
* 세라 블래퍼 허디, <어머니의 탄생> (황희선 옮김, 사이언스북스, 2010)
* 프랑수아즈 프롱티시 뒤크루아, <신화> (신미경 옮김, 창해, 2001)
* 스티븐 베일리, <성(sex)> (안진환 옮김, 해바라기, 2002)
* 번 벌로, <매춘의 역사> (서석연 옮김, 까치, 1992)
* 리처드 작스, <발가벗기는 역사> (마정화 옮김, 고려문화사, 2009)
* 김양기, <우리 신화의 수수께끼> (한겨레출판사, 2000년)
* 니키 로버츠, <역사 속의 매춘부들> (김지혜 옮김, 책세상, 2004)
* 왕일가, <성과 문명> (노승현 옮김, 가람기획, 2001)
* 안나 알테르·페린 세르세브, <체위의 역사> (문신원·양진성 옮김, 열번째 행성, 2005)
* 서대석, <한국의 신화> (집문당, 1997)
* 후쿠다 가즈히코(福田和彦), <세계 성 풍속 산책> (문병선 옮김, 신세대, 1993)

알아두면
잘난 척하기 딱 좋은 시리즈!

HUMBLEBRAG HUMANITIES
A Perfect Book For Humblebrag Series

본래 뜻을 찾아가는 우리말 나들이
알아두면 잘난 척하기 딱 좋은 **우리말 잡학사전**

'시치미를 뗀다'고 하는데 도대체 시치미는 무슨 뜻? 우리가 흔히 쓰는 천둥벌거숭이, 조바심, 젬병, 쪽도 못 쓰다 등의 말은 어떻게 나온 말일까? 강강술래가 이순신 장군이 고안한 놀이에서 나온 말이고, 행주치마는 권율장군의 행주대첩에서 나온 말이라는데 그것이 사실일까?
이 책은 이처럼 우리말이면서도 우리가 몰랐던 우리말의 참뜻을 명쾌하게 밝힌 정보 사전이다. 일상생활에서 자주 쓰는 데 그 뜻을 잘 모르는 말, 어렴풋이 알고 있어 엉뚱한 데 갖다 붙이는 말, 알고 보면 굉장히 험한 뜻인데 아무렇지도 않게 여기는 말, 그 속뜻을 알고 나면 '아하!'하고 무릎을 치게 되는 말 등 1,045개의 표제어를 가나다순으로 정리하여 본뜻과 바뀐 뜻을 밝히고 보기글을 실어 누구나 쉽게 읽고 활용할 수 있도록 하였다.

이재운 외 엮음 | 인문·교양 | 552쪽 | 33,000원

역사와 문화 상식의 지평을 넓혀주는 우리말 교양서
알아두면 잘난 척하기 딱 좋은 **우리말 어원사전**

이 책은 우리가 무심코 써왔던 말의 '기원'을 따져 그 의미를 헤아려본 '우리말 족보'와 같은 책이다. 한글과 한자어 그리고 토착화된 외래어를 우리말로 받아들여, 그 생성과 소멸의 과정을 추적해 밝힘으로써 올바른 언어관과 역사관을 갖추는 데 도움을 줄 뿐 아니라, 각각의 말이 타고난 생로병사의 길을 짚어봄으로써 당대 사회의 문화, 정치, 생활풍속 등을 폭넓게 이해할 수 있는 문화 교양서 구실을 톡톡히 하는 책이다.
우리가 흔히 쓰는 말들이 어떠한 배경에서 탄생하여 어떤 변천과정을 거쳤는지 살펴보는 작업은 그 자체로도 의미 있는 일이지만, 과거 선조들이 살았던 시대의 관습과 사회상, 선조들이 겪었던 아픔을 보여준다는 점에서도 의미가 크다.

이재운 외 엮음 | 인문·교양 | 552쪽 | 33,000원

베스트셀러 작가가 알려주는 창작노트
알아두면 잘난 척하기 딱 좋은 **에피소드 잡학사전**

이 책은 215여 권의 시집을 출간하고 에세이를 출간하여 수백만 독자들을 매료시킨 베스트셀러작가인 용혜원 시인의 창작 노하우가 담긴 에피소드 잡학사전이다. 창작자에게 영감과 비전을 샘솟게 하는 정보와 자료의 무한한 저장고로서 역할을 하며, 다양한 주제와 스토리로 구성된 창작 노하우를 담고 있다.
<창작자들을 위한 에피소드 백과사전>은 재미난 주제의 스토리와 그와 관련된 영화 대사나 명언 그리고 시 한 편으로 고급스러운 대화와 이야기를 풀어나가도록 구성되었다. 이 책은 강사들이나 새로운 세계를 창조해 내는 창작자들에게 아이디어와 창의력을 샘솟게 하는 자료들이 창고의 보물처럼 쌓여 있다.

용혜원 지음 | 인문·교양 | 512쪽 | 32,000원

영단어 하나로 역사, 문화, 상식의 바다를 항해한다
알아두면 잘난 척하기 딱 좋은 **영어잡학사전**

이 책은 영단어의 뿌리를 밝히고, 그 단어가 문화사적으로 어떻게 변모하고 파생 되었는지 친절하게 설명해주는 인문교양서이다. 단어의 뿌리는 물론이고 그 줄기와 가지, 어원 속에 숨겨진 에피소드까지 재미있고 다양한 정보를 제공함으로써 영어를 느끼고 생각할 수 있게 한다.

영단어의 유래와 함께 그 시대의 역사와 문화, 가치를 아울러 조명하고 있는 이 책은 일종의 잡학사전이기도 하다. 영단어를 키워드로 하여 신화의 탄생, 세상을 떠들썩하게 했던 사건과 인물들, 그 역사적 배경과 의미 등 시대와 교감할 수 있는 온갖 지식들이 파노라마처럼 펼쳐진다.

김대웅 지음 | 인문·교양 | 452쪽 | 27,000원

신화와 성서 속으로 떠나는 영어 오디세이
알아두면 잘난 척하기 딱 좋은
신화와 성서에서 유래한 영어표현사전

그리스·로마 신화나 성서는 국민 베스트셀러라 할 정도로 모르는 사람이 없지만 일상생활에서 흔히 쓰이고 있는 말들이 신화나 성서에서 유래한 사실을 아는 사람은 많지 않다. <신화와 성서에서 유래한 영어표현사전>은 신화와 성서에서 유래한 영단어의 어원이 어떻게 변화되어 지금 우리 실생활에 어떻게 쓰이는지 알려준다.

읽다 보면 그리스·로마 신화와 성서의 알파와 오메가를 꿰뚫게 됨은 물론, 이들 신의 세상에서 쓰인 언어가 인간의 세상에서 펄떡펄떡 살아 숨쉬고 있다는 사실에 신비감마저 든다.

김대웅 지음 | 인문·교양 | 320쪽 | 19,800원

흥미롭고 재미있는 이야기는 다 모았다
알아두면 잘난 척하기 딱 좋은 **설화와 기담사전1, 2**

판타지의 세계는 언제나 매력적이다. 시간과 공간의 경계도, 상상력의 경계도 없다. 판타지는 동서양을 가릴 것 없이 아득한 옛날부터 언제나 우리 곁에 있어왔다.

영원한 생명력을 자랑하는 신화와 전설의 주인공들, 한끗 차이로 신에서 괴물로 곤두박질한 불운의 존재들, '세상에 이런 일이?' 싶은 미스터리한 이야기, 그리고 우리들에게 너무도 친숙한(?) 염라대왕과 옥황상제까지, 시공간을 종횡무진하는 환상적인 이야기가 펼쳐진다.

이 책은 실체를 알 수 없고 현실감이 없는 상상의 존재들은 어떻게 태어났고 우리의 삶 속에 살아 있는 것일까? 인간의 욕망이 만들어 낸 판타지의 주인공들이 시공간을 종횡무진하는 환상적인 이야기를 펼쳐놓은 설화와 기담, 괴담들을 모아놓았다.

이상화 지음 | 인문·교양 | 1권 360쪽, 2권 376쪽 | 각권 22,800

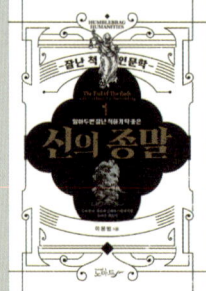

신과 종교, 죽음과 신화의 기원에 대한 아주 오래된 화두
알아두면 잘난 척하기 딱 좋은 **신의 종말**

신은 존재할까, 허구일까? 신은 정말 존재하는 것일까? 이는 인류 역사에서 가장 오래된 질문이다. 물론 지금까지도 신의 존재를 증명할 방법은 없다. 니체는 '신은 죽었다'고 했다. 곧 신은 있었지만, 의미를 상실하고 사라졌다고 생각한 것일까?

이 책에서는 그 물음을 찾아 신과 종교의 오리진(Origin)을 긁어내려 한다. 종교는 어떻게 탄생해 어떤 진화 과정을 거쳤는지, 그리고 종교와 과학의 만남은 어떻게 이루어졌는지 믿음이라는 생물학적 유전자를 캐내며 인간의 종말과 신의 종말을 예견한다. 그래서 마지막 남은 환상인 유토피아를 찾아내어 존재하지 않는 것으로부터 위안을 받는 인간을 보여준다.

이용범 지음 | 인문·교양 | 596쪽 | 28,000원

인간은 왜 딜레마에 빠질까?
알아두면 잘난 척하기 딱 좋은 **인간 딜레마**

인간의 행동과 선택에 대한 궁금증을 풀어주는 진화심리학적 인문서. 이 책은 소설가이자 연구자인 이용범이 풀어내는 인간 딜레마, 시장 딜레마, 신 딜레마로 이어지는 인류문화해설서 중 첫 번째이다. 딜레마를 품은 존재인 인간이 어떤 기준에서 진화하고 생존하며 판단하는지를 여러 학설의 실험과 관찰 및 연구를 통해 보여준다.

전체 3부 구성으로 1부에서는 일반적인 선택의 문제를, 2부에서는 도덕의 기제가 작동하는 원리와 사회적 존재로서의 문제를, 3부에서는 남성과 여성의 입장에서 유전적 본성과 충돌하면서도 유지되고 있는 인류의 짝짓기 문화와 비합리성 문제를 살펴본다.

이용범 지음 | 인문·교양 | 462쪽 | 25,000원

엄연히 존재했다가 사라진 것들을 찾아가는 시간여행
알아두면 잘난 척하기 딱 좋은 **사라진 것들**

이 세상에 사라지지 않는 것은 아무것도 없다. 이 세상의 모든 생명체는 태어나서 융성하다가 언젠가는 반드시 사라진다. 그것이 자연의 섭리다. 모든 것은 시대 변화와 발전에 따라 사라지고 새로운 것이 등장하기를 되풀이한다.

이 책 《사라진 것들》은 제목 그대로 우리 삶과 공존하다가 사라진 것들을 다루었다. 삶 자체가 사라짐의 연속이므로 모든 것을 기록으로 남길 수는 없어서, 나름의 기준을 가지고 '사라진 것들'을 간추렸다. 먼저 우리가 경험했던 국내에서 사라진 것들은 대부분 잘 알려진 것들이어서 제외하고, 세계적으로 관심이 컸던 것 중에서 선별해 보았다.

이상화 지음 | 인문·교양 | 400쪽 | 19,800원

엉뚱한 실수와 기발한 상상이 창조해낸 인류의 유산
알아두면 잘난 척하기 딱 좋은 **최초의 것들**

우리는 무심코 입고 먹고 쉬면서, 지금 우리가 누리는 그 모든 것이 어떠한 발전 과정을 거쳐 지금의 안락하고 편안한 방식으로 정착되었는지 잘 알지 못한다. 하지만 세상은 우리가 미처 생각지도 못한 사이에 끊임없이 기발한 상상과 엉뚱한 실수로 탄생한 그 무엇이 인류의 삶을 바꾸어왔다.

이 책은 '최초'를 중심으로 그 역사적 맥락을 설명하는 데 주안점을 두었다. 아울러 오늘날 인류가 누리고 있는 온갖 것들은 과연 언제 어디서 어떻게 시작되었는지, 그것들은 어떤 경로로 전파되었는지, 세상의 온갖 것들 중 인간의 삶을 바꾸어놓은 의식주에 얽힌 문화를 조명하면서 그에 부합하는 250여 개의 도판을 제공해 읽는 재미와 보는 재미를 더했다.

김대웅 지음 | 인문·교양 | 552쪽 | 31,000원

그리스·로마 시대 명언들을 이 한 권에 다 모았다
알아두면 잘난 척하기 딱 좋은 **라틴어 격언집**

그리스·로마 시대 명언들을 이 한 권에 다 모았다
그리스·로마 시대의 격언은 당대 집단지성의 핵심이자 시대를 초월한 지혜이다. 그 격언들은 때로는 비수와 같은 날카로움으로, 때로는 미소를 자아내는 풍자로 현재 우리의 삶과 사유에 여전히 유효하다.

이 책은 '암흑의 시대(?)'로 일컬어지는 중세에 베스트셀러였던 에라스뮈스의 <아다지아(Adagia)>를 근간으로 한다. 그리스·로마 시대의 철학자, 시인, 극작가, 정치가, 종교인 등의 주옥같은 명언들에 해박한 해설을 덧붙였으며 복잡한 현대사회를 헤쳐나가는 데 지표로 삼을 만한 글들로 가득하다.

데시데리위스 에라스뮈스 원작 | 김대웅·임경민 옮김 | 인문·교양 | 352쪽 | 19,800원

악은 의외로 평범함 속에 숨어 있다!
알아두면 잘난 척하기 딱 좋은 악인의 세계사

이 책은 유사 이래로 저질러진 수많은 악행들 가운데 그것이 세계사에 미친 영향을 조명하는 한편, 각 시대마다 사회를 불안과 공포에 몰아넣은 악인들의 극악무도한 악행을 들여다본 책이다. 국익 때문에, 돈 때문에 저지른 참혹하고 가공할 만한 악행들이 사회와 국가를 뒤흔들면서 어떻게 역사의 흐름을 바꾸어 놓았는지, 오늘날 인류의 삶에 어떤 영향을 미쳤는지 따라가본다.
아울러 인간이 어디까지 잔인해질 수 있는지, 그 악행의 심리 밑바닥에 도사리고 있는 것은 무엇인지 다시 한번 생각해보게 한다. 우리 옆 가까이에서 모습을 감춘 채 특실대는 악인들의 존재는 우리를 언제 어떻게 무슨 방법으로든 그들의 세계로 끌어들일지도 모른다. 그들과 맞서는 것을 두려워하지 않을 때 그들의 악행을 멈추게 할 수 있다.

이상화 지음 | 인문·교양 | 378쪽 | 22,800원

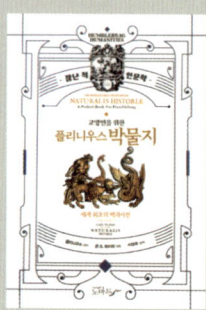

세계 최초의 백과사전
교양인을 위한 플리니우스 박물지

플리니우스의『박물지』는 77년에 처음 10권이 출판되었고, 나머지는 사후에 조카인 소(少)플리니우스가 출판한 것으로 추정된다. 플리니우스는『박물지』에서 천문학, 수학, 지리학, 민족학, 인류학, 생리학, 동물학, 식물학, 농업, 원예학, 약학, 광물학, 조각작품, 예술 및 보석 등과 관련된 약 2만 개의 항목을 많은 문헌을 참조해 상세하게 기술할 뿐만 아니라 풍부한 풍속적 설명과 이용 방식 등을 곁들여 설명하고 있다. 따라서 이 저작은 구체적인 사물에 관한 단순한 지식을 뛰어넘어 고대 서양 문화를 이해하는 데 중요한 참고문헌으로 쓰이고 있다. 플리니우스의『박물지』는 과학사와 기술사에서의 가치뿐만 아니라 고대 로마 예술에 대한 자료로서 미술사적으로 귀중한 자료로 고대 그리스·로마 시대의 예술에 대한 지식을 담은 서적으로 이『박물지』가 유일하다.

플리니우스 원작 | 존 S. 화이트 엮음 | 서경주 번역 | 인문·교양 | 608쪽 | 39,000원

세계 각 지역의 기이한 풍속들을 간추린 이색적 풍속도
알아두면 잘난 척하기 딱 좋은 기이하고 괴이한 세계 풍속사

이 책은 세계 각 지역의 그러한 독특하고 괴상하고 기이한 풍속들을 간추려 이색적인 풍속, 특이한 성 풍속, 정체성이 담긴 다양한 축제, 자신들의 삶이 담긴 관혼상제, 전통의상으로 나누었다. 민족들 사이에 소통이 거의 없었던 고대(古代)에서 중세에 이르는 시기에 충격적이고 엽기적인 풍속이나 풍습이 훨씬 더 많다. 그러나 그것들이 대부분 사라졌기 때문에 되도록 오늘날에도 전통성이 이어지는 풍속들을 소개하려고 노력했다. 어느 민족의 풍속이든 그것은 인류문화의 원형이다. 하지만 시대와 환경 그리고 종교의 변화에 따라 영원히 사라지기도 하고, 다른 민족의 그것들과 결합하며 융합하면서 새로운 풍속이 탄생한다. 그것은 생존에 적응하려는 진화이기도 하다. 이 책에서는 그러한 인류의 삶을 살펴봄으로써 우리의 인문, 교양을 함양시키는 데 큰 도움이 될 것이다.

이상화 지음 | 인문·교양 | 408쪽 | 25,000원

전 세계의 샤머니즘 자취와 흔적을 찾는 여정
알아두면 잘난 척하기 딱 좋은 샤머니즘의 세계

샤머니즘은 관념이 아니라 실질적인 삶의 방식이자 일종의 종교 행위라고 할 수 있다. 많은 사람들이 샤머니즘을 섣불리 미신으로 치부하면서 그에 대한 탐구를 소홀히 한 탓으로 그에 대한 다양하고 풍부한 정보를 접하는 게 쉽지 않다. 이 책『샤머니즘의 세계』에서는 샤머니즘의 본질과 근원을 비롯해 우리가 제대로 알지 못하는 샤머니즘에 대한 올바른 지식을 전하고자 한다.
샤머니즘은 흔적은 전 세계에 걸쳐 남아 있고 현재도 실질적인 샤먼이 여러 형태로 존재하고 있다.『샤머니즘의 세계』에서는 샤먼과 샤머니즘의 이해를 위한 각종 정보를 제공하고 샤먼의 종류, 샤머니즘의 제례의식 등을 살펴본다. 인류의 오랜 종교적 문화를 담고 있는 샤먼과 샤머니즘의 세계를 엿볼 수 있는 좋은 기회가 될 것이다.

이상화 지음 | 인문·교양 | 328쪽 | 18,800원